이 책은 그동안 뜨겁게 달구어졌던 칭의 논쟁에서 촉발된 의문을 차분히 풀어가는 그 후속편이라고 할 수 있다. 믿음으로 의롭다 함을 받는 것과 행위로 심판받는다는 말씀을 어떻게 조화롭게 이해할 수 있을까? 전적인 은혜로 구원받는다면 행함의 중요성과 의미는 무엇인가? 그 행함이 최후의 심판에서 차지하는 비중과 역할은 무엇인가? 이에 대해 수없이 많은 이견이 존재할 것이다. 이 책은 그중에서 가장 보편적인 네 가지 입장을 대변하는 신학자를 선발하여 흥미로운 논쟁을 붙여놓았다. 그래서 독자들로 하여금 치열한 논박의 링 위에서 적나라하게 드러나는 선수들의 강점뿐 아니라 취약점까지 쉽게 비교 평가할 수 있게 했다. 더불어 독자들 각자가 가진 견해를 더 날카롭게 다듬고 치밀하게 정비하게 돕는다.

박영돈 고려신학대학원 교의학 교수

믿음과 행위의 관계는 뭘까? 각각 구원에 어떤 비중을 차지할까? 행위는 최종적 구원에 얼마나 어느 정도 혹은 어떻게 공헌하는 것일까? 16세기 종교개혁의 중심구호처럼 알려진 "이신칭의"는 구원에 있어서 행위를 완전히 배제하는 것일까? 그렇지 않다면 책의 제목이 제기하듯이 "최후 심판에서 행위의 역할"은 무엇일까? 참으로 어렵고도 복잡한 논쟁의 주장들이 낡은 집 천정의 수많은 전기선처럼 어지럽게 얽혀 있다. 이 책은 정밀하고도 깔끔하게 네 가지 관점으로 분류하여 독자들의 선택을 기다린다. 그러나 선택하기에 앞서 각 주장들의 핵심과 방향과 논지를 심사숙고하면 배우는 바가 상당히 크다. 이 책의 궁극적 유용성은 우리가 하고 있는 신앙의 행위들을 깊게 돌아보게 하는 데 있다. 손에 땀을 쥐게 하는 경마장 말들의 트랙 질주를 연상케 하는 책이다. 끝까지 가봐야 아는 경마장 결전과도 같다.

류호준 백석대학교 신학대학원 구약학 교수

예수님의 재림에 대한 대망과 최후 심판에 대한 고백이 옅어지고 있는 이때에 본서는 최후 심판에서 행위가 차지하는 역할을 촘촘하게 다루면서 우리에게 도전한다. 네 명의 필자는 은혜와 믿음, 칭의와 행위, 구원과 영생, 심판과 상급 등에 대하여 성경 말씀을 기초로 하여 각자의 입장을 진지하게 제시하고 서로 치열하게 토론하면서 우리의 경각심을 일깨운다. 이뿐 아니라 필자들은 기독론에 기초한 구원 사역이 성령론의 차원에서 진전되며, 우리가 살고 있는 현재가 종말론적인 의미를 지니고 있음을 잘 드러낸다. 같으면서 다르고 다르면서도 서로 근접한 필자들의 성경 해석은 읽는 재미를 한결 돋우어준다. 무엇보다도 독자들이 믿음으로 구원받는다는 진리를 어떻게 삶에서 채워 구현해나가야 하는지를 진지하게 생각하도록 돕는 특별한 책이다.

유해무 고려신학대학원 교의학 교수

"아르케"로부터 "에스카토스"로 향하는 그리스도인의 구원여정은 종말론적 차원에서 하나님의 심판에 직면하는 신앙의 신비를 경험한다. 본서는 마지막 심판의 지점에서 그리스도의 역할이 무엇이며, "믿음과 행위" 그리고 "칭의와 심판" 같은 신약신학의 주제가 어떤 의미를 내포하는지 탁월하게 분석한다. 세계적인 성서학자들이 펼치는 묵직하지만 현학적이지 않고, 복잡하지만 난삽하지 않은 "미세한 주석"과 "절묘한 해석"은 종교개혁의 구호인 "오직 믿음"에 대한 철저한 오용(誤用)과 "회개와 실천의 촉구"가 졸지에 사라진 한국교회에 위기의 시그널을 보내는 것처럼 느껴진다. 성서읽기의 차이가 제공하는 관점의 다양성에 공감하는 목회자나 신학도의 경계를 넘어, 모든 그리스도인을 토론의 광장으로 이끌 촉매제인 본서의 필독을 정중히 권하는 바이다.

윤철원 서울신학대학교 신학전문대학원 신약학 교수

죽은 후에 신자에겐 어떤 심판이 있을까? 알고 싶지만 듣기 힘든 주제를 놓고 고수들이 벌이는 논쟁은 경이롭다. 이 책은 세대주의, 개혁주의, 성공회 신복음주의, 로마 가톨릭에 속한 학자들이 주장하는 종말의 행위 심판에 관한 관점들과 비평들을 소개한다. 이를 통해 각 전통의 장점뿐만 아니라 서로 오해한 점, 취약점까지 파악하게 도움을 주는 책이다.

이민규 한국성서대학교 신약학 교수

Four Views on the Role of Works at the Final Judgment

Robert N. Wilkin / Thomas R. Schreiner
James D. G. Dunn / Michael Barber

edited by Alan P. Stanley

최후 심판에서 행위의 역할 논쟁

구원과 심판에 관한 네 가지 관점

로버트 N. 윌킨/ 토머스 R. 슈라이너/
제임스 D. G. 던/ 마이클 B. 바버 지음

앨런 P. 스탠리 편집

김귀탁 옮김

▶ 차례 ◀

약어

AB	Anchor Bible
ABD	*Anchor Bible Dictionary*, ed. David Noel Freedman, 1992.
AYBRL	Anchor Yale Bible Reference Library
BBR	*Bulletin of Biblical Research*
BDB	Francis Brown, S. R. Driver, and C. A. Briggs, *Hebrew and English Lexicon of the Old Testament*, 1907.
BECNT	Baker Exegetical Commentary on the New Testament
BSac	*Bibliotheca sacra*
BZNW	Beihefte zur Zeitschrift für die neutestamentliche Wissenschaft
CBQ	*Catholic Biblical Quarterly*
EBC	*Expositor's Bible Commentary*
ESV	English Standard Version
ETSMS	Evangelical Theological Society Monograph Series
EvQ	*Evangelical Quarterly*
ExpTim	*Expository Times*
GNTC	*Grace New Testament Commentary*
HCSB	Holman Christian Standard Bible
HNTC	Harper's New Testament Commentary
ICC	International Critical Commentary
IVPNTC	InterVarsity Press New Testament Commentary
JBL	*Journal of Biblical Literature*
JETS	*Journal of the Evangelical Theological Society*
JGES	*Journal of the Grace Evangelical Society*
JSPL	*Journal for the Study of Paul and His Letters*

JTS	*Journal of Theological Studies*
NCBC	New Century Bible Commentary
NICNT	New International Commentary on the New Testament
NIGTC	New International Greek Testament Commentary
NIV	New International Version
NIVAC	NIV Application Commentary
NovTSup	Novum Testamentum Supplements
NPNF1	Nicene and Post Nicene Fathers, series 1
NRSV	New Revised Standard Version
NTS	*New Testament Studies*
PL	Patrologia latina
PNTC	Pillar New Testament Commentary
RSV	Revised Standard Version
SBLDS	Society of Biblical Literature Dissertation Series
SNTSMS	Society for New Testament Studies Monograph Series
SP	Sacra pagina
TNTC	Tyndale New Testament Commentary
TrinJ	*Trinity Journal*
WBC	Word Biblical Commentary
WEC	Wycliffe Exegetical Commentary
WUNT	Wissenschaftliche Untersuchungen zum Neuen Testament
ZECNT	Zondervan Exegetical Commentary on the New Testament
ZNW	*Zeitschrift für die neutestamentliche Wissenschaft und die Kunde der älteren Kirche*

서론

앨런 P. 스탠리

이제 세상의 종말이 임했고, 장소는 하늘이다. 장면은 법정과 유사하다. 정면 중앙에는 감히 접근할 수도 없으며, 보석같이 빛나고 휘황찬란한 색상으로 둘러싸인 크고 흰 보좌가 있다. 그리고 보좌에서는 우레와 같은 소리가 흘러나오고, 이 세상에서는 번개의 섬광과 천둥의 소리로 시청각적인 장관이 연출된다. 말로 다 형언할 수 없는 천상의 존재들이 보좌에 계신 거룩하신 이로 인해 넋을 잃고, 매혹되고, 황홀경에 빠지고, 위엄에 압도되고, 매료된 상태로 보좌를 둘러싸고 있다. 다른 이들도 우주의 왕이신 하나님의 감히 비길 데 없는 존귀함을 찬송하며 경배한다.

심판자가 영광스러운 광채 가운데 등장하신다. 그는 능력 많고, 위엄이 있으며, 말로 형언할 수 없고, 놀라운 분이시다. 그는 발에 끌리는 긴 옷을 입고 가슴에는 금띠를 띠고 있다. 그의 머리와 머리털은 눈처럼 희고, 그의 눈은 불꽃같으며, 그의 발은 풀무 불에 단련한 빛난 주석 같다. 심판자가 말씀하신다. 그의 음성은 큰 물소리 같다. 그의 오른손은 일곱 별을 쥐고 있고, 입에서는 날선 양날 검이 나오며, 얼굴은 해가 힘 있게 비치는 것과 같다.

하늘과 땅은 그분 앞에서 도망친다. 그런데 큰 자와 작은 자를 막론하고 모든 죽은 자가 매우 두꺼운 책들이 펼쳐져 있는 보좌 앞에 서 있다. 또 다른 책, 곧 생명책이 펼쳐진다. 그리고 죽은 자들은 이 책들에 적혀 있는 내용에 따라 심판을 받는다.

이것이 바로 일반적으로 "크고 흰 보좌 심판"으로 알려져 있는 최후의 심판이다(계 20:11-15). 이 심판이야말로 하나님이 자기 백성과 영원히 함께 거하시기 전에 일어날 역사의 마지막 장면이다. 우리는 다른 점에 대해서는 서로 의견을 달리할 수 있지만, 이것이 **최후의** 심판이라는 점에 있어서는 모두 동의한다.

성서에 나타난 심판

구약성서에 나타난 심판

하나님이 정의로 "세상을 심판하시는 이"[1]라는 사실(창 18:25)은 처음부터 성서 이야기의 근간이었다(예. 창 16:5; 31:53). "의인과 악인을 하나님이 심판하시리니, 이는 모든 소망하는 일과 모든 행사에 때가 있음이라"(전 3:17). 그 누구에게도 예외는 없을 것이다. 야웨께서는 사람의 행위를 따라(예. 욥 34:10-11; 시 62:11-12; 잠 24:12; 사 59:18; 렘 17:10; 32:18-19; 겔 24:14; 호 12:2) "땅 끝까지 심판을 내리실 것"(삼상 2:10; 참조. 창 18:25; 대상 16:33)이며 "모든 행위와 모든 은밀한 일을 선악 간에 심판"하실 것이다(전 12:14).

"세상을 심판하시는 이가 정의를 행하실 것이 아니니이까?"(창 18:25) 맞다. 그는 반드시 그렇게 하실 것이다. 그는 공의와 공평으로 심판하실 것이다(시 9:8; 72:2; 75:2; 96:10). 이는 "악인들은 심판을 견디지 못할 것이고"(시 1:5), 의인들은 "여호와 앞에서 노래하게"(시 98:8) 될 것임을 의미한다. 이 일이 일어날 때에 관해서는 하나님이 "정한 기약"(시 75:2) 곧 "여

1_ 본서에서 성서 본문의 볼드체는 강조를 위해 덧붙여진 것임.

호와에게 속한 날"(렘 46:10)을 이미 정해놓으셨다. 하지만 하나님은 자기 백성들을 구원하실 것이다. "대저 여호와는 우리 재판장이시요, 여호와는 우리에게 율법을 세우신 이요, 여호와는 우리의 왕이시니, 그가 우리를 구원하실 것임이라"(사 33:22). 이스라엘은 "그날"에 노래할 것이기 때문에 그들은 "자기들의 날"에 노래할 수 있었다(시 75편).

신약성서에 나타난 심판

신약성서도 이와 유사하게 하나님이 심판하실 "날을 정하셨다"고 선언하는데, 그날은 매우 다양하게 불렸다(행 17:31; 참조. 마 8:29; 롬 2:16; 고전 4:5; 딤후 4:8). 그날은 하나님이 "천하를 심판하실"(행 17:31; 롬 3:6) "마지막 날"(요 12:48), "심판의 날"(마 10:15; 11:22; 12:36; 벧후 3:7; 요일 4:17; 참조. 벧후 3:12)이다. 그러나 신약성서는 구약성서의 심판 개념을 발전시킨다. 그날이 더 가까워졌다. "이미 도끼가 나무뿌리에 놓였으니"(마 3:10). "때가 벌써 되었으니"(롬 13:11). "만물의 마지막이 가까이 왔으니"(벧전 4:7). 따라서 주님은 "산 자와 죽은 자를 심판하기로 예비하신 이"이시다(벧전 4:5).

그런데 추가적인 발전이 있다. 하나님은 자신의 심판을 수행할 **한 사람**을 택하셨다. "하나님이 그 사람을 정하셨다." 한 걸음 더 나아가 하나님은 "그를 죽은 자 가운데서 다시 살리신 것으로 모든 사람에게 [그를] 믿을 만한 증거를 주셨음이니라"(행 17:31). 물론 그 사람은 바로 예수 그리스도시다. 따라서 신약성서는 다음과 같이 말한다. "아버지께서 아무도 심판하지 아니하시고 심판을 다 아들에게 맡기셨으니…또 인자됨으로 말미암아 심판하는 권한을 주셨느니라"(요 5:22, 27). 그러므로 그리스도 예수는 비록 아버지의 뜻과 상관없이 독자적으로는 아니지만(요 5:30), "살아 있는 자와 죽은 자를 심판하실" 것이다(딤후 4:1). 그러므로 심판은 "세상 법정"에 맡겨지지 않는다(고전 4:3). 우리는 "주께서 오시기까지" 기다려야 한다(고전 4:5). 그런데 한 가지 분명한 사실이 있다. 그것은 바로 "입법자와 재판관은 오직 한 분이시니, 능히 구원하기도 하시며 멸하기도" 하신다는 것이다(약 4:12).

따라서 정해진 날과 정해진 사람은 기본적이고 타협 불가능한 복음의 핵심 요소다. 바울은 다음과 같이 선언한다. "곧 나의 복음에 이른 바와 같이 하나님이 예수 그리스도로 말미암아 사람들의 은밀한 것을 심판하시는 그날이라"(롬 2:16). 이와 마찬가지로 베드로 역시 예수가 어떻게 "우리에게 명하사 백성에게 전도하되 하나님이 살아 있는 자와 죽은 자의 재판장으로 정하신 자가 곧 이 사람인 것을 증언하게 하셨는지"를 우리에게 상기시킨다(행 10:42). 이것이 기독교의 기본 진리다(행 24:25; 히 6:1-2를 보라).

심판은 복음의 한 부분이고, 복음은 진리이기 때문에(갈 2:5, 14; 엡 1:13) 하나님의 심판 역시 진리에 기초하여 이루어질 것이다(롬 2:2). 인간은 외모로 판단하는 경향이 있다(요 7:24; 8:15; 벧전 4:6). 우리는 정확한 판단을 내릴 만한 "참된" 능력이 없기 때문에, 우리의 판단은 언제나 공정하지 않다. 그러나 하나님은 "대주재"(Sovereign Lord)시다(계 6:10). 이 사실은 하나님이 "예수 그리스도로 말미암아 사람들의 은밀한 것"을 심판하실 수 있고, 또 그렇게 하실 것이며(롬 2:16), 더 나아가 "어둠에 감추인 것들을 드러내고 마음의 뜻을 나타내실"(고전 4:5) 분임을 의미한다. 따라서 하나님의 심판은 "참되고"(요 8:16), "의롭고[공의롭고]"(요 5:30; 계 19:11), "정의롭다"(롬 2:5). 왜냐하면 그는 "의로우신 재판장"이시기 때문이다(딤후 4:8). 하나님은 "각 사람의 행위대로" 심판하실 것이다(벧전 1:17; 참조. 행 17:31; 롬 2:11; 벧전 2:23). 이 온 땅의 심판자는 여전히 정의를 행하실 것이다(창 18:25).

그렇다면 심판받을 자는 누구인가? 하나님은 교회 "밖에 있는 사람들"(고전 5:13), 곧 "하나님을 대적하는 자"(히 10:27), "불의한 자"(벧전 2:9),

"경건하지 아니한 자"(벧후 3:7; 유 1:14-15), 예수를 경배할 가치가 없다고 판단한 "땅에 거하는 자"(계 6:10)를 심판하실 것이다. 예수는 "나를 저버리고 내 말을 받지 아니하는 자를 심판할 이가 있으니, 곧 내가 한 그 말이 마지막 날에 그를 심판하리라"(요 12:48)고 말씀하셨다. 따라서 하나님은 예수 그리스도를 받아들이지 않은 이들을 반드시 심판하실 것이다.

심판받을 자는 누구인가?

믿음과 은혜

여기까지는 그럭저럭 괜찮다! 그렇다면 그리스도인들은 어떤가? 과연 그들도 심판을 받는가? 그리스도인들은 예수 그리스도와의 관계, 곧 하나님의 은혜와 그리스도가 십자가상에서 완성하신 사역으로 말미암아 믿음으로 이루어진 관계에 의해 규정된다. 따라서 마귀는 행위를 막으려고 애쓰지 않는다. 그는 **믿음**을 막으려고 애쓴다. "이에 마귀가 가서 그들이 **믿어** 구원을 얻지 못하게 하려고 말씀을 그 마음에서 빼앗는 것이요"(눅 8:12). 믿는 자들은 "하나님의 자녀가 되고"(요 1:12), "심판을 받지" 않는다(요 3:18). 그들은 "심판에 이르지 아니하나니" 이는 "사망에서 생명으로 옮겼기" 때문이다(요 5:24). 어떤 영역본은 요한복음 5:24을 "그들은 자신들의 죄에 대하여 결코 정죄를 받지 않을 것이다"(NLT)라고 옮긴다. 그러므로 "이제 그리스도 예수 안에 있는 자에게는 결코 정죄함이" 없다(롬 8:1). 예수 그리스도를 믿으면 정죄함은 없다. 어느 그리스도인인들 이러한 근본 진리를 모르겠는가? 물론 성서에서 가장 유명한 구절인 요한복음 3:16도 있다.[2]

2_www.christianpost.com/news/most-popular-bible-verses-verses-revealed-29900/.

주목할 만한 사실은 신약성서에 "카리스"(은혜)라는 그리스어 단어가 155회 등장하는데 그중 100회가 바울 서신에서 언급된다는 것이다.[3] "전에는 비방자요, 박해자요, 폭행자였으나…믿지 아니하였을 때에 알지 못하고 행하였던"(딤전 1:13) 바울은 신약성서에서 하나님의 은혜와 자비에 깊이 감사하는 사람으로 묘사된다(딤전 1:12; 참조. 롬 7:25; 고전 15:57; 고후 9:15). 여기서 한 가지 주목할 것은 바울이 이러한 자신을 독자들과 하나로 묶는다는 것이다. "**우리도** 전에는 어리석은 자요, 순종하지 아니한 자요, 속은 자요, 여러 가지 정욕과 행락에 종노릇 한 자요"(딛 3:3). "전에는 **우리도 다** 그 가운데서 **우리** 육체의 욕심을 따라 지내며, 육체와 마음의 원하는 것을 하여"(엡 2:3).

바로 이 사람—"죄인 중의 괴수"—에게 "우리 주의 은혜가…넘치도록" 부어졌다(딤전 1:14, 16). 어떻게 그럴 수 있을까? "어떻게 하나님이 바울과 같이 흉악한 사람에게 그토록 풍성한 은혜를 부어주실 수 있을까?" 이 질문에 대한 아주 간단한 대답은 바로 "예수"다! "미쁘다! 모든 사람이 받을 만한 이 말이여. '그리스도 예수께서 죄인을 구원하시려고 세상에 임하셨다' 하였도다. 죄인 중에 내가 괴수니라"(딤전 1:15). 그러나 바울의 이 말을 다시 한번 주목해보라. "미쁘다! 모든 사람이 받을 만한 이 말이여." 이 말을 다시 의역하면 다음과 같다. 이 말은 "참되니 너희는 이 말을 온전히 받아들여야 한다"(NCV). 이 말은 "너희가 마음에 새기고 의지할 수 있는 것이다"(메시지성경). "이 진술은 전적으로 신뢰할 수 있고, 또 보편적으로 받아들여져야 한다"(J. B. 필립스). 즉 "너희는 이 말을 믿어도 된다!"는 뜻이다.

그렇다면 이 신뢰할 만한 진술은 우리와 무슨 상관이 있단 말인가? 바

3_ 여기서 우리는 바울이 쓴 것으로 알려진 13편의 서신을 모두 확실히 바울이 썼다고 추정한다.

울은 "내가 긍휼을 입은 **까닭**은 예수 그리스도께서 [죄인의 괴수인] 내게 먼저 일체 오래 참으심을 보이사, 후에 **주를 믿어 영생 얻는 자들에게 본이 되게 하려** 하심이라"(딤전 1:16)고 말한다. 바울은 자기 자신이 하나님의 은혜 밖에 있다고 느끼는 모든 이들에게 본보기가 된다. 그렇다면 바울이 자신이 쓴 모든 편지를 "은혜"라는 말로 시작하고 끝맺는 것은 전혀 이상하지 않다. 그의 마지막 어구도 "**은혜**가 너희와 함께 있을지어다"(딤후 4:22)였다.

그렇다면 모든 문제는 해결된 것이다. 우리는 **오직** 예수 그리스도만을 통해 "믿음으로 서 있는 이 은혜에 들어감을 얻었[다]"(롬 5:2). "하나님의 은혜를 폐하는" 것은 "그리스도께서 헛되이 죽으신" 것을 의미한다(갈 2:21). 믿음과 은혜는 기독교의 가장 기본적인 사상이다(예. 히 4:16; 6:1; 10:22; 약 4:6-10; 벧전 1:3, 5, 9-10, 13; 요일 5:1, 13). 신약성서가 "주 예수의 은혜가 모든 자들에게 있을지어다. 아멘"(계 22:21)으로 끝난다는 것은 이와 얼마나 잘 어울리는가!

그리스도인과 심판

여기서 "그렇다면 그리스도인들은 어떤가? 과연 그들도 심판을 받을까?"라는 질문으로 다시 돌아가 보자. 이 질문에 대한 대답은 '그렇다'다. 하나님은 "만민의 심판자"이시기 때문이다(히 12:23). 따라서 주께서는 "그의 백성을 심판하실" 것이며(히 10:30) "하나님의 집에서 심판을 시작할 때가" 된 것이다(벧전 4:17a). 성서를 가르치는 자들도 "심판을 받을" 것이다(약 3:1). "심는 이와 물주는 이는…각각 자기가 일한 대로 자기의 상을 받으리라"(고전 3:8). 위의 내용을 요약하면 다음과 같다.

- "[모든] 사람이…심판 날에…심문[심판]을 받으리니"(마 12:36).

• "우리가 다 하나님의 심판대 앞에 서리라.…우리 각 사람이 자기 일을 하나님께 직고하리라"(롬 14:10, 12).
• "우리가 다 반드시 그리스도의 심판대 앞에 나타나게 되어 각각 선악 간에 그 몸으로 행한 것을 따라 받으려 함이라"(고후 5:10).
• "지으신 것이 하나도 그 앞에 나타나지 않음이 없고 우리의 결산을 받으실 이의 눈앞에 만물이 벌거벗은 것 같이 드러나느니라"(히 4:13).

그러므로 "너희는 자유의 율법대로 심판 받을 자처럼 말도 하고 행하기도 하라"(약 2:12). "외모로 보시지 않고 각 사람의 행위대로 심판하시는 이를 너희가 아버지라 부른즉, 너희가 나그네로 있을 때를 두려움으로 지내라"(벧전 1:17).

심판의 본질

그렇다면 여기까지 분명한 사실은 "오실 주님은 그리스도인의 심판자도 되신다"는 것이다.[4] 그러면 이 심판은 무엇을 의미할까? 성서는 하나님이 다른 이들을 위선적으로 비판한 자(마 7:1-2), "음행하는 자와 간음하는 자"(히 13:4), "긍휼을 행하지 아니하는 자"(약 2:13), "원망하는" 자(약 5:9)를 심판하실 것이라고 선언한다. 그렇다면 이 사람들은 구원을 받는가, 아니면 구원을 받지 못하는가? 그들은 구원을 받지만 자신들의 상은 잃어버

4_Peter H, Davids, *The Epistle of James: A Commentary on the Greek Test* (NIGTC; Grand Rapids: Eerdmans, 1982), 185.

린다는 것인가? 이러한 질문은 우리가 심판에 관해 더 세부적으로 다루고 있는 몇몇 본문을 살펴보도록 이끈다. 마태는 인자를 양과 염소로 구분하는 심판을 위하여 오시는 분으로 묘사한다. 인자는 양에게 이렇게 말씀하실 것이다.

> 그때에 임금이 그 오른편에 있는 자들에게 이르시되 "내 아버지께 복 받을 자들이여, 나아와 창세로부터 너희를 위하여 예비된 나라를 상속 받으라. 내가 주릴 때에 너희가 먹을 것을 주었고 목마를 때에 마시게 하였고, 나그네 되었을 때에 영접하였고, 헐벗었을 때에 옷을 입혔고, 병들었을 때에 돌보았고, 옥에 갇혔을 때에 와서 보았느니라"(마 25:34-36).

그리고 염소에게는 이렇게 말씀하실 것이다.

> "저주를 받은 자들아, 나를 떠나 마귀와 그 사자들을 위하여 예비된 영원한 불에 들어가라. 내가 주릴 때에 너희가 먹을 것을 주지 아니하였고…"(마 25:41-42a).

이 본문은 많은 문제를 내포하고 있지만,[5] 그중에서도 가장 어려운 문제는 아마도 이것일 것이다. "[이 본문에는] 죄 사함 혹은 하나님의 은혜에 관한 교리의 흔적이 전혀 나타나 있지 않다.…구원에 이르게 하는 **믿음**에 대한 흔적도 나타나 있지 않다.…저주 받은 자에게 베푸는 자비도 없다."[6] 다시 말하면 이 본문은 "위험스러울 정도로 행위에 의한 칭의"처럼

5_Sherman W. Gray, *The Least of My Brothers, Matthew 25:31-46: A History of Interpretation* (SBLDS, Atlanta: Scholars, 1989)을 보라.

6_Francis Wright Beare, *The Gospel according to Matthew* (San Francisco: Harper & Row, 1981), 496-

보이지 않는가?[7] 크레이그 키너(Craig Keener)는 이렇게 말한다. "본문은 이 심판이 사람들의 **영원한** 운명을 결정한다는 것을 분명히 선언한다."[8] 물론이다. 하지만 이 본문에서 행위의 역할은 정확히 어떤 것인가? "믿음으로 예수 그리스도를 영접하는 것이 세상이 끝나는 날에는 아무런 쓸모가 없단 말인가?"[9] 마태복음 25장뿐만이 아니다. 요한복음에서도 예수님은 다음과 같이 말씀하신다. "무덤 속에 있는 자가 다 그의 음성을 들을 때가 오나니, 선한 일을 행한 자는 생명의 부활로, 악한 일을 행한 자는 심판의 부활로 나오리라"(요 5:28-29).

바울은 로마 지역의 신자들이 "'하나님께서 각 사람에게 그 행한 대로 보응하시되' 참고 선을 행하여 영광과 존귀와 썩지 아니함을 구하는 자에게는 영생으로 하[신다]"(롬 2:5-7)는 것을 알기를 원했다. 야고보는 독자들에게 다음과 같이 경고한다. "형제[와 자매]들아, 서로 원망하지 말라. 그리하여야 심판을 면하리라. 보라! 심판주가 문 밖에 서 계시니라"(약 5:9). 야고보는 독자를 "형제[와 자매]"로 부르는데, 이들은 곧 그리스도인들이다. 그리스도인들 앞에는 분명히 두 가지 선택이 놓여 있다. 원망하고 심판을 받거나 원망하지 않고 심판을 면하는 것이다. 그런데 심판을 면한다는 것은 어떤 의미일까? 여기서 야고보가 결코 의미하는 바가 아닌 것은 그야말로 그들이 자신들의 행위가 아직 미결된 상태이기 때문에 심판 과정에서 완전히 면제되는 것을 기대하는 것이다. 하지만 야고보는 분명히 여기서 심판의 최종 결과를 염두에 두고 있는 것이 틀림없다.

497(강조는 원저자의 것임).

7_Michael Green, *Matthew for Today: Expository Study of Matthew* (Dallas: Word, 1988), 242.

8_Craig S. Keener, *The Gospel of Matthew: A Socio-Rhetorical Commentary* (Grand Rapids: Eerdmans, 2009), 604(강조는 원저자의 것임).

9_David Hill, *The Gospel of Matthew* (NCBC; Grand Rapids: Eerdmans, 1981), 330.

그렇다면 그리스도인들에게 주어질 수 있는 심판의 결과는 무엇일까? 간단히 말해보자. 독자들이 경고에 귀를 기울이지 않는다면 그들에게는 어떤 심판이 내려질까? 도널드 블로쉬(Donald Bloesch)는 이 문제와 관련하여 신자들은 최후의 심판을 받겠지만 하나님은 긍휼을 베푸시는 분임을 확신할 수 있다(약 2:12)고 말한다. 따라서 "끝까지 **신실한** 그리스도인들은 자신들이 무한한 긍휼을 베푸시는…하나님의 손안에 있음을 확신할 수 있다."[10] 그러나 신실하지 못한 그리스도인들에게는 이것이 어떤 의미일까?

믿음으로 얻는 칭의, 행위에 따른 심판

이것이 무엇을 의미하든지 간에 신약성서는 어느 정도 기대에 찬 어조로 마무리한다. "보라! 내가 속히 오리니, 내가 줄 상이 내게 있어 각 사람에게 그가 행한 대로 갚아 주리라"(계 22:12). 따라서 사도신경은 400년 동안 초기 그리스도인들이 정통 교리로 믿어왔던 내용을 분명하게 제시한다. "나는…우리 주 예수 그리스도를 믿습니다.…[그분은] 하늘에 오르시어 전능하신 아버지 하나님 우편에 앉아 계시다가, 거기로부터 살아있는 자와 죽은 자를 심판하러 오십니다."

사실 어떤 이들은 심판이란 개념 자체가 사랑의 하나님에 대한 모독이라고 생각한다. 1960년대 후반에 어떤 학자는 다음과 같이 말했다. "하나님은 무엇보다 사랑의 하나님, 구원의 하나님이시다. 그러므로 하나님

10_Donald Bloesch, *The Last Things: Resurrection, Judgment, Glory* (Christian Foundations; Downers Grove, IL: InterVarsity Press, 2005), 70.

에 대하여 부당한 결론을 피하려면, 미래의 심판을 배경으로 하는 종말론적 진술이야말로 무조건 이런 배경의 부적합성을 감안하고, 이 부적합성을 인정해야 한다."[11] 이런 태도는 반세기 동안 계속 이어지고 있지만,[12] 신약성서를 정직하게 읽어보면 이를 결코 인정할 수 없다.

따라서 우리는 여기서 기본적인 긴장을 발견한다. 즉 성서는 사람들이 예수 그리스도를 믿는 믿음을 통해 의롭다 함을 얻지만, 최후의 심판에서는 각자의 행위에 따라 심판을 받게 될 것이라고 가르친다. 그렇다면 우리는 성서가 우리가 용납할 수 없는 난제를 만들어놓았다고 결론지어야 할까? 아니면 우리는 교리에 더 우선권을 주어야 할까? 특히 신자가 심판받을 때 행위는 어떤 역할을 할까?

마르틴 루터, 새 관점, 존 파이퍼, N. T. 라이트의 견해

마르틴 루터

지면상 이 주제와 관련된 교회 역사를 최대한으로 간략하게 스케치하는 것마저도 쉽지 않겠지만, 최소한 우리는 마르틴 루터(16세기)만큼은 언급하지 않을 수 없다.[13] 루터는 심지어 행위가 은혜보다 앞서더라도 그것이 구원/영생을 얻기 위한 공로가 된다는 가톨릭교회의 행위 개념을 전

11_ William J. Dalton, Aspects of New Testament Eschatology (Perth: University of Western Australia Press, 1968), 7; Richard H. Hiers, "Day of Judgment," ABD, 2:81에서 인용함.

12_ 참조. 예컨대 Rob Bell, *Love Wins: A Book About Heaven, Hell, and the Fate of Every Person Who Ever Lived* (New York: Harper One, 2011); Peter W. Marty, "Betting on a Generous God," *Christian Century* 128, no. 10 (May 17, 2011), 22-23, 25.

13_ 믿음과 행위의 관계에 대한 루터의 사상에 관한 보다 더 상세한 개관은 Alan P. Stanley, *Did Jesus Teach Salvation by Works? The Role of Works in Salvation in the Synoptic Gospels* (ETSMS 4; Eugene, OR: Pickwick, 2006), 39-46을 보라. 교회 역사 전체에 나타난 동일 주제는 19-70을 보라.

면 거부했다. 그는 칭의는 행위와 상관없이 전적으로 오직 믿음으로(*sola fide*) 이루어진다고 주장했다. 칭의는 "기독교 교리 가운데 가장 참되고 주요한 조항"[14]으로서 결코 취소불가능하며, 최후의 심판 때까지 지속된다.[15] 하지만 로마 가톨릭교회만이 루터의 유일한 적수는 아니었다. 가톨릭 사상이 행위에 깊이 몰두했다면 반(反)율법주의자들은 행위를 완전히 무시했다. 따라서 루터는 비록 행위가 칭의를 가져다주지는 못하지만, 믿음이 실제임을 증명해준다는 차원에서는 중요하다고 주장했다.[16] "선한 행위가 뒤따르지 않는다면, 그리스도를 믿는 이 믿음은 우리 마음속에 거하지 않는 것이 분명하다."[17] 루터는 믿음과 행위 사이의 긴장 관계를 놓고 씨름하면서도 믿음에 우선권을 주려고 애쓴다. 행위는 필요하다. **하지만** 사람을 그리스도인으로 만들지는 못한다.[18] 예를 들어, 최후의 심판대 앞에서 행위가 없다는 것은 우리에게 두려움을 가져다주기에 충분하다(요일 4:16-18).[19] 하지만 행위 자체는 두려움을 완화시켜주지 못한다. 왜냐하면 구원은 "하나님의 용서의 은혜"에 근거하여 값없이 받는 선물이기 때문이다.[20] 물론 행위도 중요하다. 하지만 만약 누군가가 행위 없이 최후의 심판대 앞에 서야 한다면, "우리는 이런 상황에 놓여 있는 사람에게 믿는 것밖에는 다른 방도가 없다고 말해줄 수밖에 없다. 만약 당신에게 행위가 없다면, 절대로 믿음 없이 심판대 앞에 서지 말라."[21]

14_Luther, *Works,* 35:363.

15_Paul Althaus, *The Theology Martin Luther* (Philadelphia: Fortress, 1966), 446.

16_Luther, *Works,* 34:124..

17_Ibid., 34:111.

18_Ibid., 31:361, 34:165.

19_Althaus, *The Theology of Martin Luther,* 453.

20_Ibid.

21_Ibid., 454-455.

새 관점과 20세기 말엽

20세기 후반으로 건너뛰면 수많은 학자가 믿음으로 얻는 칭의와 행위에 따른 심판을 서로 조화시키려는 연구에 많은 애를 썼음을 알 수 있다. 또한 이 연구들은 아무래도 바울에게 초점을 맞추는 경향이 있었다. 이는 이 두 주제가 바울 서신 안에서 매우 날카롭게 서로 대립했기 때문이다. 나아가 1997년에 출간된 샌더스(E. P. Sanders)의 기념비적인 저서인 『바울과 팔레스타인 유대교』(알맹e 역간)[22]는 바울 연구에 있어 새 시대를 여는 계기가 되었다. 유대교가 사실은 행위에 의한 의(즉 행위에 의한 구원)로 규정되는 종교—마르틴 루터와 우리 대다수가 로마서와 갈라디아서를 읽으면서 생각했던 것처럼—가 아니었음을 밝히는 샌더스의 연구는 차후 새 관점(the New Perspective)으로 불리게 된 견해를 지지하는 수많은 문헌을 마구 쏟아내는 데 기폭제 역할을 했다.[23] 새 관점이 최후의 심판에서의 행위의 역할에 집중함에 따라[24] 그동안 저술된 수많은 책 역시 이 문제를 바울의 이신칭의 교리와의 관계 속에서 다루었다.[25] 그럼에도 불구하

22_ E. P. Sanders, *Paul and Palestinian Judaism: A Comparison of Patterns of Religion* (London: SCM, 1977).

23_ Sanders의 연구와 새 관점 전반에 대한 여러 가지 반응은 D. A. Carson, Peter T. O'Brien, Mark A. Seifrid (eds.), *Justification and Variegated Nomism: The Complexities of Second Temple Judaism* (WUNT 2/140; Tübingen: Mohr Siebeck, 2001); *Justification and Variegated Nomism: The Paradoxes of Paul* (WUNT 2/181, Grand Rapids: Baker, 2004)을 보라. 새 관점에 대한 평이한 개론은 Simon J. Gathercole, "What Did Paul Really Mean?" *Christianity Today* 51 (Aug. 2007), 22-28이나 온라인 www.christianitytoday.com/ct/2007/august/13.22.html을 보라.

24_ 예컨대 *Paul and Palestinian Judaism,* 515-518에서 Sanders의 "Judgment by Works and Salvation by Grace [in Paul]" 단락을 보라.

25_ 다음 자료는 저술된 작품 중 선별하여 (연대순으로) 나열한 것이다. Leon Morris, *The Biblical Doctrine of Judgment* (Grand Rapids: Eerdmans, 1960); Karl P. Donfried, "Justification and Last Judgment in Paul," *ZNW* 67 (1976), 90-110; T. Francis Glasson, "Last Judgment in Rev 20 and Related Writings," *NTS* 28 (1982), 528-539; Nigel M. Watson, "Justified by Faith, Judged by Works: An Antinomy?" *NTS* 29 (1983), 209-221; Klyne R. Snodgrass, "Justification by Grece—to the Doers: An Analysis of the Place of Romans 2 in the Theology of Paul," *NTS* 32

고 이 주제는 지난 세기에도 어떤 합의점을 찾지 못하고 여전히 안갯속에 남아 있다.[26]

20세기 마지막 10년 사이에 출간된 『IVP 성서 사전』—부제는 "현대 성서학 집약서"—도 이 점을 확인한다. 1992년과 1993년판에서 스티븐 트래비스(Stephen Travis)는 **최후의 심판**에서 행위는 "한 사람의 삶의 기본 방향"이 과연 하나님을 향했는지 또는 하나님으로부터 멀어졌는지를 나타내는 **증거**를 제공해준다고 주장했다.[27] 하지만 1997년판에 실린 마크

(1986), 72-93; Stephen H. Travis, *Christ and the Judgment of God* (Basingstoke, UK: Pickering, 1986); Don Garlington, *Faith, Obedience, and Perseverance Aspects of Paul's Letter to the Romans* (Tübingen: Mohr Siebeck, 1991); Thomas R. Schreiner, "Did Paul Believe in Justification by Works? Another Look at Romans 2," *BBR* 3 (1993), 131-158; Kent L, Yinger, *Paul, Judaism, and Judgment according to Deeds* (SNTSMS 105, Cambridge: Cambridge University Press, 1999); Thomas R. Schreiner and Ardel B. Caneday, *The Race Set before Us: A Biblical Theology of Perseverance and Assurance* (Downers Grove, IL: InterVarsity Press, 2001); Simon Gathercole, *Where Is the Boasting: Early Jewish Soteriology and Paul's Response in Romans 1-5* (Grand Rapids: Eerdmans, 2002); Christian Stettler, "Paul, the Law and Judgment by Works," *EvQ* 76 (2004): 195-215; Paul A. Rainbow, *The Way of Salvation: The Role of Christian Obedience in Justification* (Milton Keynes, UK: Paternoster, 2005); Chris VanLandingham, *Judgment and Justification in Early Judaism and the Apostle Paul* (Peabody, MA: Hendrickson, 2006); Alan P. Stanley, *Did Jesus Teach Salvation by Works?* (2006); Richard H. Bulzacchelli, *Judged by the Law of Freedom: A History of the Faith-works Controversy, and a Resolution in the Theology of St. Thomas Aquinas* (Lanham, MD: University Press of America, 2006); Kyoung-Shik Kim, *God Will Judge Each One according to Works: Judgment according to Works and Psalm 62 in Early Judaism and the New Testament* (BZNW 178, Berlin: de Gruyter, 2011); A. B. Caneday, "Judgment, Behavior, and Justification according to Paul's Gospel in Romans 2," *JSPL* 1/2 (2011), 153-192.

26_Rainbow, *The Way of Salvation,* 17은 21세기 초엽 믿음으로 얻는 칭의와 행위에 따른 심판을 어떻게 서로 조화를 이룰지에 관한 문제는 아직 "해결되지 않은 문제"였다고 지적한다. VanLandingham, *Judgment and Justification in Early Judaism,* 11도 유사한 입장을 취한다. "바울 서신에 나타난 심판과 칭의를 어떻게 서로 조화시킬지에 대해서는 학자들 사이에 거의 합의점이 없다." 또한 Michael F. Bird, "Judgment and Justification in Paul: A Review Article," *BBR* 18/2 (2008), 299는 이렇게 말한다. "어떠한 해결책도 합의를 이끌어내지 못했으며…믿음으로 얻는 칭의와 행위에 따른 심판 사이에 존재하는 긴장은 주석가와 설교자 모두를 지속적으로 당혹스럽게 만들고 있다."

27_S. H. Travis, "Judgment," *Dictionary of Jesus and the Gospels* (Downers Grove, IL: InterVarsity Press, 1992), 408-411; idem, "Judgment," *Dictionary of Paul and His Letters* (Downers Grove, IL:

세이프리드(Mark Seifrid)의 견해에 따르면 행위는 단순한 증거로 환원될 수 없다. 오히려 **공정한 보상**이 각 사람의 행위에 따라 이루어지는 심판을 가장 잘 대변해준다는 것이다. 이 견해는 은혜로 의롭다 함을 받는다는 것을 부정하는 것은 아니다. 왜냐하면 신자들은 은혜를 당연시해서는 안 되며 또 "구원의 역사가 일어나는 곳에는 반드시 인내하는 믿음과 순종이 나타나기 마련이며, 이것이 최후의 심판 때 신자의 구원을 보장하기" 때문이다.[28]

아무튼 이것은 복잡한 문제를 단순화시킨 것이다. 사실은 최후의 심판에서의 행위의 역할을 설명하는 방법은 상당히 제한적이지만, 그 뉘앙스는 매우 다양하다.[29] 어떤 학자들은 최후의 심판을 하나님의 칭찬을 받기도 하고 못 받기도 하는 자리로 본다. 어느 경우이든지 간에 신자는 무조건 구원을 받고(예. 고전 3:10-15),[30] 로마서 2:5-16과 같은 본문들은 실제적 상황보다는 이론적/가설적 상황을 가리킨다.[31] 또 다른 학자들은 최후의 심판에서 가장 중요한 관건은 영생이 아니라 상이며, 신자들은 최후

InterVarsity Press, 1993), 516-517; idem, *Christ and the Judgment of God: Divine Retribution in the New Testament* (Hants, UK: Marshall Pickering, 1986), 169.

28_ M. A. Seifrid, "Judgment," *Dictionary of the Later New Testament and Its Development* (Downers Grove, IL: InterVarsity Press, 1997), 623-624.

29_ Dane C. Ortlund, "Justified by Faith, Judged according to Works: Another Look at a Pauline Paradox," *JETS* 52 (2009), 324-331은 네 개의 일반 항목 아래 "미묘한 차이가 있는" 14개의 다양한 관점을 열거한다. 믿음으로 얻는 칭의와 행위에 따른 심판을 조화시키는 여러 관점(대부분 바울 서신에 국한된)에 대한 최근 개요는 Rainbow, *The Way of Salvation,* 16-19; VanLandingham, *Judgment and Justification in Early Judaism,* 11-15; Kim, *God Will Judge Each One according to Works,* 5-13을 보라.

30_ 예컨대 Paul Barnett, *The Second Epistle to the Corinthians* (NICNT, Grand Rapids: Eerdmans, 1997), 276-277을 보라.

31_ 예컨대 George Eldon Ladd, *A Theology of the New Testament* (rev. ed.; Grand Rapids: Eerdmans, 1993), 611을 보라.

의 심판대 앞에 서지 않을 것이라고 본다.[32]

존 파이퍼와 N. T. 라이트

아무튼 이러한 수많은 논쟁은 주로 학술저널과 단행본을 통해 이루어졌다. 물론 이 말은 이러한 논쟁이 일반인에게는 소개되지 않고 대체적으로 학계 내에서만 소화되었다는 것을 의미한다. 그런데 한때 나의 제자였고 지금은 목사가 된 사람은 이 책을 접하고 나서 다음과 같이 말했다. "이것은 단순히 학문적인 논쟁만이 아니다.…이것을 잘못 이해한다는 것은 매우 심각한 일이다." 사실이다. 오늘날 블로그가 중요한 역할을 하고 있는 것은 사실이지만, 내가 알고 있는 대다수 그리스도인은 이 문제에 대해 전적으로 무지하다. 그런데 최근에 복음주의 진영에 속한 두 명의 저명인사가 이 문제를 전면에 부각시켰다. 내가 언급하고 싶은 인물은 영국 신약학자 N. T. 라이트(N. T. Wright)와 미국 목사 존 파이퍼(John Piper)다. 비록 최후의 심판에서의 행위의 역할이 두 사람 사이에 드러난 견해 차이의 핵심은 아니었지만, 상당히 주목할 만한 것이었음은 확실하다.[33] 문제는 새 관점 보급에 주도적인 역할을 해온 인물 중 하나인 라이트[34]가 최후의 심판에서 신자에게 주어질 최종적 칭의는 **그가 살아온 삶 전체에 기초하여**[35] 또는 어느 정도 그 결과에 따라 결정될 것(예. "결국 칭의는 행함[performance]에 기초하여 이루어질 것이다")이라는 사실을 거듭 주장해

32_ 예컨대 Samuel L. Hoyt, *The Judgment Seat of Christ: A Biblical and Theological Study* (Milwaukee, WI: Grace Gospel, 2011)을 보라. Hoyt는 무려 **다섯 차례의** 종말론적 심판이 있다고 본다.

33_ Michael F. Bird, "What Is There between Minneapolis and St. Andrews? A Third Way in the Wright-Piper Debate," *JETS* 54 (2011), 299-309를 보라.

34_ 예컨대 N. T. Wright, *Paul: In Fresh Perspective* (Minneapolis: Fortress, 2005)를 보라. 사실은 새 관점들(복수형)이라고 말하는 것이 더 정확하다.

35_ Ibid., 57, 121, 148.

왔다—또는 우리 모두는 최소한 그가 그랬다고 생각했다—는 것이다.[36]

파이퍼는 『칭의 논쟁: 칭의 교리의 미래는 어떻게 될 것인가?』(*The Future of Justification: A Response to N. T. Wright*, 부흥과개혁사 역간)에서 라이트의 견해를 정면으로 반박했다. 파이퍼가 가장 크게 우려한 것 중의 하나는 "라이트가 미래에 우리에게 주어질 칭의가 행위에 기초하여 이루어질 것이라는 취지의 깜짝 놀랄 만한 주장"을 천명했다는 것이었다.[37] 파이퍼는 다음과 같이 자신의 신념을 밝힌다.

> 우리의 행위는 그리스도의 법정에서 **우리의 믿음이 진짜라는 것**을 증명하기 위한 공적 증거가 될 것이다.…우리의 행위는 우리의 구원의 기초가 아니라 우리의 구원에 대한 증거다. 우리의 행위는 기초가 아니라 증명이다. 우리 모두의 구원은 믿음을 통해 은혜로 주어질 것이다.…따라서 바울이 (고후 5:10에서) "각각…그 몸으로 행한 것을 따라 받으려 함이라"고 말할 때, 그는 우리가 받을 **상**이 우리의 행위에 따라 주어질 뿐만 아니라 우리의 **구원**도 우리의 행위에 따라 주어질 것이라는 것을 의미한 것이다.[38]

그렇다면 라이트에 대한 파이퍼의 불만은 무엇이었을까? 사실상 그의 불만은 라이트가 "오직 믿음"이라는 문제에 대해 지나치게 모호한 입장을 취했고(130-131), 이로 인해 칭의에 대한 "가톨릭"의 해석으로 나아가는

36_N. T. Wright, "Romans," *The New Interpreter's Bible* (Nashville: Abingdon, 2002), 10:440.

37_John Piper, *The Future of Justification: A Response to N. T. Wright* (Wheaton, IL: Crossway, 2007), 22.

38_John Piper, *The Purifying Power of Living by Faith in Future Grace* (Sisters, OR: Multnomah, 1995), 364-365(강조는 원저자의 것임). 심판 때 행위의 역할에 관한 Piper의 논의는 www.youtube.com/watch?v=7ZQiP-5ce6Q를 보라.

문을 열어놓았다(183)는 것이었다.[39] 파이퍼에 따르면, "라이트는 내가 우리의 선한 행위가 마지막 날에 그리스도를 믿는 믿음에 대한 필수적 증거라고 말할 때 의미한 바와 다를 바 없는 의미로 그렇게 말했을 수도 있다. 아마도 그랬을 것 같다. 그런데 실상은 그리 간단하지 않다." 따라서 파이퍼는 "나는 라이트가 자신의 글을 읽는 독자들에게 사실은 이것이 그가 믿고 있는 바가 **아니라는** 점을 분명히 했으면 좋겠다"고 썼다. 우리가 앞에서 이미 살펴봤듯이, 파이퍼는 심판뿐 아니라 심지어 행위가 한 사람의 최종적 구원에도 필수적이라는 점을 전혀 문제를 삼지 않는다. 그가 가장 크게 우려한 부분은, 라이트가 최종적 구원의 궁극적 **기초** 혹은 **근거**가 오직 예수 그리스도 및 그의 완성된 십자가 사역에 대한 믿음에 있다기보다는 우리의 행위에 있다고 간주하는 듯 보인다는 것이었다.[40] 파이퍼에 의하면 "그리스도인들은 우리의 칭의에 대한 **근거**로서의 율법 준수로부터 자유롭다"(강조는 덧붙여진 것임).[41]

이에 라이트는 『톰 라이트 칭의를 말하다』(*Justification: God's Plan and Paul's Vision*, 에클레시아북스 역간)라는 책으로 응대하면서 자신은 우리가 구원을 우리의 힘으로 얻는다거나 구원을 위해서는 완전한 삶이 필요하다는 의미로 말하지 않았다고 밝혔다. 그는 이제 우리는 그리스도와의 연합(롬 6:1-11)과 성령의 내주하심(롬 2:25-29)과 우리 안에서 역사하시는 하나님의 사역으로 말미암아 새로운 삶을 살 수 있으며(롬 6:6-11), 율법에도 순종할 수 있고(롬 8:4), 몸의 행실을 죽이며(롬 8:13), 마침내 영원히 살 수

39_ Piper, *The Future of Justification,* 130-131.

40_ 이 단락의 인용문에 대해서는 Piper, ibid., 22, 43, 88-90, 103, 113, 116, 128-131, 143, 146, 171, 182, 184, 217, 221, 224-225를 보라. "칭의의 최종적 의미에 대한 가장 핵심적인 질문은 바로 **하나님의 임재 앞에서 우리가 받아들여질 최종적 근거는 무엇일까다**"(101, 강조는 원저자의 것임).

41_ Ibid., 221.

있게 되었다(롬 8:13)고 말한다.[42] 따라서 "인간은 성령이 그들 안에 역사하실 때에는 진정한 인간, 진정한 자유를 누리는 존재가 될 수 있으며, 이로써 인간은 하나님의 형상을 드러내고, 하나님을 기쁘시게 하며, 하나님의 이름을 영화롭게 하고, 율법이 항상 염두에 두고 있었던 것들을…자유롭게 행할 수 있게 된다. 그것이 바로 최후의 심판 때 '잘하였도다. 착하고 충성된 종아!'라는 최종 판결을 이끌어내는 삶이다."[43] 이것은 믿음을 배제하는 것이 아니다. 왜냐하면 "만일 하나님이 최후의 심판에 앞서 현세에서 사람들을 의롭다고 칭하신다면, 그것은 믿음이 그렇게 의롭다고 칭함을 받은 이들의 특성을 잘 드러낼 것이기" 때문이다.[44]

그러나 라이트의 답변은 그를 비판하는 이들의 불만을 잠재우기에는 불충분했다.[45] 최종적 구원에 대한 **근거**가 여전히 모호했기 때문이다. 따라서 라이트와 파이퍼는 애틀란타에서 열린 2010년 복음주의 신학회 연례 총회에서 본회의 강사로 초청받아 정면 대결이 예정되어 있었다. 그런데 파이퍼가 부득이하게 참석하지 못하게 되었고, 이 책의 두 번째 기고자인 토머스 슈라이너가 그 자리를 대신했다. 슈라이너는 그 자리에서 이 문제에 대한 보다 더 사려 깊은 설명을 그에게 촉구했다.

> 나는 라이트가 말하는 행위에 의한 칭의나 행위에 따른 심판은 보다 더 나은 방식으로 설명될 수 있다고 생각한다. 왜냐하면 그는 종종 선한 행위를 칭의의 최종적 기초(final basis)로 제시하기 때문이다. 또한 라이트는 복음주의

42_N. T. Wright, *Justification: God's Plan and Paul's Vision* (London: SPCK, 2009), 167, 205-209.

43_Ibid., 168; 참조. 198.

44_Ibid., 183.

45_이 같은 사실은 예를 들면 보이스 대학교에서 Wright의 반론에 이어 진행된 Thomas Schreiner, Mark Seifrid, Brian Vicker, Denny Burke 사이에 벌어진 공개 토론을 보면 잘 알 수 있다. www.dennyburk.com/schreiner-seifrid-and-vickers-assess-piper-wright-debate-at-boyce-college/.

진영에서 종종 도외시되고 있는 매우 중요한 주제를 우리에게 상기시켜준다. 바울은 선한 행위가 칭의와 구원에 필수적이라고 가르치고, 라이트 역시 이 본문들은 단순히 상에 대한 것이 아님을 올바르게 지적한다.[46]

라이트는 칭의를 다음과 같이 규정한다. "칭의는 십자가에 못 박혀 죽으시고 다시 살아나셔서 어제나 오늘이나 영원토록 동일하신 우리 주 예수 메시아 안에 확정되어 있다."[47] 그는 더 구체적으로 다음과 같이 설명한다. "나는 내가 '기초'에 관해 언급했을 때…이것이 그리스도가 이룩하신 사역 및 성령이 강하게 역사하시는 사역과 전혀 무관하다고 주장하려고 했던 것이 아니라, 바로 그런 견고하고 완전한 은혜의 구조 안에서 마지막 날에 드러날 그 특정한 증거가 그 사람이 지금껏 살아온 삶의 취지와 방향이 될 것임을 말하고자 했던 것이다."[48] 그는 또 이렇게 말한다.

따라서 미래의 칭의는 그간 살아온 삶에 따라 주어질 것이지만, [로마서] 8장의 은혜로운 결론은 이것이 결코 불안해할 만한 근거가 될 수 없음을 분명하게 밝힌다. "만일 하나님이 우리를 위하시면 누가 우리를 대적하리요?" 이것은 미래를 바라보는 것이며, 우리를 위해 죽으시고, 부활하시고, 지금은 하나님과 우리 사이를 중보하시는 예수가 우리를 사랑하시는 하나님의 그 끊을 수 없는 사랑 안에 영원히 남아 계심을 확신하는 것이다.[49]

46_Thomas R. Schreiner, "Justification: The Saving Righteousness of God in Christ," *JETS* 54 (2011), 20-21.

47_N. T. Wright, "Justification: Yesterday, Today, And Forever," *JETS* 54 (2011), 49.

48_Ibid., 60.

49_Ibid., 61-62.

따라서 "미래에 일어날 최종적 칭의는 '메시아 안에' 거하는 모든 이에게 보장된다." 그 결과 "이 미래에 일어날 칭의는, 비록 그간 살아온 삶에 따라 주어지는 것이라고 하더라도, 어쨌든 그런 이유로 인해 믿음 곧 오직 믿음에 따라 내려진 현재의 판결을 결코 위험에 빠뜨리지는 않는다.…어쨌든 내가 말한 모든 것은 메시아가 이룩하신 사역을 되돌아본다."[50]

이에 대해 톰 슈라이너는 다음과 같은 답변을 내놓았다.[51] "나는 톰 라이트가 지금이라도 최후의 심판이 우리의 행위에 기초하기보다는 우리의 행위에 따라 이루어질 것이라고 말한 데 대해 기쁘게 생각한다. 나는 이러한 수정과 해명이 매우 타당하다고 생각한다.…나는 우리가 우리의 행위에 기초하기보다는 우리의 행위에 따라 심판을 받는다'는 그의 말에 전적으로 동의한다."[52]

그러나 라이트는 이러한 흥분된 감정에 대해 주의를 당부하면서 다음과 같은 글을 한 블로그에 올렸다.

> …너무 흥분하지 말라. 나는 이 주제에 대해 내가 그동안 나의 많고 많은 진술을 통해 말하고자 했던 것 가운데 그 어떤 것도 철회하지 않았다. 나는 바울을 어떤 고정된 교리의 틀 안에 집어넣으려고 했던 것이 아니라 단순히 그가 말한 것을 그대로 서술한 것뿐인데, 어떻게 내가 그럴 수 있겠는가?…나는 분명히 "기초"라고 말했다. 그러나…내가 언제나 분명하게 밝혔듯이, 나는 몇몇 신학자들이 반드시 그런 의미를 "갖고 있어야만 한다"고 생각하는 그

50_ Ibid., 62.

51_ 나는 내가 여기서 쓴 글에 대하여 Thomas Schreiner가 밝힌 생각에 대해 감사하게 생각한다. Schreiner의 생각은 내가 이 책을 편집하는 데 많은 도움을 주었다.

52_ "Tom Schreiner's Response to N. T. Wright"는 http://schreinerpatrick.wordpress.com/2010/11/23/tom-schreiners-response-to-n-t-wright/에서 찾아볼 수 있다.

런 의미로 말하지도, 또 그런 의도를 갖고 있지도 않았다. "기초"라는 단어 자체가 성서가 사용하는 표현이 아니기 때문에 나는 그 단어에 어떤 큰 의미를 부여하지 않는다. 물론 사람들은 내가 말한 다른 것들은 읽지도 않고 그저 그 단어를 해석한 후 내가 충분히 제시한 설명에 의해 뒷받침되지도 않는 결론으로 건너뛰어 버렸다.…재차 강조한다. 내가 말하고자 한 것은 모두 바울이 로마서 2장(과 다른 본문)에서 말하고 있는 것이다. 우리가 사용하는 전문용어("기초" 등)는 다른 요약적 용어와 마찬가지로 우리의 논의 속에서 유동적이면서 신축적으로 사용되기 때문에 보다 더 폭넓은 담화—바울의 담화와 나의 담화 모두—의 견지에서 이해될 필요가 있다. 다시 말하지만, 여기서 요점은 성령의 역사로 말미암아 믿음으로 이미 의롭다함을 받은 이들의 삶은 이미 변화되었고, 최종 판결은, 그 변화가 제아무리 불안전하다고 하더라도, 바로 그 변화된 삶에 따라 이루어질 것이라는 점이다.[53]

네 명의 기고자

그런 의미에서 이 책은 이와 같은 논쟁의 후속편이라고 할 수 있으며, 나는 이 주제가 이 책을 통해 보다 폭넓은 독자들에게 읽히기를 소망한다. 곧 이어 소개될 네 편의 논문은 우리 가운데 아직 많은 이들이 미처 고려하지 못했던 것들을 깊이 숙고해볼 수 있는 기회를 제공해줄 것이라고 확신한다. 이러한 여러 견해를 대변해줄 만한 학자가 많이 있지만, 이 네 명의 기고자는 각 견해를 대표하고 주도하는 학자들이다. 첫 번째 기고자는

53_Denny Burke가 2010년 11월 20일자 블로그에 쓴 글에 대한 N. T. Wright의 반응은 www.dennyburk.com/n-t-wright-on-justification-at-ets/에서 읽어볼 수 있다.

그레이스 복음주의협회의 상임 이사직을 맡고 있는 로버트 윌킨이다. 그는 그의 전 생애를 이 주제 및 관련 주제를 연구하는 데 헌신했고, 저술과 강연을 통해 이 주제를 미국 전역에 널리 알리고 있다.

두 번째 기고자는 세계적인 신약학자이자 바울신학 전문가인 토머스 슈라이너다. 그는 로마서와 갈라디아서 주석 외에도 믿음과 행위의 관계 및 바울과 율법에 관해 다수의 글을 썼기에 이 두 번째 견해를 대표하기에 더 나은 적임자를 찾는다는 것은 결코 쉽지 않을 것이다.

세 번째 기고자는 영국 신약학계를 이끄는 탁월한 학자이자 예수와 바울에 관한 연구로 널리 알려져 있는 제임스 던이다. "새 관점"이라는 용어를 고안해낸 그 역시 세 번째 견해를 대표할 적임자임에 틀림없다.

마지막 네 번째 기고자는 요한 바오로 2세 가톨릭대학교(John Paul the Great Catholic University)에서 신학·성서·가톨릭사상을 가르치는 교수인 마이클 바버다. 다수의 책의 저자이자 매주 미국 전역에 전파되는 라디오 프로그램 〈살아 있는 믿음의 이유들〉의 진행자이기도 한 그는 최후의 심판에서 행위가 담당할 역할에 관한 가톨릭교회의 견해를 대변한다.

마지막으로, 이 주제는 사람들의 감정을 깊이 자극하는 경향이 있다.[54] 물론 열정적인 논쟁 자체가 잘못된 것은 아니지만, 유감스럽게도 인터넷은 사람들이 컴퓨터 뒤에 숨어서 심지어 누군지도 모르는 사람들과 인신공격적인 언쟁을 일삼는 공간이 되어버렸다. 우리는 우리가 동일하게 받은 은혜를 가지고 이 주제를 놓고 어떻게 토론해야 하는지를 배울 필요가 있다(롬 15:7; 엡 4:1-3; 5:1-2; 빌 2:5). 어떤 경우에는 침묵하는 것이 더 큰 힘을 발휘할 때도 있다(잠 17:28). 어쩌면 우리를 지켜보고 있는 이 세상의

54_ 예컨대 최후의 심판 때 행위의 역할에 관한 Piper의 설명에 대해 서로 간략하게 논평하는 짧은 영상은 //www.youtube.com/watch?v=7ZQiP-5ce6Q를 참조하라.

잃어버린 영혼들에게는 서로를 향한 우리의 사랑이 결국 더 강한 호소력을 행사할지도 모른다(요 13:35; 17:21, 23). 대럴 벅(Darrell Bock)은 다음과 같이 우리에게 조언한다.

> 각 문제에 대한 우리의 논쟁과 다양한 접근법은 항상 우리 곁에 남아 있을 것이다. 하지만 우리가 추구해야 할 현실적인 목표는 상호 이해를 위해 보다 더 명확한 설명을 추구하고 더 나은 방향으로 나아가는 것이다. 이 세상을 기억하면서 우리가 추구하는 더 큰 사명으로 나아가자.…영광 속으로 들어갈 때까지 주 안에서 한 형제자매 된 우리 동료들을 서로 존중하면서 공정하고도 온전하며 예의 바른 논쟁에 임하도록 하자.[55]

55_ Darrell L. Bock, *Purpose Directed Theology: Getting Our Priorities Right in Evangelical Controversies* (Downers Grove, IL: InterVarsity Press, 2002), 114.

1

그리스도인은 최후의 심판이 아니라 상급 심판에서 각자의 행위에 따라 심판을 받을 것이다

로버트 N. 윌킨

그리스도인들에게 끝까지 인내하라는 권면은 신약성서 전반에 걸쳐 나타난다.[1] 이에 관해서는 논란의 여지가 전혀 없다. 이 문제는 신앙의 성패를 좌우할 만큼 중요하다. 많은 이들은 영원한 구원이 여기에 달려 있다고 가르친다. 예를 들어 마태복음 10:22(마 24:13; 막 13:13도 마찬가지로)에 관하여 토머스 슈라이너와 아델 캐니데이(Ardel Caneday)는 이렇게 말한다. "예수는 구원을 약속하시지만, '끝까지' 견디고 인내하는 것을 그 약속된 구원의 조건으로 삼으신다."[2] 또한 베드로가 독자들에게 힘써 믿음에 거룩한 덕을 더함으로써 "우리 주 곧 구주 예수 그리스도의 영원한 나라에 들어감을 넉넉히" 받으리라고 말하는 베드로후서 1:5-11에 관하여 슈라이너와 캐니데이는 이렇게 덧붙인다. "이러한 덕을 행하는 자는 절대로 넘어지지(fall) 않을 것이며 최종적 구원을 얻을 것이다. 따라서 여기서 '넘어지다'라는 단어는 배교를 가리킨다. 거룩한 덕을 행하는 자들은 결코 그리스도의 복음에서 떨어져나가지 않을 것이다." 다시 말하면 "[베드로가] 순종을 촉구할 때 거기에는 최종적 구원이 달려 있는 것이다."[3] 이와 마찬가지로 존 파이퍼도 "최종적 **영화**(glorification)의 조건은 이 동일한 믿

1_ 예컨대 마 24:13, 요 15:1-6; 고전 9:27; 갈 6:9; 골 1:21-23; 딤후 2:3, 12; 4:6-8; 히 10:36; 12:1-3; 약 1:12; 5:11; 벧전 2:19; 요일 2:28; 4:17-19; 계 2:26을 보라.

2_ Thomas R. Schreiner, Ardel B. Caneday, *The Race Set before Us: A Biblical Theology of Perseverance and Assurance* (Downers Grove, IL: InterVarsity Press, 2001), 147.

3_ Ibid., 290-291(강조는 원저자의 것임).

음과 소망 안에서 견디고 인내하는 것(골 1:22-23)"이라고 말한다.[4]

물론 칼뱅주의자들만 견인이 "최종적 구원"에 필수적이라고 믿는 것은 아니다. 아르미니우스주의자들조차도(예. 로마 가톨릭, 동방 정교회 및 다양한 부류의 개신교) 영원한 정죄를 피하기 위해서는 인내가 필수적이라고 본다.[5] 비록 아르미니우스주의자들은 영생을 잃어버릴 수 있다고 말하고 칼뱅주의자들은 그럴 수 없다고 말하지만, 죽을 때까지 믿음과 선한 행위를 꾸준히 이어나가야 한다는 면에서는 양쪽 모두 동의한다.

그렇다고 해서 복음주의 진영의 신자들이 모두 "최종적 구원"을 얻으려면 인내해야 한다고 주장하는 것은 아니다. 예를 들어 조디 딜로(Jody Dillow)는 다음과 같이 말한다.

> 아르미니우스주의자와는 대조적으로, 우리는 영생을 잃어버릴 우려에 대해 우리에게 [경고가] 주어졌다고 믿지 않는다. 또한 칼뱅주의자와는 대조적으로, 이러한 경고는 신앙을 고백하는 신자들이 자기 자신들이 진정으로 거듭났는지 검토하도록 동기를 부여하는 수단도 아니다. 또한 이 경고는 참된 그리스도인들로 하여금 자기 자신들이 진정으로 구원받았는지 의심하면서 인내하도록 동기를 부여하는 의도를 갖고 있는 것도 아니다. 하나님은 자기 자녀들에게 동기를 부여하기 위해 지옥에 대한 두려움을 갖게 하는 것보다 더 나은 수단을 갖고 계신다. 오히려 이러한 경고는 실제적이다. 이 경고는 오히려 우리가 영원한 상급을 잃어버릴 수도 있고, 또 심판 보좌 앞에서 우리가 우

4_John Piper, *Future Grace* (Sisters, OR: Multnomah, 1995), 234(강조는 원저자의 것임).

5_ 예컨대 Robert Shank, *Life in the Son* (Minneapolis: Bethany, 1960, 1961, 1989); Robert Sungenis, *Not by Faith Alone: The Biblical Evidence for the Catholic Doctrine of Justification* (Goleta, CA: Queenship, 1996); Grant R. Osborne, "Soteriology in the Gospel of John," in *The Grace of God and the Will of Man* (Clark H. Pinnock, ed, Minneapolis: Bethany, 1989), 258을 보라.

리의 삶을 낭비했다는 사실을 깨달을 수 있는 가능성에 대한 경종과도 같다.[6]

얼 래드마커(Earl Radmacher)도 이에 동의한다.

신자로서 우리가 하늘에서 그리스도와 함께 살게 될 집은 안전하지만, 천년왕국 기간 동안에 우리가 그리스도와 함께 맡게 될 섬김의 자리는 우리가 여러 가지 환난을 인내하며 신실하게 견디느냐, 아니면 인내와 그리스도에 대한 충성심을 가지고 어려움을 견뎌내지 못하고 그리스도를 "부인하느냐"에 따라 좌우된다.[7]

이제는 성서가 이에 대해 어떻게 말하는지 검토해보자.

인내가 최종적 구원의 조건이 아니라 영원한 상을 얻는 조건이라는 증거

요한복음에 나타난 인내와 무관한 약속들

메릴 테니(Merrill Tenney)가 '피스튜오'("나는 믿다")라는 단어가 신약성서의 다른 어떤 책보다 요한복음에서 훨씬 더 많이 나타난다는 이유로, 이 복음서를 "믿음의 복음"이라고 부른 사실은 이미 너무나도 잘 알려져 있다.[8] 예수는 요한복음에서 "그를 믿는"('피스튜온 에이스 아우톤') 자는 "영생을 얻

6_Joseph C. Dillow, *The Reign of the Servant Kings* (Miami Springs, FL: Schoettle, 1992), 243.

7_Earl D. Radmacher, *Salvation* (Swindoll Leadership Library; Nashville: Word, 2000), 207.

8_Merrill C. Tenney, *John: The Gospel of Belief* (Grand Rapids: Eerdmans, 1948, 1976).

었다"라고 말씀하셨다. **믿는** 자는 "멸망하지 않고"(요 3:16), "**결코**['우 메'] 주리지 아니하고…**결코**['우 메'] 목마르지 아니하며(6:35)", "**결코**['우 메'] 죽지 아니할" 것이다(11:26). 주님은 또한 "내 말을 듣고, 또 나 보내신 이를 믿는['피스튜온 토 펨프산티 메'] 자는…심판에 이르지 아니하나니, 사망에서 생명으로 옮겼느니라"(5:24)라고 말씀하셨다.

예를 들어 요한복음 3:16은 "그 안에서 인내하는 자마다" 대신에 "그를 믿는 자마다"라고 말한다. 분명히 예수를 믿는 자는 영생을 얻는다.[9] 신약성서는 이 점에 대해 한결같이 같은 목소리를 낸다.[10]

요한복음에는 예수가 영생을 얻거나 이를 유지하기 위해서는 인내해야 한다고 말씀하시는 내용이 단 한 번도 등장하지 않는다. 오히려 예수는 사람이 믿는 순간 그에게 영원한 생명을 약속하신다. 누구든지 생명의 물을 마시면—곧 예수를 믿으면—"영원히 목마르지 아니할 것"이다(요 4:14; 6:35). 인내가 요구되지 않는다. 심지어 사마리아 여인조차도 예수가 단 한 번만 이 물을 마시면 그녀의 갈증이 영원히 해결될 것이라고 말씀하신 것으로 이해했다(4:15). 생명의 떡을 먹는 자—그리스도를 믿는 믿음을 가리키는 또 다른 비유—는 "결코 주리지 아니할" 것이다(6:35). 여기서 말하고자 하는 바는 단순하다. 곧 이 약속들에는 믿음 또는 행위로 인내하는 것이 배제되어 있다는 것이다.

우리는 예수가 신자는 영생을 그대로 유지하거나 이에 대한 증거를 보여주기 위해서는 반드시 인내해야 한다고 선언하는 진술을 그 어디에서도 찾아볼 수 없다.[11] 예수는 마르다에게 "나는 부활이요 생명이니, 나

9_ 또한 요 1:12; 3:36; 4:10-14; 5:24; 6:35, 37, 39, 47; 11:25-27도 보라.

10_ 예컨대 갈 2:15-16; 엡 2:8-9; 딛 3:5; 약 1:17-18; 벧전 1:23; 요일 2:25; 5:9-13과 비교해 보라.

11_ 요 2:23-25과 8:30-32은 구원을 얻기 위해서는 "지적인 믿음" 이상이 요구된다는 것을 보여주는 본문으로 종종 인용된다. 나는 다른 저서에서 이 본문들은 칭의/회심보다는 성화를 염두에 두고

를 믿는 자는 죽어도 살겠고, 무릇 살아서 나를 믿는 자는 영원히 죽지 아니하리라"(요 11:25-26a)고 말씀하셨다. 이어서 그는 마르다에게 "이것을 네가 믿느냐?"고 물으셨다. 마르다는 믿는다고 긍정적으로 대답했다. 이에 예수는 마르다를 꾸짖으며 다음과 같이 말씀하시지 않았다. "하지만 너의 삶은 어떠하냐? 네가 끝까지 인내할지 너는 어떻게 아느냐? 너의 믿음이 인내하는 믿음이 아니라 단순히 지적으로만 동의하는 믿음에 불과한지 누가 알겠느냐?" 아니다. 예수는 마르다의 고백을 그대로 받아들이셨다.

따라서 이 약속들은 절대적으로 중요하지만, 인내와 상의 관계에 관해서는 그 어떤 사실도 입증해주지 못한다. 이 약속들은 단지 요한복음에서는 예수가 인내를 영생의 조건으로 삼지 않으셨다는 것만을 말해줄 뿐이다. 어떻게 그렇게 하실 수 있었을까? 그 이유는 바로 요한이 친히 "오직 이것을 기록함은 너희로 예수께서 하나님의 아들 그리스도이심을 **믿게 하게 함이요**, 또 너희로 **믿고** 그 이름을 힘입어 생명을 얻게 하려 함이니라"(요 20:31)고 기록했기 때문이다.

누가복음에 나오는 므나 비유

므나 비유는 다음과 같이 시작한다.

> 어떤 귀인이 왕위를 받아가지고 오려고 먼 나라로 갈 때에 그 종 열을 불러 은화 열 므나를 주며 이르되, "내가 돌아올 때까지 장사하라" 하니라. 그런데 그 백성이 그를 미워하여 사자를 뒤로 보내어 이르되, "우리는 이 사람이 우리의 왕 됨을 원하지 아니하나이다" 하였더라. 귀인이 왕위를 받아가지고 돌

있다고 논증한다. *The Grace New Testament Commentary* (Denton, TX: Grace Evangelical Society, 2000), 1:372-373, 408을 보라.

아와서, 은화를 준 종들이 각각 어떻게 장사하였는지를 알고자 하여 그들을 부르니(눅 19:12-15).

이어서 예수는 각자에게 동일한 액수의 돈(한 므나)을 주며 "내가 돌아올 때까지 장사하라"고 지시한 이 세 명의 종에 대한 이야기를 들려주신다. 이 심판에서 가장 중요한 관건은 믿음에 있다기보다는 생산성에 있다.[12] 하지만 자신이 받은 한 므나로 열 므나를 남긴 종만이 "잘하였다. 착한 종이여"(눅 19:17)라는 칭찬을 듣는다. 그는 칭찬을 듣고 나라에서 열 고을에 대한 권세를 차지하리라는 약속을 받는다. 오직 인내하는 자만이 그리스도와 함께 왕 노릇 할 것이므로(참조. 딤후 2:12), 우리는 이 첫 번째 종이 끝까지 인내했다는 것을 확신할 수 있다.

두 번째 종은 자신에게 맡겨진 임무에 전념하지 못했다. 그는 열 므나를 남길 수 있었지만, 단지 다섯 므나만을 남겼다. 전념하지 못한 이 종의 태도는 주인의 칭찬을 이끌어내지 못했다. 그는 "잘하였다. 착한 종이여"라는 칭찬을 듣기보다는 "너도 다섯 고을을 차지하라"는 말만 듣는다(눅 19:19). 장차 올 시대에 그리스도와 함께 왕 노릇 할 권세가 이 종에게도 주어졌다는 사실은 그 역시 인내했다는 것을 보여준다. 하지만 그의 노력이 부족했다는 것은 분명하다.[13]

12_ 눅 19:17의 '피스토스'는 **믿음**(faith)보다는 **신실함**(faithfulness, 충성됨)을 가리킨다. 이 같은 사실은 이 단어가 '아가토스'("착한 종")와 연계되어 있다는 점을 통해 분명해진다. 착함은 충성됨과 마찬가지로 성품의 특성을 나타낸다. 더 나아가 "작은 일에" **충성**한다는 것은 주인의 돈을 장사에 투자한 그의 행동과 잘 어울린다.

13_ 그러나 Darrell L. Bock, *Luke 9:51-24:53* (BECNT, Grand Rapids: Baker, 1996), 1537은 "예수는 어떤 종들은 충성되고 '다른 종들'은 그렇지 못하다는 자신의 요점을 제시하기 위해 실제로는 오직 두 인물만 필요로 하신다"고 말한다. 그런데 이 견해가 지니고 있는 문제는 예수가 자신의 요점을 제시하기 위해 **세** 인물을 선택하셨다는 것이다. 비록 충성된 종(첫 번째 종)과 충성되지 못한 종(세 번째 종) 사이에는 차이점이 있는 것이 사실이지만, 충성되면서도 전심을 다한 종과 충성되

세 번째 종은 이득을 전혀 남기지 못했고, 이에 고을을 차지할 권세를 전혀 받지 못한다. 그는 "착한 종이여"라는 칭찬을 듣기는커녕 도리어 "악한['포네레'] 종아"라는 말을 듣는다(눅 19:22). 비록 일부 학자는 이 종이 비신자를 대표한다고 결론짓지만, 이와 상반되는 견해를 지지할 만한 이유들은 충분하다.

첫째, 성서는 다른 본문에서 신자들을 묘사할 때 종종 상당히 부정적인 표현을 사용한다. 예수의 제자들은 "악한 자"['포네로이'](마 7:11)로, 고린도 교회 교인들은 "불의한 자"(고전 6:8)로, 히브리 그리스도인들은 "듣는 것이 둔한" 자(히 5:11)로, 라오디게아 교회 교인들은 "미지근한 자"(계 3:16)로 각각 묘사된다. 물론 그리스도인들도 인내하지 못하고 넘어지며, 또 악한 일을 행할 수 있다. 하지만 구원은 **그리스도를 믿는 믿음**에 기초하는 것이지, **그리스도를 향한 충성된 섬김**에 기초하는 것은 아니다. 따라서 우리는 이 세 번째 종이 단순히 "악한 종"으로 불린 것만으로 그의 구원을 의심해서는 안 된다.[14]

둘째, 이 세 번째 종은 귀인을 미워한 집단의 일원이 아니다. 예수는 분명히 열 므나를 받은 "종들"(눅 19:13)과 귀인을 미워한 백성(눅 19:14)을 구분하신다. 여기서 주목할 것은 세 번째 종이 백성이 아닌 **종**으로 불린다는 사실이다. 더 나아가 이 세 번째 종은 자기 자신을 종이라고 부르지 않고 오히려 예수가 그를 종이라고 부른다. 여기에는 상당히 중요한

면서도 전념하지 못한 종 사이에도 차이점이 있는 것도 사실이다. 만약 첫 번째 종이 두 번째 종보다 더 많이 충성한 것이 아니라면, 왜 그가 두 배나 되는 고을을 다스릴 권세를 차지했겠는가? 여기에는 장차 올 세상에서 왕 노릇 할 종들과 그렇지 못할 종들 사이에 존재하는 차이점보다 더 중요한 무언가가 있다. 즉 충성된 종들이 얼마나 더 많은 권세를 차지할 것인지에 대한 것 말이다.

14_ 종종 사용되는 이 논리는, 비록 단순하긴 하지만, 다소 의구심이 든다. **신자들은 악한 종이 아니다. 세 번째 종은 악한 종이다. 그러므로 세 번째 종은 신자가 아니다.** 이 논리는 성서에 등장하는 다른 본보기(예. 사울 왕, 솔로몬, 후메내오, 데마 등)와 잘 부합하지 않는다. 고린도 교회의 육신에 속한 신자들도 주목해보라(고전 3:1-3; 참조. 11:30).

의미가 있다. 귀인을 미워한 백성은 믿지 않는 이스라엘을 대표하는 반면, 귀인으로부터 돈을 받은 종들은 모두 믿는 제자들을 대표한다.

셋째, 예수는 이 세 명의 종이 모두 귀인에게 속한 자라는 사실을 강조하기 위해 재귀대명사를 사용하신다. "**자기 자신에게 속한**['헤아우투'](개역개정은 단순히 '그'로 번역하여 이 사실이 부각되지 않는다 — 역자 주) 종 열을 불러 은화 열 므나를 주며"(19:13). 이 종들은 예수에게 속한 자들이다.

넷째, 세 번째 종에 대한 판결(19:20-26)은 귀인을 미워한 원수들에 대한 판결(19:27)과 전적으로 대조된다. 세 번째 종에게 주어졌던 므나는 도로 빼앗아 열 므나를 가진 종에게 주었는데(19:24-26), 이는 이 종이 장차 올 시대에 그리스도와 함께 왕 노릇 하지 못하리라는 것을 의미한다.[15] 하지만 이 종은 비신자들이 맞이할 운명에 처하지 않는다. "그리고 내가 왕 됨을 원하지 아니하던 저 원수들을 이리로 끌어다가 내 앞에서 죽이라"(19:27). 원수들과 달리 세 번째 종이 죽임을 당하지 않는다는 사실은 의미심장하다.

레온 모리스(Leon Morris)도 세 번째 종과 원수들 간의 구분이 중요하다는 사실에 동의한다.

> 이 이야기는 무시무시하고 엄격한 뉘앙스를 풍기며 끝이 난다. 귀인을 미워하여 사자를 뒤로 보낸 자들(14절)은 그냥 잊히지 않는다. 장사를 맡긴 자들이 안전하게 고을을 차지하게 하고 또 그들과 회계를 마친 귀인은 자신이 **이 나의 원수들**[개역개정은 "저 원수들"로 옮겼다 — 역자 주]이라고 부르는 이

15_Leon Morris, *Luke* (TNTC, rev. ed.; Grand Rapids: Eerdmans, 1974, 1988), 302와 C. Marvin Pate, *Luke* (Moody Gospel Commentary; Chicago: Moody Press, 1995), 357-358을 보라. 일부 주석가들은 므나를 빼앗긴 사실을 세 번째 종이 그리스도와 함께 그의 나라에서 살지 못하게 되는 것을 의미하는 것으로 보기도 한다. 예를 들면 John Martin, "Luke," *Bible Knowledge Commentary* (NT ed.; Wheaton: Victor, 1983), 253을 보라.

들을 죽이라고 명령한다. 그들은 귀인에 대항하는 입장에 섰다. 이제 그들은 그 행동에 대한 책임을 져야 한다.[16]

모리스는 예수가 세 번째 종을 그의 원수들과 동일한 범주에 두지 않으셨기 때문에 이는 예수의 종들이 **모두** "안전하게 고을을 차지"했다는 사실을 암시한다고 본다.

이 구분의 중요성을 더욱더 분명하게 천명한 학자는 마빈 페이트(Marvin Pate)다.

> 비록 불순종한 종에게 취한 조치는 매우 엄격했지만(심판의 날에 충성하지 못한 그리스도인에게 취해질 조치와 마찬가지로), 본문에는 믿음이 없는 주의 종의 구원이 위험에 처해 있다는 암시가 전혀 없다. 27절에 따르면 귀인 즉 그리스도의 원수들은 이와 다르다. 강한 역접 접속사 "그러나"('플렌', 개역개정은 단순히 '그리고'로 번역함 — 역자 주)는 무익한 종에 대한 처벌을 자신들의 왕이 되기를 원치 않았던 귀인의 원수들(참조. 14절)의 처벌과 대조시키는 것으로 보인다.[17]

이 모든 것은 첫 번째 심판(종들에 대한 심판)은 그리스도의 심판대를 가리키고, 두 번째 심판(원수들에 대한 심판)은 크고 흰 보좌 심판을 가리키는 듯하다. 첫 번째 심판에서 **신자들**은 각자의 **행위**에 따라 자신들의 **상이 결정되는 심판을 받는다**(롬 14:10-12; 고전 3:5-15; 4:1-5; 9:24-27; 고후 5:9-10; 요일 4:17-19). 두 번째 심판에서 **비신자들**은 각자의 **행위**에 따라

16_Morris, *Luke,* 302(강조는 원저자의 것임).

17_Pate, *Luke,* 358.

그들의 영원한 **고통**이 결정되는 심판을 받는다(계 20:11-15). 첫 번째 심판은 오직 신자들에게만 해당되고, 이미 결정 난 그들의 영원한 운명과는 무관하다. 따라서 신자들은 "심판에 이르지 아니할 것"이다(요 5:24).

이 비유는 신자와 비신자가 각기 다른 심판대 앞에 서게 될 것임을 보여준다. 종들(즉 신자들)에 대한 판결이 이루어지면 귀인은 곧이어 원수들을 자기 앞으로 끌어와 죽이라고 명령한다(눅 19:27). 따라서 종에 대한 심판이 원수에 대한 심판보다 앞선다. 우리는 세 번째 종이 죽임을 당하지 않는다는 사실을 간과해서는 안 된다. 이 사실은 인내가 "최종적 구원"의 조건이 아님을 말해준다. 그러나 인내가 그리스도와 함께 왕 노릇 하는 것에 대한 조건임에는 **틀림없다**.

은혜로 얻는 구원 대(對) 행위에 따른 상

신자에게 영생은 선물로 주어지지만, 상에 관해서도 그렇게 말할 수는 없다. 바울에 의하면, 그리스도인들은 상('브라베이온')을 받기 위해 힘써야 한다(고전 9:24). '브라베이온'이라는 단어는 "특별한 업적에 대한 포상, **상**, **상급**"을 뜻한다.[18] 이 상은 경기에 참여하는 이들에게 주어진다.[19] 겨루기나 달음질은 활발한 운동 경기에 대한 좋은 예다. 처형당할 순간이 다가오자 바울은 확신에 찬 목소리로 자기는 달려갈 길을 잘 마쳤으며, 곧 "의의 면류관"을 받을 것임을 선언했다(딤후 4:6-8). 그러나 그는 약 10여 년 전 고린도전서를 쓸 때에는 이처럼 확신을 갖지 못했었다. 그 당시 바울은 자신이 탈락하지 않으려면 자신의 몸을 쳐 복종시켜야 할 필요가 있다

18_Walter Bauer, William F. Arndt, and F. Wilbur Gingrich, *A Greek-English Lexicon of the New Testament and Other Early Christian Literature* (3rd ed.; rev. Frederick Danker; Chicago: University Press, 2000), 183(강조는 원저자의 것임).

19_Ibid.

고 믿었다(고전 9:27).

우리도 이 사실을 분명히 해야 한다. 구원은 예수 그리스도를 믿는 믿음을 통해 값없이 주어지는 선물이지만(예. 롬 4:1-8; 갈 2:16; 엡 2:5, 8-9; 빌 3:9; 딤후 1:9; 딛 3:5), 상은 행위와 인내의 결과로 주어진다(예. 고전 3:14-15; 9:24-27; 약 1:12; 계 3:11). "무슨 일을 하든지 마음을 다하여 주께 하듯 하고 사람에게 하듯 하지 말라. 이는 기업의 상을 주께 받을 줄 아나니, 너희는 주 그리스도를 섬기느니라"(골 3:23-24).

여기서 한 가지 주목할 만한 사실은 **동일한** 화자/저자가 구원을 한편으로는 값없이 주어지는 선물로, 다른 한편으로는 행위에 따라 받는 상으로 간주할 수 있다는 것이다(52-53쪽에 있는 도표를 보라).[20]

모든 신자가 다 인내하는 것은 아니다

개혁파 신학자인 루이스 벌코프(Louis Berkhof)는 견인(perseverance) 교리에 대한 일부 보편적인 반론에 대한 답변을 제시한다. 견인 교리에 대한 한 가지 반론은 다음과 같다. "신자들이 지속적으로 성화의 길로 나아갈 것을 권면하는 내용이 나오는데, 만약 그들이 끝까지 인내하리라는 데 전혀 의심의 여지가 없다면 이와 같은 권면은 전혀 불필요해 보인다." 이에 대해 벌코프는 다음과 같이 말한다. "그러나 이러한 권면은 통상적으로 [배교에 대한] 경고와 관련된 본문에서 발견되며…이와 전적으로 동일한 목적을 수행한다. 이 권면은 권면을 받은 신자들 가운데 끝까지 인내하지 못할 자가 있을 것임을 보여주기보다는, 다만 하나님이 도덕적인 목

20_ 도표에 들어 있는 본문 외에 다른 예들도 제시될 수 있다. 예를 들어 요한도 요 4:10과 계 22:17에서 영생이라는 값없이 주어지는 선물에 관해 말하고, 또 요 4:33-38과 계 2:7, 11, 17; 3:5, 12, 21; 22:14에서는 행위에 대한 상에 관해서도 말한다. 바울 역시 롬 3:24; 5:15; 6:23에서 값없이 주어지는 선물에 관해 말하고, 또 롬 14:10-12과 갈 6:7-9에서는 행위에 대한 상에 관해 말한다.

적을 달성하기 위해서는 도덕적인 수단을 사용하신다는 것을 보여줄 뿐이다."[21]

하지만 이것은 결코 적절한 답변이 되지 못한다. 만일 하나님이 신자들이 끝까지 인내하는 것을 보증하신다면 그들은 경고가 있든 없든 간에 끝까지 인내할 것이다. 심지어 아무리 탈락하려고 해도 그들은 결코 탈락할 수 없을 것이다.

이 딜레마에 접근하는 보다 나은 방법은 끝까지 인내하라는 신약성서의 권면을 단순히 정당한 경고로 인정하는 것이다. 이 경고는 그 본질상 신자들이 실제로 끝까지 인내하지 못할 수 있다는 사실을 담고 있다. 따라서 이러한 경고는 성도들이 끝까지 인내할 것을 보증하는 약속으로 변질되어서는 안 된다. 우리는 성서에서 그런 약속을 발견하지 못할 뿐 아니라 구원이 인내에 달려 있다는 것 역시 발견하지 못한다.

	은혜로 얻는 구원	행위에 따른 상
마태	"수고하고 무거운 짐 진 자들아, 다 내게로 오라. 내가 너희를 쉬게 하리라"(마 11:28).	"인자가 아버지의 영광으로…오리니, 그때에 각 사람이 행한 대로 갚으리라"(마 16:27).
누가	"주 예수를 믿으라. 그리하면 너와 네 집이 구원을 받으리라"(행 16:31).	"사람들이 너희를 미워할…때에는 너희에게 복이 있도다. 그날에 기뻐하고 뛰놀라. 하늘에서 너희 상이 큼이라"(눅 6:22-23).
바울	의로운 행위로 말미암지 아니하고 오직 그의 긍휼하심을 따라…하셨나니(딛 3:5).	참으면 또한 함께 왕 노릇 할 것이요, 우리가 주를 부인하면 주도 우리를 부인하실 것이라(딤후 2:12).
야고보	온갖 좋은 은사와 온전한 선물이 다 위로부터…내려오나니…자기의 뜻을 따라 진리의 말씀으로 우리를 낳으셨느니라(약 1:17-18).	보라! 인내하는 자를 우리가 복되다 하나니(약 5:11).

21_Louis Berkhof, *Systematic Theology* (4th rev. ed.; Grand Rapids: Eerdmans, 1939, 1941), 548-549.

베드로	베드로가 일어나 말하되…"하나님이… 믿음으로 그들의 마음을 깨끗이 하사 그들이나 우리나 차별하지 아니하셨느니라(행 15:7-9).	오히려 너희가 그리스도의 고난에 참여하는 것으로 즐거워하라. 이는 그의 영광을 나타내실 때에 너희로 즐거워하고 기뻐하게 하려 함이라(벧전 4:13).
요한	"나는 알파와 오메가요 처음과 마지막이라. 내가 생명수 샘물을 목마른 자에게 값없이 주리니"(계 21:6).	"이기는 자와 끝까지 내 일을 지키는 그에게 만국을 다스리는 권세를 주리니"(계 2:26).

성서적 반론에 대한 답변

감람산 강화(마 24-25장)

자신이 집필한 마태복음 주석에서 카슨(D. A. Carson)은 24장을 다음과 같이 시작한다. "마태복음 24장과 그 평행 본문인 마가복음 13장 및 누가복음 21장만큼 해석자들 사이에서 커다란 견해 차이를 불러일으킨 장도 아마 없을 것이다. 마태복음 24장에 대한 해석 역사 역시 무척이나 복잡하다."[22] 어쨌든 우리가 이 강화를 어떻게 해석하느냐에 따라 인내에 관한 예수의 가르침에 대한 우리의 이해도 달라진다. 다수의 학자는 여기서 예수가 인내를 "최종적 구원"의 조건으로 가르치신다고 주장한다. 하지만 문맥은 전혀 다른 해석을 제시한다.

끝까지 견디는 자는 구원을 얻으리라(마 24:13)[23]

"끝까지 견디는 자는 구원을 얻으리라"는 예수의 선언(마 24:13; 참조.

22_ D. A. Carson, "Matthew" (EBC, rev. ed.; Grand Rapids: Zondervan, 2010), 9:548.

23_ 추가적인 논의는 David R. Anderson, "The Soteriological Impact of Augustine's Change from Premillennialism to Amillennialism, Part Two," *JGES* (Autumn 2002), 23, 26, 30-34, 36-38을 보라.

10:22)은 상과 관련된 논쟁에 종지부를 찍는 것처럼 보일 수 있다.[24] 그러나 사실 이 구절에는 눈에 드러나는 것 그 이상의 의미가 담겨 있다. 해석에 있어서는 문맥이 너무나도 중요하다. 따라서 우리는 예수가 염두에 두고 있는 문맥을 면밀히 살펴보아야만 한다.

첫째, 여기서 "끝"은 무엇을 가리키는가? 간단히 말하면 "끝"은 미래의 (종말론적) 환난을 가리킨다. 이러한 예수의 진술에 대한 구약성서 배경은 다니엘서다. 우리는 이 사실을 마태복음 24:15에서 확인할 수 있다. 거기서 예수는 청자들에게 "선지자 다니엘이 말한바 멸망의 가증한 것"에 대하여 경고하신다. 다니엘은 예순아홉 번째 이레와 일흔 번째 이레 사이에서 아직 드러나지 않은 시기에 역사가 또 다른 일흔 번의 이레(또는 주)가 다시 진행될 것이라고 예언했다(단 9:24-27). 이 마지막 시기는 한 이레/주(단 9:27)가 될 것이며, 이는 이 환난의 시기가 7년이 될 것임을 암시한다.[25] 다니엘서에 따르면, 이 마지막 시기에 "멸망의 가증한 것"이 나타날 것이다("그가 그 이레의 절반에 제사와 예물을 금지할 것이며, 또 포악하여 가증한 것이 날개를 의지하여 설 것이며", 단 9:27). 따라서 여기서 "끝"은 "이 현세의 끝"을 가리키는데, 이 표현은 신약성서에서 마태복음을 제외하고는 단 한 번만 등장한다(마 13:39-40, 49; 24:3; 28:20; 히 9:26). 이 "끝"은 창세로부터 단 한 번도 경험해본 적이 없는 환난의 시기를 보낸 이후에 임할 것이다(마 24:21).

둘째, 여기서 예수가 말씀하시는 이 미래의 구원은 무엇인가? "구원

24_ 예컨대 Schreiner and Caneday, *The Race Set before Us,* 151-152. "예수의 말씀은 끝까지 견디는 것이 필요조건임을 암시한다. 인내는 마지막 날에…사람이 구원을 받도록 하나님이 정해 놓으신 수단이다."

25_ 예컨대 John F. Walvoord, *Daniel* (Chicago: Moody Press, 1971), 216-237; Charles C. Ryrie, *Basic Theology* (Wheaton, IL: Victor, 1986), 448, 465-466을 보라.

하다"('소조')라는 단어는 24장에서 두 번 등장하는데, 두 번째 용례가 22절에 나타난다. 거기서 예수는 그 (환난의) 날들을 감하지 않는 한, "어떤 육체도 구원을 얻지 못할 것"이라고 말씀하신다. 예수는 여기서 영원한 구원에 관해 말씀하시는 것이 아니다. 그의 요점은, 만약 하나님이 환난의 기간을 제한하시지 않는다면, 아무도 그 환난을 **육체적으로** 견디지 못하리라는 것이다. 오로지 인내하며 견디는 신자만 살아남을 수 있기 때문에 신실하지 못한 신자는 그 누구도 이 환난이 끝나는 날에 살아남지 못할 것이다. 우리는 이 견해에 대한 추가적 지지를 (곧 다루게 될) 마태복음 25:31-46에서 확인한다.

신실하지 못한 종들의 운명(마 24:45-51)[26]

이 비유에서 예수는 처음에는 신실하게 섬겼지만 주인이 곧 돌아오실 것에 대한 믿음을 잃어버림으로써 신실하지 못하고 악한 종이 되어버린 종에 관해 말씀하신다.

> 만일 그 악한[또는 나쁜] 종이 마음에 생각하기를 주인이 더디 오리라 하여 동료들을 때리며 술친구들과 더불어 먹고 마시게 되면, 생각하지 않은 날 알지 못하는 시각에 그 종의 주인이 이르러 엄히 때리고 외식하는 자가 받는 벌에 처하리니, 거기서 슬피 울며 이를 갈리라(마 24:48-51).

이 비유에서 종은 자신의 직무를 잘 수행하고 있었고, 주인이 돌아올 때까지 다스리는 위치에 있었다. 그런데 그는 기다리는 것에 지쳐서 분별

26_Zane Hodges, *A Free Grace Primer: The Hungry Inherit, The Gospel under Siege, Grace in Eclipse* (Denton, TX: Grace Evangelical SOciety, 2011), 467-470은 이 비유에 관해 유용한 논의를 제공한다.

력을 잃고 만다. 그 결과, 그의 주인은 "[그 종을] 엄히 때리고 외식하는 자가 받는 벌에 처하리니, [그는] 거기서 슬피 울며 이를 갈"게 될 것이다(마 24:51). 이것은 이 종이 미래의 심판 때 구두(口頭)로 엄한 벌을 받게 될 쓰라린 경험을 가리킨다(참조. 히 4:12; 계 1:16). 이 사람은 그리스도의 종이므로, 여기서 염두에 둔 심판은 크고 흰 보좌 심판이 아닌, 그리스도의 심판 보좌('베마')를 가리킨다. 신자들은 크고 흰 보좌 심판 때가 아닌 그리스도의 심판 보좌 앞에서 심판을 받는다(참조. 롬 14:10-12; 고후 5:9-10).

더 나아가 여기서 다루어지고 있는 문제는 믿음이 아니라 신실함/충성됨이므로, 여기서 좌우되는 것은 영원한 운명이 아니라 영원한 상이다. 슬피 울며 이를 가는 것에 대한 언급은 슬픔과 고통에 대한 동양식 표현에 해당한다.[27] 신약성서의 다른 본문은 **신실하지 못한** 신자들이 '베마' 앞에서 슬픔과 고통을 가져다주는 책망을 받을 것이라고 천명한다(예. 눅 19:20-26; 고전 9:24-27; 딤후 4:6-10; 요일 2:28을 참조하라).

열 처녀 비유(마 25:1-13)

열 처녀 비유의 후반부는 다음과 같다.

> 밤중에 소리가 나되 "보라! 신랑이로다. 맞으러 나오라" 하매, 이에 그 처녀들이 다 일어나 등을 준비할 새 미련한 자들이 슬기 있는 자들에게 이르되, "우리 등불이 꺼져가니 너희 기름을 좀 나눠 달라" 하거늘, 슬기 있는 자들이 대답하여 이르되, "우리와 너희가 쓰기에 다 부족할까 하노니, 차라리 파는 자들

27_ 참조. Gregory P. Sapaugh, "A Call to the Wedding Celebration: An Exposition of Matthew 22:1-14," *JGES* (Spring 1992), 30-32; Michael G. Huber, "The 'Outer Darkness' in Matthew and Its Relation to Grace," *JGES* (Autumn 1992), 14-16, 20-21; Joseph Dillow, *Final Destiny* (Monument, CO: Paniym Group, 2012), 767-773.

에게 가서 너희 쓸 것을 사라" 하니, 그들이 사러 간 사이에 신랑이 오므로 준비하였던 자들은 함께 혼인 잔치에 들어가고 문은 닫힌지라. 그 후에 남은 처녀들이 와서 이르되, "주여, 주여, 우리에게 열어 주소서." 대답하여 이르되, "진실로 너희에게 이르노니, 내가 너희를 알지 못하노라" 하였느니라(마 25:6-12).

열 처녀 비유는 종종 "최후의 심판"을 가리키는 것으로 해석되곤 한다.[28] 하지만 열 명은 모두 처녀인데, 비신자들을 가리키기에는 어딘가 모르게 다소 어색하다(특히 고후 11:2; 계 14:4을 참조하라). 열 처녀는 모두 신랑이 곧 돌아오기를 고대한다. 이것 역시 비신자들을 가리키기에는 어색한 감이 없지 않다(참조. 특히 딤후 4:8b). 열 처녀 모두 각자의 등을 밝힐 기름을 가지고 있지만, 오직 다섯 처녀만이 자신의 등을 밝히기에 충분한 기름을 소유하고 있다. 충분한 기름을 갖고 있지 못한 다섯 처녀에게 이 비유는 단순히 신랑을 믿기만 하면 그 신랑이 각자가 필요한 기름을 그들에게 주실 것이라고 말하지 않는다. 플러머(Plummer)가 지적하듯이, 그들은 각자에게 필요한 기름을 "가서 사라"는 말을 듣는다.[29]

그렇다면 충분한 기름의 준비 여부는 무엇을 상징하는가? 여기서 밤중에 나는 소리는 일곱 해 환난의 중간 시점에 나타날 "멸망의 가증한 것"(단 11:31; 마 24:15; 앞을 보라)을 가리킨다. 이 비유의 요점은 환난의 전반기 동안에 충분한 영적 기름을 예비한 신자만이 후반기 환난을 성공적

28_ 이 견해를 지지하는 주석가로는 R. T. France, *The Gospel According to Matthew* (NICNT, Grand Rapids: Eerdmans, 1985), 351-352; J. C. Ryle, *Matthew* (Wheaton: Crossway, 1993), 240-242; Leon Morris, *The Gospel According to Matthew* (PNTC, Grand Rapids: Eerdmans, 1992), 624-625 등을 꼽을 수 있다.

29_Alfred Plummer, *An Exegetical Commentary on the Gospel According to St. Matthew* (Grand Rapids: Baker, 1982), 303.

으로 통과하게 되리라는 것이다. 또한 등불 댄스파티[30] 및 다른 결혼 축제에서 배제된 이들은 구원을 받긴 하지만, 장차 올 세상에서 그리스도와 함께 다스리지는 못할 것이다. 따라서 등불 댄스파티에서 배제되는 것을 영원히 지옥 불에 떨어지는 것과 같은 것으로 생각하는 것은 지나친 오해다.

달란트 비유(마 25:14-30)[31]

이 비유에서 예수는 첫 두 종에게 주어진 것과 그들이 그 주어진 것을 어떻게 취급했는지에 대해 말씀하신다.

> 다섯 달란트 받은 자는 바로 가서 그것으로 장사하여 또 다섯 달란트를 남기고, 두 달란트 받은 자도 그같이 하여 또 두 달란트를 남겼으되, 한 달란트 받은 자는 가서 땅을 파고 그 주인의 돈을 감추어 두었더니, 오랜 후에 그 종들의 주인이 돌아와 그들과 결산할 새(마 25:16-19).

주님은 곧이어 세 번째 종의 심판에 관하여 설명하신다. 이 비유는 신약성서에서 "바깥 어두운 데"라는 표현이 나오는 세 본문 가운데 마지막 본문이다. 여기서도 그리스도의 종이 심판을 받으므로, 여기서 염두에 두고 있는 것도 '베마'(그리스도의 심판 보좌) 심판이다. 신실하지 못한 종으로서 심판을 받는다는 것은 그가 지옥에 갈 것임을 의미하지는 않는다. 지옥은 신자들이 가는 곳이 아니다(요 5:24).

30_ 유대 결혼식에서 젊은 여인들은 축제의 일환으로서 등불을 들고 축하행진과 춤을 추는 댄스파티에 참여하도록 선택을 받곤 한다. 이에 관한 더 상세한 정보는 http://thirdmill.org/newfiles/kno_chamblin/NT.Chamblin.Matt25.1-13.pdf의 A.3 "The 'Lamps'" 부분을 보라.

31_ 달란트 비유와 마태복음에 나오는 3회의 **바깥 어두운 데** 용법에 대한 세부적인 논의는 Michael G. Huber, "The 'Outer Darkness' in Matthew," 11-25를 보라. 또한 Dillow, *Reign of the Servant Kings,* 389-396도 보라.

한 달란트 받았던 자는 와서 이르되, "주인이여, 당신은 굳은 사람이라. 심지 않은 데서 거두고 헤치지 않은 데서 모으는 줄을 내가 알았으므로, 두려워하여 나가서 당신의 달란트를 땅에 감추어 두었었나이다. 보소서. 당신의 것을 가지셨나이다." 그 주인이 대답하여 이르되, "악하고 게으른 종아…그에게서 그 한 달란트를 빼앗아 열 달란트 가진 자에게 주라. 무릇 있는 자는 받아 풍족하게 되고, 없는 자는 그 있는 것까지 빼앗기리라. 이 무익한 종을 바깥 어두운 데로 내쫓으라. 거기서 슬피 울며 이를 갈리라" 하니라(마 25:24-26a, 28-30).

"바깥 어두운 데"라는 표현은 문자적으로 "어두운 바깥"('토 스코토스 토 엑소테론')을 가리킨다. 예수는 여기서 바깥은 어둡지만 환한 불이 밝혀진 혼인 잔치의 연회장을 염두에 두고 말씀하신다(참조. 마 22:1-4). 이 달란트 비유는 앞에서 이미 살펴본 열 므나 비유(눅 19:11-27)와 평행을 이루고 있기 때문에, 세 번째 종의 운명 역시 그 비유와 동일하다. 하지만 누가복음의 비유에서는 세 번째 종이 죽임을 당하지 않는데, 이는 그가 천국에 들어갔음을 의미한다는 것을 기억하라. 이는 마태복음에서도 똑같다. 따라서 이 신자는 천국에 "들어가긴" 해도, 그리스도와 함께 다스리는 기쁨을 맛보지 못할 것이다. 슬피 울며 이를 간다는 것은 단순히 '베마'(그리스도의 심판 보좌)에서 수치를 당하게 될 때가 있다는 것을 말해준다.

요한은 다른 본문에서 독자들에게 그리스도가 다시 오실 때 수치를 당하지 않으려면 인내해야 한다고 권면한다(요일 2:28). 수치는 그리스도가 재림하실 때 신자들이 실제적으로 겪을 수 있는 현실이다. 따라서 우리는 그리스도께 속했지만 신실하지 못한 자들에게 주님이 난색을 표하는 얼굴을 보는 순간, 비로소 슬퍼하고 부끄러워하는 이유를 알게 될 것이다.

양과 염소 비유(마 25:31-46)[32]

이 본문은 양과 염소의 심판에 관한 것이다.

> 양은 그 오른편에, 염소는 왼편에 두리라. 그때에 임금이 그 오른편에 있는 자들에게 이르시되, "내 아버지께 복 받을 자들이여, 나아와 창세로부터 너희를 위하여 예비된 나라를 상속받으라. 내가 주릴 때에 너희가 먹을 것을 주었고, 목마를 때에 마시게 하였고, 나그네 되었을 때에 영접하였고…" 또 왼편에 있는 자들에게 이르시되, "저주를 받은 자들아, 나를 떠나 마귀와 그 사자들을 위하여 예비된 영원한 불에 들어가라. 내가 주릴 때에 너희가 먹을 것을 주지 아니하였고, 목마를 때에 마시게 하지 아니하였고…그들은 영벌에, 의인들은 영생에 들어가리라" 하시니라(마 25:33-35, 41-42, 46).

양과 염소의 심판은 환난 이후에 이루어질 실제 심판이다(참조. 마 24:29-30; 25:31). 환난에서 살아남은 모든 이방인은 이 심판을 받게 된다. 앨런 스탠리(Alan Stanley)가 집필한 『예수는 행위 구원을 가르치셨는가?』(*Did Jesus Teach Salvation by Works?*)라는 책에는 "구원에서 **심판**의 역할"이라는 제목이 붙은 한 장이 포함되어 있다.[33] 이 장은 마태복음 25:31-46만을 전적으로 다룬다.[34] 거기서 그는 이렇게 주장한다. 염소는 "그들의 행위 자체보다는 예수[즉 예수의 사자들]를 향한 그들의 신실하지 못한 행동

32_ 보다 상세한 내용은 Zane Hodges, *A Free Grace Primer,* 493-496을 보라.

33_ Alan P. Stanley, *Did Jesus Teach Salvation by Works?: The Role of Works in Salvation in the Synoptic Gospels* (ETSMS 4; Eugene, OR: Pickwick, 2006), 294-314.

34_ 또한 Ibid., 308-311도 보라. 거기서 Stanley는 약 2:14-26에 대한 간략한 부기(附記)를 제공하는데, 이는 그가 "야고보는…아마도 여기서 최후의 심판에 대한 마태복음의 가르침을 해설하고 있다"고 생각하기 때문이다(308). 또한 마 25:31-46에 대한 자신의 이해를 요약하고 있는(그리고 이것을 "최후의 심판"으로 부름) 332-333도 보라.

때문에 저주를 받는다. 그들의 긍휼이 결여된 모습은 단지 그들이 예수를 거부했음을 입증해줄 뿐이다."[35]

많은 이들이 예수를 믿는 것과 그의 계명에 순종하는 것 사이에는 필연적인 연관성이 있다는 데 동의할 것이다. 하지만 나는 이에 동의하지 않는다. 인자는 심판이 시작되기 이전에 양과 염소를 분리시킬 것이다. 그는 이미 누가 누구인지를 알고 계신다. **복 받을 자들**(이방인 신자들)이 나라를 상속받는 이유는 바로 그들이 행한 선한 행위 때문이다(마 25:34-40). 그들은 환난 동안에 예수의 "형제들", 즉 유대인 신자들을 도와주었다.[36] **저주를 받은 자들**(믿지 않는 이방인들)이 영벌을 받는 이유는 바로 그들이 환난 동안에 예수의 형제들을 도와주지 않았기 때문이다(마 25:41-46). 우리가 앞에서 이미 다룬 마태복음 24:13("끝까지 견디는 자는 구원을 얻으리라")을 기억한다면, 이 심판의 의미는 더욱더 분명하다. 환난 동안에 유대인 신자들을 돌보지 않은 자들을 포함하여 모든 신자는 영생을 얻고 그리스도의 왕국에 들어가는 축복을 얻는다. 우리가 여기서 신실하지 못한 신자들을 발견하지 못하는 이유는 바로 7년 환난 동안에 살아남은 신자들만이 끝까지 사랑의 섬김으로 인내할 자들이기 때문이다.

본문은 이 사람들이 **영생을 얻는다**라고 말하지 않고, **나라를 상속받는다**라고 말한다는 것에 주목하라. 비록 많은 학자들이 나라를 상속받는 것과 나라에 들어가는 것을 동일시하지만, 그것은 잘못된 생각이다. 본문은 나라를 상속받는 것이 인내를 요구할 때마다 단순히 그리스도와 함께 영원히 사는 것, 즉 그와 함께 왕 노릇 하는 것 그 이상의 의미를 갖는다.[37]

35_ Ibid., 314.

36_ 다섯 가지 주된 견해에 관한 설명은 ibid., 302-305를 보라. Stanley는 여기서 **예수의 형제들**이 그리스도인 선교사들이라는 견해를 지지한다(참조. 마태복음 10장).

37_ 나라를 상속받는 것에 관한 보다 더 상세한 내용은 Robert N. Wilkin, "Christians Who Lose Their

예수는 그들이 환난 동안에 자신을 신실하게 섬겼기 때문에—그들이 유대인 신자들을 대하는 모습을 통해 알 수 있듯이—그들이 자신과 함께 영원히 다스리는 특권을 상으로 받게 된다고 말씀하신다.

모든 신자가 그리스도와 함께 왕 노릇 할 것이 아니라는 사실은 로마서 8:17, 고린도전서 9:24-27, 디모데후서 2:12; 4:6-10, 요한계시록 2:26 등에서 찾아볼 수 있다. 모든 신자는 영생을 **소유하고 있다**(have). 그러나 오직 인내하는 신자들만이 영생/나라를 **상속받을** 것이다. 환난 직후에 그리고 천년왕국 **이전에** 있을 양과 염소의 심판은 결코 요한계시록 20:11-15에 나오는 크고 흰 보좌 심판일 수 없다. 왜냐하면 이 크고 흰 보좌 심판은 천년왕국 **이후에** 있을 것이기 때문이다(계 20:1-10). 비신자들에게 양과 염소의 심판은 단순히 공소사실 심문(arraignment)에 불과하다. 그들은 최종 판결을 기다리기 위해 음부로 보내진다.[38] 천년왕국이 끝나면 그들은 크고 흰 보좌 심판대 앞에 서게 된다. 이 심판에서는 생명책이 펼쳐질 것인데, 그들의 이름은 거기에 없을 것이다. 왜냐하면 그들은 예수를 믿지 않았기 때문이다. 그리고 그들은 새로운 곳, 즉 불 못으로 던져질 것이다(계 20:15).[39]

우리는 우리가 심은 것을 거둔다(갈 6:7-9)

"스스로 속이지 말라. 하나님은 업신여김을 받지 아니하시나니, 사람이 무엇으로 심든지 그대로 거두리라"(갈 6:7). 심는 것과 거두는 것은 농업 용

Legacy: Galatians 5:21," *JGES* (Autumn 1991), 23-27을 보라.

38_ 마 7:21-23에 비추어 보면, 천 년 동안 음부에 갇혀 있는 이들 가운데 일부(다수?)는 그럼에도 자기들이 예수의 이름으로 행한 행위 때문에 천국에 들어갈 자격이 있다고 느낄 것이다.

39_ 음부('하데스')와 불 못의 차이에 관한 논의는 Robert N. Wilkin, *The Ten Most Misunderstood Words in the Bible* (Corinth, TX: Grace Evangelical Society, 2012), 91-93을 보라.

어다. 농사는 고된 작업이다. 농부는 수확을 오직 믿음에 따라 거두어들이지 않는다. 농부는 곡식을 거두어들이기 위해 열심히 일해야 한다(참조. 딤후 2:6). 바울은 이어서 "자기의 육체를 위하여 심는 자는 육체로부터 썩어질 것을 거두고, 성령을 위하여 심는 자는 성령으로부터 영생을 거두리라"(갈 6:8)고 말한다. 그는 인내의 필요성을 강조한다. "우리가 선을 행하되 낙심하지 말지니, 포기하지 아니하면 때가 이르매 거두리라"(6:9).

만약 이 본문과 에베소서 2:8-9이 영생의 동일한 측면을 언급하고 있다면 갈라디아서 6:7-9과 에베소서 2:8-9을 서로 조화시키는 것은 불가능하다. 비록 이 두 본문이 영생에 관해 말하고 있긴 하지만(엡 2:8의 "구원을 받았으니"는 5절이 보여주듯이 분명히 거듭남을 가리킨다), 에베소서 2:8-9은 영생을 선물로 받은 **현재의 확정된 소유**로 묘사하는 반면, 갈라디아서 6:7-9은 영생을 행위에 따른 상으로서 **미래에 얻을 수 있는 소유**로 묘사한다.

갈라디아서 6:7-9	에베소서 2:8-9
스스로 속이지 말라. 하나님은 업신여김을 받지 아니하시나니, 사람이 무엇으로 심든지 그대로 거두리라. 자기의 육체를 위하여 심는 자는 육체로부터 썩어질 것을 거두고, 성령을 위하여 심는 자는 성령으로부터 영생을 거두리라. 우리가 선을 행하되 낙심하지 말지니, 포기하지 아니하면 때가 이르매 거두리라.	너희는 그 은혜에 의하여 믿음으로 말미암아 구원을 받았으니, 이것은 너희에게서 난 것이 아니요 하나님의 선물이라. 행위에서 난 것이 아니니, 이는 누구든지 자랑하지 못하게 함이라.

거두는 것은 오직 선을 행하되 낙심하거나 포기하지 않는 자들에게만 허락된다(갈 6:9). 가장 간단한 설명은 영생을 미래에 받게 될 상으로 거둔다는 것이 단순히 나라 안에 **거하는 것**이 아니라 나라를 **상속받고** 그

리스도와 함께 왕 노릇 하는 것을 가리킨다고 보는 것이다.[40] 도널드 캠벨(Donald Campbell)도 이와 유사한 입장을 취한다. "만일 어떤 사람이 자신의 악한 본성을 만족시키기 위하여 심는다면, 즉 육체를 만족시키는 데 돈을 사용한다면, 그는 없어지고 말 수확을 거두어들일 것이다. 반면, 만일 그가 주의 일을 위해 자신의 돈을 사용한다거나, 또는 성령을 기쁘시게 하고 자신의 영적 성장을 촉진시키기 위해 심는다면, 그는 영원히 지속될 수확을 거두어들일 것이다."[41]

만일 너희가 믿음에 거하면(골 1:21-23)

이 본문은 종종 인내가 "최종적 구원"의 조건임을 입증하기 위해 인용된다.[42]

> 전에 악한 행실로 멀리 떠나 마음으로 원수가 되었던 너희를 이제는 그의 육체의 죽음으로 말미암아 화목하게 하사, 너희를 거룩하고 흠 없고 책망할 것이 없는 자로 그 앞에 세우고자 하셨으니, 만일 너희가 믿음에 거하고 터 위에 굳게 서서 너희 들은 바 복음의 소망에서 흔들리지 아니하면 그리하리라(골 1:21-23a).

주석가들은 골로새서 1:23의 조건절("만일 너희가 믿음에 거하고…")이 종종 가까운 선행절(1:22의 세우심에 관한 언급)을 가리키기보다는 먼 선행절

40_ Ibid., 33-35.

41_ Donald K. Campbell, "Galatians," *Bible Knowledge Commentary* (NT ed.; Wheaton: Victor, 1983), 610. 또한 Dillow, *Reign of the Servant Kings,* 140도 보라.

42_ 예컨대 Stanley, *Did Jesus Teach Salvation By Works?* 253; Schreiner and Caneday, *The Race Set Before Us*, 192-193을 보라.

(1:22의 화목하게 하심에 관한 언급)을 가리키는 것으로 이해한다. 이 해석에 따르면, 하나님과의 화목은 이미 결론이 난 문제가 아니라 믿음으로 끝까지 인내하는 것에 달려 있다. 그렇다면 이 문제는 크고 흰 보좌 심판에 가서야 결판이 난다. 따라서 신자의 영원한 운명은 아직 미결된 상태에 있는 것이다. 이러한 견해는 피터 오브라이언(Peter O'Brien)이 쓴 골로새서 주석에 잘 나타나 있다. "최후의 심판 때 골로새 교인들이 하나님 앞에 흠 없는 자로 서게 될 전망은 그들이 믿음에 온전히 거하고 터 위에 굳게 서는 것에 달려 있다."[43] 또한 더글러스 무(Doug Moo)도 동일하게 주장한다.

> 바울은 거짓 선생들이 골로새 교인들을 "정죄할까" 진심으로 우려하고 있다(골 2:18). 이것이 사실이라면 바울은 분명히 여기서 자기 말이 매우 심각하게 받아들여지기를 원했을 것이다. 그는 골로새 교회 교인들이 자신들의 구원이 그리스도와 참된 복음에 신실하게 반응하는 것에 달려 있다는 현실을 직시하기를 바란다. 그들은 오직 지속적으로 믿음에 거할 때에만 심판의 날에 하나님의 호의적인 판결을 기대할 수 있다. 따라서 우리는 이 구절에서 실제적인 경고를 접한다. 이 경고는 다른 많은 비슷한 경고와 더불어 최종적 구원에 대한 성서의 묘사에서 "인간의 책임" 측면을 보여준다. 하나님은 자신이 베푸시는 은혜로, 그리고 성령을 통해 자기 백성이 보존되도록 역사하시고, 이로 인해 그들이 심판대 앞에서 자신들의 정당성을 인정받도록 하신다. 그러나 또한 동시에 이 정당성을 인정받기 위해 믿음으로 끝까지 인내해야 하는 책임은 하나님의 백성들에게 있다.[44]

43_Peter T. O'Brien, *Colossians, Philemon* (WBC; Dallas: 1982), 69.

44_Douglas J. Moo, *The Letters to the Colossians and the Philemon* (PNTC; Grand Rapids: Eerdmans, 2008), 144.

그러나 찰스 빙(Charles Bing)은 이 조건절이 신자의 화목보다는 신자의 세우심을 가리키는 것으로 보는 것이 더 자연스럽다고 주장했다.[45] 그렇다. 신자들은 분명 인내해야 한다. 하지만 "최종적 구원"에 이르기 위해 또는 자신들의 화목을 입증하기 위해 인내하는 것은 아니다. 오히려 신자들은 "하나님 앞에 거룩하고 흠 없고 책망할 것이 없는 자"로 나타나기 위해 인내해야 한다. 이것이 사실이라면, 이 세우심은 "최후의 심판"(오브라이언), "심판의 날"(무, 즉 크고 흰 보좌 심판)에 일어날 일이 아니라 그리스도의 심판대 앞에서 일어날 일이다. 따라서 이 심판을 통해 좌우되는 것은 신자들의 영원한 운명이 아니라 그들의 영원한 상이다.

이 해석은 바울이 신자들의 세워짐을 묘사할 때 사용한 단어, 즉 "거룩하고"('하기오스'), "흠 없고"('아모모스'), "책망할 것이 없는"('아넹클레토스')에 의해 지지를 받는다. 이 세 단어는 다른 본문에서 **성숙한** 그리스도인들을 묘사하는 데 사용된다. 예를 들면 **장로**의 자격 중 하나는 (다른 모든 그리스도인과는 달리) "책망할 것이 없는"('아넹클레토스') 자여야 한다는 것이다(딛 1:6). **흠 없음**이라는 단어는 "하나님의 보좌 앞에 흠이 없이['아모모스'] 서 있는" 144,000명으로 예증된다(계 14:4-5).[46] 마지막으로, "거룩함"('하기오스')은 신자들에게 기대되는, 또는 그들의 실제 **경험**을 묘사하는 데 빈번하게 사용된다(예. 롬 12:1; 고전 7:34; 엡 1:4; 5:27; 벧전 3:5; 벧후 3:2; 계 20:6; 22:11). 예를 들어 베드로는 독자들에게 "오직 너희를 부르신 거룩한['하기오스'] 이처럼 너희도 모든 행실에 거룩한['하기오스'] 자가 되라"(벧전 1:15-16; 레 11:44 인용)고 말한다. 따라서 요점은 신자들이 거룩함에 이르지 못할 수도 있지만, 그렇다고 해서 그것이 그들을 **불**신자로 만들지는

45_ Charles C. Bing, "The Warning in Colossians 1:21-23," *BSac* (Jan.-Mar. 2007), 85-87.

46_ 예컨대 Robert L. Thomas, *Revelation 8-22: An Exegetical Commentary* (WEC; Chicago: Moody Press, 1992), 197-198을 보라.

않는다는 것이다.

이 세 용어("거룩하고", "흠 없고", "책망할 것이 없는")는 반드시 모든 신자의 경험을 묘사하는 것은 아니다. 따라서 빙은 상을 가리킨다고 보는 견해를 지지하면서 다음과 같이 요약한다.

> 우리가 골로새서 1:21-23을 골로새서 전체 문맥에 따라 연구해보면, 바울이 이 편지를 일부 선생들의 거짓되고 율법주의적인 교리에 의해 믿음이 약하여질 위험에 처한 신자들에게 쓴 것임이 분명해진다. 만일 그들이 복음의 진리와 그 복음에 기초를 둔 소망으로부터 떠난다면, 그들은 온전히 세움을 받고, 이로써 그리스도의 심판대 앞에서 좋은 평가를 받을 가능성을 상실할 것이다. 왜냐하면 이 소망은 신자가 하나님과 타인과 맺고 있는 실천적 관계와 불가분의 관계에 있기 때문이다.[47]

약속한 것을 받기 위해 인내하라(히 10:36)

많은 이들은 이 구절 역시 최후의 심판에서 인내를 염두에 둔 "최종적 구원"을 가리키는 것으로 이해한다. "너희에게 인내가 필요함은 너희가 하나님의 뜻을 행한 후에 약속하신 것을 받기 위함이라." 그러나 이 약속은 "최종적 구원"을 가리킬 수 없다. 왜냐하면 이 독자들의 영원한 운명은 이미 안전하기 때문이다. 그들은 "함께 하늘의 부르심을 받은 거룩한 형제들"(히 3:1)이며 "큰 대제사장…하나님의 아들 예수가 있고"(히 4:14), "때가…마땅히 선생이 되었을"(히 5:12) 자들이다. 따라서 그들은 "성령에 참여한"(히 6:4) 자들로서, "예수 그리스도의 몸을 단번에 드리심으로 말미암아 거룩함을 얻은"(히 10:10) 자들이다.

47_Bing, "Warning," 88.

그렇다면 이 약속은 "최종적 구원"을 가리키기보다는 내세에서 그리스도의 파트너('메토코이')가 되는 것(참조. 히 1:9, 14)을 가리킨다. 그러나 이것이 자동적으로 되는 것은 아니다. 오직 인내하는 신자만이 그리스도의 파트너['메토코이']가 될 수 있는데(히 3:14), 이는 그리스도의 심판대 앞에서 결정된다(참조. 히 10:39). 따라서 폴 태너(J. Paul Tanner)는 이렇게 말한다. "주의 재림은 신자들에게 좋은 소식이지만, 일부 신자에게는 수치가 될 수 있다(참조. 요일 2:28)."[48] 태너는 **최종적 구원** 견해를 거부한다.

> 그러나 [히브리서] 10:39이 **구원론적인 믿음**을 염두에 두고 있다는 생각은, 저자가 분명히 11장에서 자신이 염두에 두고 있는 믿음은 하나님을 기쁘시게 하는 **믿음으로 행하는 삶**이라는 것을 분명히 밝히고 있다는 점을 감안하면 확실히 거부되어야만 한다.[49]

예수는 이기는 신자들을 칭찬하실 것이다(계 3:5)

예수는 자신의 임박한 재림의 관점에서 사데 교회에게 "깨어 있고"(참조. 마 24:42; 25:13; 살전 5:6, 10), 인내할 것을 명하신다. "이기는 자는 이와 같이 흰 옷을 입을 것이요, 내가 그 이름을 생명책에서 결코 지우지 아니하고, 그 이름을 내 아버지 앞과 그의 천사들 앞에서 시인하리라"(계 3:5). 생명책에는 불 못을 피할 모든 자가 들어 있다(계 20:15). 하지만 요한계시록 20:15와 3:5 사이에는 중대한 차이가 있다.

요한계시록 20:15에는 "이름"('오노마')이라는 용어, 이기는 자들, 이름을 지우는 것 또는 아버지 앞에서 그 이름들을 시인하는 것에 관한 언급

48_J. Paul Tanner, "The Epistle to the Hebrews" (GNTC; Denton, TX: Grace Evangelical Society, 2010), 2:1077-1078.

49_Ibid., 2:1078(강조는 원저자의 것임).

이 없다. 그러나 3:5에서는 "이름"이라는 용어가 두 번 반복되고, 또 그 용어가 예수의 시인과 연계되면서 강조된다. 예수는 이기는 자의 이름을 결코 생명책에서 지우지 않을 것을 단언하신다. 그는 이기는 자의 이름을 자기 아버지와 천사들 앞에서 시인하겠다고 약속하신다.

요한계시록 3:5	요한계시록 20:15
이기는 자는 이와 같이 흰 옷을 입을 것이요, 내가 그 이름을 생명책에서 결코 지우지 아니하고, 그 이름을 내 아버지 앞과 그의 천사들 앞에서 시인하리라.	누구든지 생명책에 기록되지 못한 자는 불 못에 던져지더라.

우리는 여기서 예수가 생명책에서 이름을 **지우시겠다**고 말씀하지 않는다는 것에 주목할 필요가 있다. 많은 이들은 이것을 **곡언법**(曲言法), 즉 부정을 부정함으로써 긍정을 표현하는 수사법으로 간주한다. 말하자면, 내가 "그것은 큰 문제가 아니야!"라고 말한다면 사실 이것은 "그것은 작은 문제야!"라는 의미다. 만일 이것이 곡언법이라면, 이것은 예수가 이기는 자의 이름을 높이 칭송하시겠다는 의미다. 완전히 똑같은 결론에 도달하기는 하지만 또 다른 견해는 이 "이름"('오노마')이라는 용어가 여기서는 **이름**이 아닌 **명성**을 의미한다는 것이다. 따라서 윌리엄 풀러(J. William Fuller)는 요한계시록 3:5이 하나의 약속이라고 주장한다.

> 하나님은 이기는 그리스도인의 '오노마'[이름/명성]를 기억하시고 보존하실 것인데, 이는 특히 하나님과 이 신자 간의 긴밀한 관계를 암시한다. 하지만 여기에 함축되어 있는 경고는 믿음을 거부하는 그리스도인은, 비록 그가 영생에 들어가기는 하더라도, 그 특권적 지위와 정체성 그리고 관계를 상실하게 될 것임을 암시한다. 명예로운 이름 대(對) 수치스러운 이름 개념은 서구적 사고에서는 다소 생소하다. 그러나 이러한 인식의 차이가 이 구절이 오랫동

안 잘못 이해되어온 진정한 이유일지도 모른다.[50]

이는 생명책에서 인내하지 못하는 신자를 더 이상 찾아볼 수 없다는 의미는 아니다. 이는 다만 그의 "이름"(즉 그의 높아진 명성)이 지워졌다는 것을 의미한다. 여기서 말하고자 하는 바는 예수가 그리스도의 심판대 앞에서 이기는 자는 칭찬하지만, 이기지 못한 자는 칭찬하지 않을 것이라는 점이다(참조. 고전 3:15; 4:5). 우리가 한 가지 기억해야 할 것은 그리스도는 모든 신자를 구원하실 것이며, 심지어 이기지 못하는 이들조차도 그렇게 하실 것이라는 사실이다. 하지만 그는 오직 이기는 자들의 이름만을 높이 칭송하실 것이다.

이 사실은 예수가 마태복음 10:32-33에서 하신 말씀과 전적으로 일치한다. 그는 다른 사람들 앞에서 자신을 시인하는 자들을 자기 아버지 앞에서 시인하실 것이지만, 다른 사람들 앞에서 자기를 부인하는 자들은 자기 아버지 앞에서 부인하실 것이다. 따라서 우리는 이와 동일한 맥락에서 디모데후서 2:12에 나오는 바울의 말을 이해해야 한다. "참으면 또한 함께 왕 노릇 할 것이요, 우리가 주를 부인하면 주도 우리를 부인하실 것이라." 이상의 본문에서 대두되는 가장 중요한 관건은 최후의 심판에서 결정될 신자의 운명이 아니라 그리스도의 심판대 앞에서 신자가 칭찬을 받을지 말지의 여부다.

크고 흰 보좌 심판(계 20:11-15)

요한계시록 20:11-15은 크고 흰 보좌 심판을 묘사하며, 본 논의에서 가

50_J. William Fuller, "'I Will Not Erase His Name from the Book of Life' (Revelation 3:5)," *JETS* (September 1983), 305.

장 핵심이 되는 본문이기도 하다.

> 또 내가 크고 흰 보좌와 그 위에 앉으신 이를 보니, 땅과 하늘이 그 앞에서 피하여 간 데 없더라. 또 내가 보니 죽은 자들이 큰 자나 작은 자나 그 보좌 앞에 서 있는데 책들이 펴 있고, 또 다른 책이 펴졌으니 곧 생명책이라. 죽은 자들이 자기 행위를 따라 책들에 기록된 대로 심판을 받으니, 바다가 그 가운데에서 죽은 자들을 내주고 또 사망과 음부도 그 가운데에서 죽은 자들을 내주매, 각 사람이 자기의 행위대로 심판을 받고, 사망과 음부도 불 못에 던져지니, 이것은 둘째 사망 곧 불 못이라. 누구든지 생명책에 기록되지 못한 자는 불 못에 던져지더라.

어떤 이들은 이 심판이 신자와 비신자 모두를 위한 심판이라고 생각한다.[51] 하지만 나는 실제로 두 가지 종말론적 심판이 있다는 입장을 견지한다. 즉 하나는 그리스도의 보좌 심판으로 불리는 신자들에 대한 심판이고(고후 5:9-11), 또 다른 하나는 크고 흰 보좌 심판으로 불리는 비신자들에 대한 심판이다(계 20:11-15). 비록 종말론적 심판이 단 하나임을 인정한다고 하더라도, 요한계시록 20:11-15은 행위가 그 사람의 영원한 운명을 결정짓는다는 주장을 지지해주지 않는다. 제인 호지스(Zane Hodges)는 이렇게 말한다.

> 크고 흰 보좌 심판(계 20:11-15)에서 사람들은 지옥(하데스)에서 일시적으로 해방되고(가석방!), 그들의 영원한 거처 문제는 그들의 심판자(예수 그리스도,

51_ 예컨대 G. K. Beale, *The Book of Revelation: A Commentary on the Greek Text* (2nd ed.; NIGTC; Grand Rapids: Eerdmans, 1999), 1032-1033; Leon Morris, *Revelation* (TNTC; Leicester, UK: InterVarsity Press, 1987), 234.

요 5:22) 앞에서 다투게 될 법적인 문제가 된다. 그들은 먼저 그들의 행위가 영원한 심판으로부터 영원히 해방되는 것을 정당화해주는지를 따져보는 심판을 받는다(계 20:13). 우리가 이미 아는 바와 같이 행위에 기초한 칭의는 결코 없을 것이다(롬 3:20). 그다음, 그들이 영생을 소유했기 때문에 해방될 자격이 있는지 따져보기 위해 생명책에 그들의 이름이 기록되었는지 여부를 살핀다. 그들의 이름이 거기에 기록되어 있지 않기에 그들은 그들의 심판자와 영원히 분리되는 영원한 거처(불 못)에 던져진다.

비록 이 전 과정의 결과가 이미 알려진 결론이라 할지라도, 하나님의 정의는 이 심판 과정을 거쳐야만 한다. 우리 사회에서도 살인 행위(또는 어떤 다른 범죄)로 현장에서 체포된 사람은 법정에 서게 되어 있다. 구원을 받지 못한 사람들도 모두 예외 없이 하나님의 법정에 서게 될 것이다.[52]

선을 행하며 끝까지 인내하는 것이 불 못에 던져지는 형벌을 면할 수 있는 조건이라는 사실이 이 본문에는 전혀 암시되어 있지 않다. 사실 이 본문이 말하고자 하는 바를 면밀히 살펴보면, 생명책에 기록되는 것만이 유일한 조건임을 알 수 있다. 영생을 얻어 생명책에 기록되는 것에 대한 유일한 조건이 그리스도를 믿는 믿음이므로(예. 요 3:16; 6:35) 크고 흰 보좌 심판은 단순히 믿는 모든 사람에게 주어지는 생명의 약속을 강조하는 역할을 한다.

52_Zane Hodges, "The Sin of Unbelief," *Grace in Focus* (Nov.-Dec. 2007), 2-3. www.faithalone.org에서 확인할 수 있음.

그리스도인들이 최후의 심판에 설 것이라는 견해의 석의적인 문제점

영생은 영원하다

찰스 라이리(Charles Ryrie)는 "영생은 **영원히 지속되는 삶**이다. 만약 영생이 잃어버릴 수 있는 것이라면 그것은 이름부터 잘못된 것이다"라는 유명한 말을 남겼다. 예수는 영생은 결코 잃어버릴 수 없는 것임을 분명하게 천명하셨다. 예수를 믿는 자는 **결코** 주리거나 목마르지 않고(요 6:35), **결코** 죽지 않으며(요 11:26), 심판에 이르지 **않는다**(요 5:24). 일단 영생을 얻으면, 그 사람은 그것을 **영원히** 소유하게 된다.

영생은 오직 믿음으로 얻는다

우리는 신약성서에서 예수 그리스도를 믿는 믿음 외에 영생을 얻는 데 필요한 그 어떤 조건도 발견하지 못한다. 인내와 행위는 영생을 얻는 조건이 아니다.[53] 영생을 얻는 데 필요한 유일한 조건은 오직 믿음이다(참조. 요 3:16; 5:24; 6:35; 11:26).

영생은 행위에 속한 것이 아니다

우리는 믿음을 통해 은혜로 구원을 얻는다. 구원은 하나님의 선물이지, 행위로 얻는 것이 아니다(엡 2:8-9). 예수 자신도 영생은 선물이지(요 4:10), 행위에 의한 것이 아니라고 가르치셨다(요 6:28-29). 그리고 인내는 행위이므로 구원의 조건이 아니다. 열심히 노력**해야** 하는 것은 사실이지만, 그

53_Stanley, *Did Jesus Teach Salvation by Works?*는 이와 대조적인 입장을 취한다. 마지막 결론 장에서 Stanley는 "공관복음에 나타난 종말론적[=최종적, 335를 보라] 구원은 확실히 행위에 의한 것이다.…따라서 비록 행위가 [종말론적] 구원에 필수적이라고 하더라도, 그 행위 자체는 오직 '하나님이 함께' 하실 때에만 가능하다"(334).

리스도인들이 노력하는 이유는 영원한 구원을 얻기 위함이 아니다(예. 고전 9:24-27; 딤후 2:3-6; 4:6-8).

영생은 회심 때 결정된다

요한복음 5:24은 신자들이 최후의 심판에 서게 될 것임을 거부한다. 최후의 심판은 각자의 영원한 운명이 결정되는 곳이며, 예수도 구체적으로 신자들은 "심판['크리시스']에 이르지 아니할" 것이라고 가르치셨다. 신자들의 영원한 운명은 이미 결정되었다. 그런데 안타깝게도 많은 주석가들은 신자들이 심판('크리시스')에 **이를 것**이라고 주장한다. 예를 들어 많은 학자들이 야고보서 2:13의 심판('크리시스')과 2:14의 구원에 대한 언급은 행위가 없는, 그리스도 안에 있는 형제자매들이 최후의 심판에서 정죄를 받을 것을 의미한다고 말한다.[54] 하지만 이들 가운데에는 요한복음 5:24에 비추어 이것이 어떻게 가능한지를 보여주려는 이가 아무도 없다.

54_ 참조. Peter H. Davids, *The Epistle of James: A Commentary of the Greek Text* (NIGTC; Grand Rapids: Eerdmans, 1982), 120; George M. Stulac, *James* (IVPNT Commentary Series; Downers Grove: InterVarsity Press, 1993), 107-109; Douglas J. Moo, *The Letter of James* (PNTC; Grand Rapids: Eerdmans, 12000), 134-135; Craig L. Blomberg and Mariam J. Kamell, *James* (ZECNT; Grand Rapids: Zondervan, 2008), 129n13, 136; Scot McKnight, *The Letter of James* (NICNT; Grand Rapids: Eerdmans, 2011), 247.

그리스도인들이 최후의 심판에 서게 될 것이라는 견해의 실천적인 문제점

확신은 불가능하다[55]

만일 인내가 "최종적 구원"의 조건이라면, 그리고 만일 우리가 끝까지 인내하리라는 확신이 없다면(예. 고전 9:27), "최종적 구원"에 대한 확신은 궁극적으로 불가능하다. 그런데 지옥이 있다는 확신도 있고 당신이 그곳에 갈 수도 있다는 불안한 생각이 뜰 때를 한번 상상해보라. 그것은 정말 끔찍한 삶이며, 결코 하나님이 바라시는 삶이 아니다. 심지어 개혁파 신학자 마이클 호튼(Michael Horton)까지도 이 사실을 인정한다. "만일 내 믿음이 너무 연약해서 무조건적인 약속에 기초를 둔 온전한 확신을 가질 수 없다면, 도대체 내가 어떻게 내면을 살피고 내 삶을 돌아봄으로써 더 강한 확신을 가질 수 있다고 생각할 수 있겠는가?"[56]

혼동을 일으키는 복음 전도[57]

많은 그리스도인들이 다른 사람들에게 복음을 전할 때 단순히 예수를 믿으라고 하기보다는 그들의 삶을 예수께 드릴 것을 권한다는 것은 상당히 특이한 일이 아닐 수 없다. 믿음보다는 헌신을 영생을 얻는 조건으로 제시하고 있기 때문이다. 그럼에도 예수는 **그를 믿는 자**는 누구든지 영생을

55_ 확신과 견인에 관한 더 상세한 논의는 Robert N. Wilkin, *Secure and Sure: Grasping the Promises of God* (Irving, TX: Grace Evangelical Society, 2005), 특히 107-111을 보라.

56_ Michael Horton (ed.), *Christ the Lord: The Reformation and Lordship Salvation* (Grand Rapids: Baker, 1992), 146. Horton은, 비록 내 견해에 동의하지는 않지만, 내관(內觀)이라는 수단을 통해 구원의 확신을 기대한다는 것은 위험하다고 믿는 칼뱅주의자다.

57_ 간편한 복음 전도 수단으로 나는 *Living Water: The Gospel of John with Notes* (Glide, OR: Absolutely Free, 1996)를 추천한다.

얻는다고 말씀하셨다(예. 요 3:16).

훼손된 동기

만약 당신이 구원에 대한 최종 판결이 최후의 심판에 가서야 내려진다고 믿는다면 과연 당신이 하나님을 섬기는 동기는 무엇일까? 사랑보다는 두려움이 당신의 동기가 되지 않을까?(참조. 고후 5:14) 이것이 바로 구원을 얻기 위해 끝까지 인내해야 한다고 믿는 그리스도인들에게서 내가 발견하는 것이다. 지옥에 대한 두려움이 그들로 하여금 헌금을 하고, 교회에 다니고, 하나님을 기쁘시게 하려고 애쓰도록 만든다는 것이다. 그들의 삶 속에서 감사가 완전히 사라지고, 심지어 어떤 이들은 행함이라고 하는 중압감 때문에 믿음을 포기하기도 한다.

이해할 수 없는 성서

예수가 힘없는 죄인들을 위해 죽으셨다고 가르치면서 선한 행위를 행하며 끝까지 인내함으로써 "최종적 구원"을 얻어야 하는 무거운 마음의 짐까지 지운다면 그것은 사실 아무런 의미가 없다. 만일 우리가 행위가 아니라 믿음으로 값없이 선물로 얻는 영생과 끝까지 신실하게 인내함으로 얻는 상의 차이를 인식하지 못한다면, 성서는 불필요하게 역설적이며 자기모순적일 수밖에 없다. 이 둘의 차이를 구분할 때 비로소 우리는 영생이 주는 홀가분함(freeness)과 선한 행위의 중요성을 동시에 받아들일 수 있다.

결론

자기 자신이 믿음을 지키고 선을 행하면서 끝까지 인내하리라는 것을 확신할 수 있는 사람은 아무도 없다. 바울도 자신이 상을 받지 못할 수 있다는 생각을 했다면(고전 9:27), 당연히 우리도 그렇게 생각해야 하지 않을까? 하지만 그러한 불확실성은 "상"에 국한된 것일 뿐, 영생과는 아무런 상관이 없다. 만일 우리가 영생에 대한 약속을 믿는다면(예. 요 3:16), 우리는 확신을 가질 수 있다. 그것은 이토록 단순하다. 우리는 이러한 확신을 얻기 위해 우리의 행위에 의존할 필요가 없다. 우리는 최후의 심판대 앞에 섰을 때 비로소 내가 구원을 받은 적이 없다는 사실을 깨닫게 될까봐 내심 두려워할 필요가 없다. 오히려 우리는 예수가 자신을 믿는 자는 "영생을 얻었고[현재 시제], 심판에 이르지 않고[미래 시제], 사망에서 생명으로 옮겼느니라[과거 시제]"(요 5:24)라고 말씀하신 약속을 믿는다. 우리는 이 보장된 구원으로 인해 기뻐한다. 최후의 심판을 두려워하며 살지 말자. 신자들은 결코 거기서 심판을 받지 **않을** 것이다.

논평

토머스 R. 슈라이너

동의하는 부분

로버트 윌킨은 행위는 단지 시상을 위한 것을 뿐, 영생을 얻는 것과는 전혀 무관하다는 견해를 용감하게 개진한다. 그러나 안타깝게도 자신의 명제를 지지하기 위한 그의 주석 작업은 전혀 설득력이 없다. 그럼에도 불구하고 나는 한 걸음 물러서서 윌킨과 내가 어느 부분에서 서로 의견을 같이하는지를 먼저 밝히고 싶다. 윌킨과 마찬가지로 나 역시 신약성서가 영생은 결코 취소될 수 없다고 가르친다는 데 동의한다. 영생을 얻은 자는 결코 멸망하지 않을 것이다(요 10:28-29). 아버지께서 아들에게 주시고 또 그 아들을 믿는 자들은 결코 하나도 잃어버리지 않을 것이다. 예수는 그들을 마지막 날에 모두 일으키실 것이다(요 6:37-40). 또한 바울이 말했듯이, 하나님은 신자들 안에서 시작하신 구원 사역을 반드시 이루실 것이다(빌 1:6; 참조. 살전 5:24). 그 무엇도 신자들을 예수 그리스도 안에 있는 하나님의 사랑에서 끊을 수 없다(롬 8:35-39).

또한 오직 믿음으로만 구원을 얻는다는 윌킨의 주장 역시 타당하다. 하나님이 요구하시는 행위는 보내심을 받은 이, 곧 예수 그리스도를 믿는 것뿐이다(요 6:29). 루터는 로마서 3:28을 독일어로 옮기면서 '알라인'("오직"이라는 의미)이라는 단어를 올바르게 덧붙임으로써 이 구절이 오직 믿음을 통해서만 의롭다 함을 얻는다는 사실을 가르치는 구절임을 분명히 했다. 나는 내 논문에서 저명한 가톨릭 학자인 조셉 피츠마이어(Joseph Fitzmyer)도 이 부분에서 루터의 편에 선다는 사실을 지적한다.

동의하지 않는 부분

구원을 얻는 믿음의 본질

윌킨과 나는 오직 믿음으로 구원을 얻는다는 사실에는 동의하지만, 믿음의 본질 및 믿음과 행위의 관계에 있어서는 서로 의견을 달리한다. 여기서 중요한 본문은 야고보서다. 왜냐하면 야고보는 참되고 살아있는 믿음은 반드시 선한 행위를 낳는다고 가르치기 때문이다(약 2:14-26). 물론 칭의는 오직 믿음으로만 가능하다. 하지만 그 믿음은 결코 혼자가 아니다.

여기서 본문을 충분히 다루기에는 지면이 부족하지만, 구원에 이르지 못하는 종류의 믿음도 있다. 어떤 명제에 대한 지적인 동의는 그 사람이 구원에 이르는 믿음을 소유했음을 의미하지 않는다. 한 하나님이 계신다는 사실을 믿는 것만으로는 구원을 얻지 못한다. 왜냐하면 귀신들도 그 사실을 믿지만, 그들은 하나님께 속한 자들이 아니기 때문이다(약 2:19). 이와 마찬가지로 귀신들도 예수를 "하나님의 거룩한 자"로 올바르게 인식하지만(막 1:24), 그들은 여전히 그분을 대적했다. 구원에 이르는 믿음은 구원을 얻기 위하여 예수 그리스도를 붙잡고, 그를 소중히 여기며 보배처럼 여긴다. 요한복음 전체를 자세히 연구해보면 우리는 많은 깨달음을 얻게 된다. 왜냐하면 요한은 믿음이 예수에게 나아오고, 그를 따르며, 그에게 순종하고, 그를 영접한다고 가르치기 때문이다. 이러한 믿음의 역동성은 다른 은유를 통해서도 전달된다. 즉 믿음은 예수의 살과 피를 먹고 마신다. 믿음은 예수를 영접하고 그 안에 거한다.

윌킨은 믿음을 지적인 동의로 정의하지만, 이러한 정의는 성서의 증언, 곧 우리가 성서에서 발견하는 믿음의 너비 및 깊이와 일치하지 않는다. 우리는 여기서 히브리서 11장을 생각해볼 수 있다. 거기서 믿음은 아벨의 제물, 노아의 방주 제작, 아브라함의 가나안 땅 이주, 모세의 강대국 이집트가 아닌 가련한 이스라엘과의 하나됨 등을 가능케 한 원천으로 기능한다. 믿음과 행위의 관계는 "믿음으로 아브라함은 부르심을 받았을 때에 순종하여"라고 말하는 히브리서 11:8에 잘 나타나 있다. 윌킨의 항변에도 불구하고, 요한복음 2:23-25과 8:31-59의 내용은 구원에 이르지 못하는 종류의 믿음도 있다는 사실을 잘 보여준다. 참된 믿음과 구별되어야 하는 거짓된 믿음도 있다. 그리스도의 이름으로 말하는 이들이 모두 그리스도에게 속한 것은 아니다(마 7:21-23).

신학적 패러다임

세대주의 신학. 윌킨의 논문이 지닌 또 다른 약점은 그의 주장이 모종의 세대주의 신학과 불가분의 관계에 있다는 것이다. 내가 여기서 "모종의"라고 말하는 이유는 오늘날 세대주의도 다양한 양상을 띠고 있기 때문이다. 그런데 문제는 바로 이것이다. 만일 윌킨이 견지하는 세대주의 사상이 무너진다면 그의 해석 역시 함께 무너질 수밖에 없다. 지면 관계상 나는 여기서 이 모든 것을 다 설명할 수 없다. 하지만 그가 제시한 세대주의적 해석은 인위적이고 억지스럽다. 심판과 관련하여 윌킨이 제시하는 해결 방안을 내가 처음 접했을 때 나는 심판에 관한 여러 본문이 심판의 대상을 신자로 보는지 아니면 비신자로 보는지를 파악하고 기억하는 것조차 거의 불가능해 보였다. 예를 들면 양과 염소의 심판(마 25:31-46)은 이방인들에게만 국한되고 환난의 마지막 때에 이루어지는 반면, 크고 흰 보좌 심판(계 20:11-15)은 비신자에게만 국한된다. 나는 이를 입증할 만한 근거가 본문에 전혀 없기 때문에 그러한 차이를 기억하는 것조차 어렵다고 말하고 싶다. 마태복음 25:31-46의 양과 염소의 심판과 요한계시록 20:11-15의 크고 흰 보좌 심판에 대한 가장 자연스러운 해석은 두 심판 모두 **모든** 사람에 대한 심판으로 보는 것이다. 나는 이 부분에서 오래 시간을 끌고 싶지 않다. 왜냐하면 나는 그의 세대주의적 사고 체계를 받아들인다고 하더라도 그의 해석은 전혀 설득력이 없다고 주장할 것이기 때문이다. 오늘날 많은 이들은 그의 세대주의적 패러다임이 갖고 있는 약점을 널리 시인한다. 심지어 세대주의 전통에서 자라고 성장한 이들조차도 이를 시인한다.

특수한 전제. 이제 나는 윌킨의 논문 가운데 가장 근본적이면서도 심각한 문제점을 지적하고자 한다. 즉 그는 모든 본문을 자기 자신이 세워놓은 패러다임에 억지로 끼워 맞추려고 한다. 물론 우리 모두 우리 자신의 신학을 본문에 끌어들인다. 솔직히 말해서 우리 가운데 이러한 전제로부터 자유로운 사람은 아무도 없다. 중립적인 본문 읽기란 아예 존재하지 않는다. 하지만 우리의 선입관이 수정될 수 없다면 본문을 주해하는 작업은 사실 무용지물과도 같다. 우리는 본문에 기꺼이 귀를 기울이고 혹여나 우리가 성서 본문과 어긋나는 사고를 하는 것은 아닌지 스스로에게 늘 물어보는 열린 마음을 가져야 한다.

울며 이를 갊. 윌킨의 글을 읽으면서 나는 솔직히 그의 신념을 무너뜨릴 수 있는 증거가 없는지 생각해보았다. 예를 들어 설명해보겠다. 마태복음에서 울며 이를 가는 이들이 지옥에 던져진다는 것은 너무나도 자명하다(마 8:11-12). 그들은 아브라함 및 조상들과 함께 천국 잔치에 참여하지 못한다(마 8:11-12). 불법을 행하는 자들은 하나님 나라에서 배제되고,

풀무 불에 던져져 거기서 울며 이를 갈게 된다(13:41-42). 또한 "세상 끝날에" 천사들은 "악인들을 의인으로부터" 걸러내어 "풀무 불에 던져 넣으리니, 거기서 울며 이를 갈"게 된다(13:49-50). 이뿐만이 아니다. 예복을 입지 않은 사람은 혼인 잔치에서 바깥 어두운 데로 내던져져 거기서 슬피 울며 이를 가는 일이 벌어진다(22:11-13). 예수는 그가 택함을 입은 자 중에 속하지 않았음을 분명하게 천명하신다(22:14). 따라서 "엄히 맞고" 외식하는 자가 받을 벌을 받아 슬피 울며 이를 갈게 되는 신실하지 못한 종(24:51)은 단순히 자신이 받을 상을 잃어버린 것에 불과하다고 말하는 윌킨의 글을 읽을 때 나는 정말 놀라지 않을 수 없다. 엄히 맞고 외식하는 자가 받을 벌이 영원한 형벌을 가리키는 것이 아니라면, 과연 우리는 무슨 수로 윌킨의 생각을 돌이킬 수 있겠는가?

골로새서 1:21-23. 윌킨은 믿음으로 끝까지 인내할 것을 권면하는 골로새서 1:23의 조건은 화목보다는 종말론적 세우심과 관련이 있다고 주장한다. 그의 주장이 옳을 수도 있겠지만, 그가 제시하는 차이점은 우리의 논의에 아무런 도움을 주지 못한다. 왜냐하면 거룩한 삶은 최후의 상, 즉 영생을 얻는 데 반드시 필요하기 때문이다.

신약성서의 다른 여러 본문도 이러한 해석을 뒷받침해준다. 예를 들면 빌립보서 2:15에서 "흠이 없고"('아모마')는 죄 없음과 혼동해서는 안 되며, "하나님의 자녀"가 되는 데 반드시 필요한 것이다. 하나님의 자녀가 된다는 것은 영생에 더해지는 상이 아니다. 하나님의 자녀가 된다는 것은, 다른 말로 하면, 하나님께 속했다는 것이며 하나님의 백성의 일원이 되었다는 것이다. 이와 마찬가지로 유다서 24절에서도 "흠이 없이"('아모무스')는 어떤 상을 가리키기보다는 하나님 앞에 서게 될 자들의 성품을 표현한다. 이 주제는 거룩함 없이는 아무도 주를 볼 자가 없다고 천명하는 히브리서 12:14과도 잘 부합한다. 주를 보는 것은 소수에게 한정된 상이 아니라 천성에 들어갈 모든 사람이 누리게 될 특권이다. 천성에 들어가는 특권은 오로지 거룩한 자들, 곧 하나님의 뜻을 행하고 선한 행위를 행하는 자들에게만 주어진다. 따라서 골로새서 1:22의 종말론적 세우심("그 앞에 세우고자 하셨으니")은 영생에 더해지는 상을 가리키기보다는 주 앞에 서기 위해서는 믿음으로 끝까지 인내해야 한다는 것을 의미한다.

갈라디아서 6:7-9. 이 본문은 편향적인 해석에 대한 또 다른 대표적인 예다. 바울은 성령을 위하여 심는 자는 "성령으로부터 영생을 거두고" 육체를 위하여 심는 자는 "육체로부터 썩어질 것['프토랸']을 거둔다"고 말한다. 이 말씀은 영생을 얻기 위해서는 선한 행위와 성령 안에서의 삶이 필수적임을 천명하는 확실한 예라고 할 수 있다. "썩어질 것"은 "영생"과 정면으로 대치되는 개념으로서(갈 6:8), 최후의 심판, 곧 영생으로부터 배제되는 것을 가리키는 것이 분명하다. 하지만 윌킨은 이에 동의하지 않는다. 그는 갈라디아서 6:8에서의 영생의 의미와 에베소서 2:8-9에서의 영생의 의미가 같을 수 없다고 본다. 왜냐하면 후자 본문에서의 영생은 과거에 주어진 선물이라면, 갈라디아서 본문의 영생은 미래에 받게 될 상이기 때문이다. 따라서 갈라디아서에서의 영생은 "단순히 나라 안에 거하는 것이 아니라 나라를 **상속받고** 그리스도와 함께 왕 노릇 하는 것을 가리킨다"(64쪽)는 것이다.

이에 대해 우리는 어떻게 답변할 수 있을까? 우선 사소한 것부터 말해보자. 윌킨의 주장과는 달리, 에베소서 2:8-9은 영생에 관한 이야기가 아니다. 바울은 여기서 과거에 행하신 하나님의 구원 사역에 관해 언급할 뿐, "영생"이라는 표현을 사용하지 않는다. 이 사실은 내가 보다 더 본질적인 두 번째 포인트로 나아가게 만든다. 윌킨의 논증이 어떻게 전개되는지 주목해보라. 바울은 갈라디아서 6:8에서 사용한 "영생"을 다른 여러 본문의 용법과 같은 의미로 사용하지 않았다. 왜냐하면 그렇다면 영생은 행위를 요구하는데, (윌킨의 주장에 따르면) 우리는 다른 본문을 통해 바울이 그런 말을 한 적이 없다는 것을 알고 있기 때문이다.

따라서 이 시점에서 윌킨의 논문이 지닌 주된 문제점이 다시 수면 위로 떠오른다. 물론 우리 모두 전제를 가지고 있다. 우리는 누구나 다른 본문에 비추어 본문을 해석한다. 성서는 성서를 해석한다. 따라서 성서의 어떤 특정 본문을 해석할 때 다른 여러 본문을 고려하는 것은 당연한 일이다. 그럼에도 불구하고 다른 여러 본문이 교리적 진술에 너무나도 극명하게 반하기 때문에 교리 자체를 다시 수정해야 할 시점이 올 때가 있다. 나는 갈라디아서 6:8이 바로 그런 본문이라고 (그리고 극단적인 예외가 아니라고) 생각한다. 성령을 위하여 심지 않는 자들은 종말론적 썩어짐을 경험하게 될 것이다. 이것을 다르게 표현하자면, 그들은 "지옥에 갈 것이다"가 될 것이다. 윌킨은 다른 본문들과 상충된다는 이유로 영생은 천국에 거하는 것을 의미할 수 없다고 주장하면서 이와 같은 독법을 거부한다.

나는 재차 이렇게 묻고 싶다. 윌킨을 비롯해 그의 해석을 지지하는 이들에게 그들의 해석이 잘못되었다는 것을 과연 무슨 수로 납득시킬 수 있을까? 본문이 영생을 얻기 위해서는 선한 행위가 필요하다고 말하면, (윌킨의 관점에서) 이 영생은 구원을 가져다주는 영생과는 다른 것이 되고 만다. 그의 독법은 허위 입증이 불가능하다. 그는 이미 행위는 영생을 위한 필요조건이 아니라고 결정지었다. 따라서 본문이 행위가 영생을 가져다준다고 말하면 이 영생은 다른 종류의 영생이 돼버리고 마는 것이다. 나는 내가 진정으로 매정한 사람이 아니기를 바라지만, 이 같은 주장은 정말 억지를 부리는 것처럼 들린다. 이러한 주장은 정말 틀렸다고 입증할 방법이 없다. 왜냐하면 심지어 성서가 "영생을 얻고 지옥에 가는 것을 면하려면 선한 행위가 필요하다"고 말한다고 하더라도, 윌킨은 "여기서 말하는 영생과 지옥은 서로 다른 의미다"라고 말할 것이기 때문이다.

히브리서 10:36. 이와 같은 동일한 패턴이 그의 논문 전체에서 전개된다. 예를 들어 히브리서 10:36은 약속을 받으려면 하나님의 뜻을 행해야 한다고 진술한다. 이 약속은 분명 종말론적 구원을 가리킨다. 왜냐하면 이 약속은 몇 구절 뒤에 나오는 종말론적 멸망을 전형적으로 가리키는 단어('아폴레이아', 10:39)와 대조적으로 나타나기 때문이다. 그런데 윌킨은 "그러나 [10:36의] 이 약속은 '최종적 구원'을 가리킬 수 없다. 왜냐하면 이 독자들의 영원은 이미 안전하기 때문이다"(67쪽)라며 외면한다. 윌킨에게 최종적 구원에 대한 행위의 필요성이란 애초부터 교리적으로나 전제적으로 이미 배제되어 있다.

요한계시록 3:5. 윌킨은 요한계시록 3:5에서 예수가 생명책에서 이름을 지우겠다고 경고하신 것은 그들의 정체성이 아닌 그들의 명성에 관한 것이라고 말한다. 즉 그들은 영생은 경험하지만, 순종한 자들에게 주어지는 상과 특권은 누리지 못할 것이다. 그러나 요한계시록 3:5에서 요한은 "누구든지 사람 앞에서 나를 부인하면, 나도 하늘에 계신 내 아버지 앞에서 그를 부인하리라"(마 10:33)는 예수의 말씀을 간접적으로 인용한다. 바울도 디모데후서 2:12에서 예수의 이 동일한 말씀을 연상시킨다. 예수를 부인하는 자는 예수에게 부인을 당할 것이다. 여기서 부인당하는 것은 단순히 그 사람의 명성이 아니라 그 사람 자체다. 본문은 그들이 상을 받지 못할 것이라고 말하지 않고 예수가 친히 그들을 부인하실 것이라고 말한다. 이와 마찬가지로 요한계시록 3:5에서도 생명책에서 지워버리겠다는 것은 죄악의 삶을 통해 자신의 옷을 더럽히는 자는 생명책에 기록되지 못할 것이라는 것이 가장 자연스러운 의미다.

결론

요약하자면 영생은 택함을 받은 자라면 누구나 받게 될 선물이며, 이 선물은 믿음으로 받는다고 주장하는 윌킨의 말은 모두 타당하다. 더 나아가 나는 그의 궁극적인 취지에도 공감한다. 또한 그는 구원은 오직 은혜로, 오직 믿음을 통해, 그리고 오직 그리스도 안에서만 얻을 수 있다는 복음의 순수성을 보존하고 싶어 한다. 하지만 최종적 구원을 위해서는 선한 행위가 요구된다는 본문에 대한 그의 주해는 억지스럽고 설득력이 없다. 이 보다 더 나은 접근법은 최종적 구원을 위해서는 선한 행위가 필요하다는 사실과 영생은 하나님의 선물이라는 주장을 서로 하나로 통합하는 것이다.

논평

제임스 D. G. 던

대대적인 의견 차이

정경 안의 정경

로버트 윌킨의 논문은 명료한 한두 본문에 대한 해석을 가지고 이를 다양한 문제 본문에 대한 해결책으로 제시하고, 단지 문제를 해결해준다는 이유만으로 이 해석을 문제 본문들에 적용하는 매우 고전적인 사례 중에 하나다. 이 논문의 문제는 수많은 신약성서 본문이 그리스도인들이 하나님 혹은 그리스도의 보좌 앞에서 받게 될 심판을 내다보고 있다는 데 있다. 이 본문들은 신자들은 (이미) 영생을 얻었고, 이미 영생을 얻었기 때문에 그 영생은 결코 빼앗길 수 없다(그렇게 않으면 영생은 "영원한" 것이라고 할 수 없다)며 구원의 확신을 주장하는 다른 본문들과 대치되는 듯 보인다. 이럴 경우 마치 모든 문제에 해결책을 제시하는 것처럼 보이는 본문은 바로 요한복음 5:24과 요한계시록 20:11-15이다. 이것은 "정경 안에 또 다른 정경이 있다"(*canon within the canon*)라는 해석인데, 이 경우에는 이 두 본문이 "정경 안에 있는 정경"(canon within)이다. 덜 도발적으로 표현하자면, 이것은 성서에 대한 탁월한 통찰력이 이 두 구절에 대한 특별한 해석에 달려 있는 것으로 보기 때문에, 다른 수많은 구절에 담겨 있는 너무나도 당연한 의미가 이 해석에 의해 결정되는 매우 극단적인 사례다.

어떤 이들은 어떤 본문을 읽는 자신의 독법이 그 본문에 대한 또 하나의 해석이라는 점을 쉽게 받아들이지 못한다. 그들은 본문에 대한 자신의 이해가 그 본문의 "명백한 의미"와 일치한다고 생각할 수도 있고 또 그렇게 주장할 수도 있다. 그러나 그들은 자신이 그 본문의 의미로 여겨지는 것도 하나의 **해석**, 즉 그 정당성을 입증받아야 하는 하나의 해석일 뿐이라는 사실을 인정할 필요가 있다. 성서의 권위에 대한 논쟁은 성서의 영감성을 주장한다고 해서 해결될 문제가 아니다. 성서의 실제적인 권위는 그 성서의 해석에 달려 있다. 그리고 어떤 특정 본문에 관한 결론을 다른 성서 본문에 적용하거나 강요할 때에는 그 해석의 정당성에 대한 책임이 더욱더 커질 수밖에 없다. 과연 이 여러 본문은 동일한 언어를 사용하고 있는가? 과연 이 본문들은 동일한 방식으로 신학 작업을 전개하고 있는가? 하나는 분필이고, 다른 하나는 치즈인가? 만일 이 여러 본문이 서로 약간 다른 음을 낸다면, 이들은 과연 서로 아름다운 화음을 이루어낼 수 있을까?

"이미/아직" 간의 긴장이 등한시되다

요한복음 5:24의 경우, 학자들은 요한의 복음 제시가 "실현된 종말론"에 해당되며, 이 구절이 신약성서에 나타난 실현된 종말론 가운데 가장 강력한 진술 중 하나이든지 아니면 가장 강력한 진술이라는 데 일반적으로 동의한다. 말하자면, 요한복음은 구원의 과정을 전형적으로 이미/아직의 구조로 이해하는 대부분의 신약성서 책 가운데에서도 이 "이미"라는 측면을 특별히 더 강조한다는 것이다. 요한복음에서는 빛이 이 세상으로 오는 것이 결정적인 사건이며, 사람이 이 빛에 어떻게 반응하느냐에 따라 모든 것이 좌우된다. 예수라는 빛이 결정적인 요소다('크리시스'라는 단어는 분리하는 의미와 심판하는 의미를 모두 갖고 있다). 심판은 이 빛에 긍정적으로 반응하는 자들과 이 빛을 물리치는 자들, 즉 믿는 자들과 믿지 않는 자들을 분리한다(요 3:17-21; 9:39).

구원 과정의 결정적인 출발점이 되는 이 "심판"이 죽은 자들이 부활하는 최후의 심판(요 5:28-29)과 어떻게 연관되는지는 명확하지 않으며, 적어도 요한은 그것을 명확하게 밝히지 않는다. 이 과정의 시작은 분명하다. 그 이유는 요한복음이 그 부분을 강조하고 있기 때문이다. 그런데 이 과정의 시작이 과정의 끝부분인 최후의 심판에 더 큰 강조점을 두고 있는 다른 성서 본문들과 어떻게 연관되는지는 명확하지 않다. 예를 들어 바울은 "이미"라는 확실성을 더 크게 강조하지만(롬 6:2-4; 7:4-6; 8:1-10), "아직" 확신할 만한 수준으로 완성된 것은 아니라는 사실도 지적한다(롬 6:12-19; 7:14-25; 8:12-13). 이 문제에 관한 바울의 논의에 비추어 볼 때 우리는 요한복음이 "이미"라는 측면을 지나치게 강조한 나머지, "아직"이라는 측면을 과소평가하거나 심지어는 이를 등한시하는 것은 아닌지 묻지 않을 수 없다.

이 사실은 윌킨이 "이제 성서[는]…어떻게 말하는지"(43쪽) 검토하는 단락으로 넘어가면서 더욱더 분명해진다. 그는 곧이어 요한복음 3:16("멸망하지 않고"), 6:35("결코 주리지 아니할 터이요…영원히 목마르지 아니하리라"), 11:26("영원히 죽지 아니하리니") 등 강한 확신이 담긴 말씀을 직접 언급한다. 과연 그는 이 말씀에 담긴 과장법을 감지하지 못하는 것일까? 이러한 표현들을 사실을 나타내는 문자적 진술로 취급하는 것은 그리스도인들의 초기 경험에 반하는 것으로서 그 진술에 대한 믿음까지도 훼손시킨다. 문학적으로 지나칠 만큼 현학적인 태도는 성서의 언어를 더욱 신뢰할 만한 것으로 만들기는커녕 오히려 신뢰할 수 없게끔 만든다.

요한계시록은 하나의 심판만을 언급한다

요한계시록 20:11-15과 관련하여 한 가지 확실한 것은 이 본문이 심판의 보좌를 염두에 두고 있다는 것이다. 요한계시록에서 "심판"에 관한 언급은 대체적으로 정죄의 심판을 가리킨다. 그런데 과연 요한은 이 심판에 앞서 단지 "택함을 받고 신실한 자들"에게만 해당되는 또 다른 심판, 즉 그들이 다양한 수준의 상을 받는 심판을 염두에 두고 있었을까? 요한계시록 2-3장에서 신실한 자 혹은 어린양의 피로 씻어 그 옷이 희게 된 자들에게 주어지는 약속은 이러한 심판을 염두에 두고 있지 않은 것으로 보인다(계 7:14). 요한이 유일하게 염두에 두고 있는 심판은 요한계시록 20:11-15에 등장하는 심판인데, 거기서 죽은 자는 모두 "자기 행위를 따라" 심판을 받을 것이며, 자기 이름이 생명책에 없는 자들은 불 못에 던져질 것이다. 여기서도 강조점은 여전히 정죄의 심판인데 이 사실이 담고 있는 함의는 다름 아닌 자기 이름이 생명책에 기록되어 있는 자들은 호의적인 판결을 받으리라는 것이다.[58] 요한계시록이 다른 심판을 별도로 언급하고 있지 않으므로 이러한 해석이 가장 타당해 보인다.

성서 저자들 특유의 강조점을 무시한다

이 두 본문(요 5:24; 계 20:11-15)은 믿음과 심판에 관한 신약성서의 다양한 가르침 중에서도 서로 상당히 다른 곳에 강조점을 두고 있다. 따라서

58_ 계 3:5에 대한 Wilkin의 해석이 얼마나 무리가 있는지 보라. 그는 생명책에서 이름이 지워졌다는 것은 "그의 '이름'(즉 그의 높아진 명성)이 지워졌다는 것을 의미한다"(70쪽)고 말한다. 하지만 요한계시록에 나오는 이 모든 언급에 대한 가장 당연한 해석(명백한 의미)은 "생명책 (안에) 이름"이 들어 있는 것(3:5), 어떤 사람의 이름이 "생명책에 기록"된 것(13:8), "생명책에 적혀 있는" 것(20:15)은 모두 동일한 사실을 서로 다르게 표현한 것뿐이라는 것이다. 말하자면, 특별히 믿음으로 인해 고난을 겪은 자들이 최후의 심판 때 그들의 정당성이 입증될 것임을 단언하는 하나의 표현 방법이다.

이 두 책(요한복음과 요한계시록) 중 어느 한 책에서 이 두 요소를 모두 찾아 낸다는 것은 결코 현실적이지 못하다. 이는 오직 한 책의 강조점으로 다른 책 본문을 읽을 때, 즉 묵시적인 강조점을 비묵시적인 글에 집어넣어 읽을 때에만(또는 그 역으로) 가능하다. 과연 이는 양쪽에 공정한 것일까? 나는 신약성서의 다른 여러 책에서 여러 본문을 뽑아내, 마치 이 본문들이 모두 하나의 산문으로 집필되고 또 신앙을 위한 어떤 명제적인 주장을 하는 것처럼, 하나의 일관된 체계로 혼합하는 행위가 과연 정당하고 또 지혜로운 처사인지 의구심이 든다. 그러나 심지어 그것이 적절하다고 하더라도, 우리는 먼저 각 작품이 이 체계에 온전히 뿌리를 두고 있고 또 서로 조화를 이루는지를 살펴야 한다. 하나로 체계화된 윌킨의 논의가 각 책의 가르침이나 또는 신약성서의 어떤 특정한 가르침을 반영하지 못하는 상황에서도 과연 진정으로 **신약성서**의 가르침으로 받아들여질 수 있을까?

바울은 오직 한 심판만을 염두에 두었다

우리가 바울의 사상을 충분히 고려하면 윌킨이 제시한 해결책/해석은 더욱더 심각해진다. 바울이 서로 다른 두 가지 심판—신자의 삶과 행동을 판단하는 신자들을 위한 심판과 단순히 비신자라는 이유로 멸망이 이미 결정 난 비신자들을 위한 심판—을 염두에 두고 있었다는 암시가 도대체 어디에 있단 말인가? 바울은 분명히 심판은 "각 사람의 행위에 따라" 이루어진다고 내다보았다(롬 2:6-11). 이 심판이 오직 신자들에게만 해당된다거나 또는 신자들은 이미 심판을 받았기 때문에 이 심판에서 배제된다는 암시는 그 어디에도 없다. 오히려 이어지는 단락에서 바울은 "나의 복음에 이른 바와 같이 하나님이 예수 그리스도로 말미암아 [모든] 사람들의 은밀한 것을 심판하시는 그날"(롬 2:16)—즉 **모든** 사람이 심판을 받게 될 최후의 심판에 대한 통상적이고 전통적인 개념—에 관해 말한다. 이와 마찬가지로 고린도전서 3:13도 심판의 "날"을 언급한다. 누구든지 이 본문의 내용을 들으면, 최후의 심판을 위해 하나님이 정해놓으신 날이라는 전통적인 개념을 자연스럽게 떠올리게 된다.[59] 신자들에 대한 심판과 신자들이 행한 것에 대한 심판이 모두—요한1서 4:17에도 분명히 암시되어 있듯이—그날의 심판의 일환이 될 것이다.

바울에게로 다시 돌아와서, 그렇다면 우리는 "하나님의 심판대 앞에" 서는 것(롬 14:10)이 "그리스도의 심판대 앞에" 서는 것(고후 5:10)과 다르다고 주장할 수 있을까? 과연 우리는 바울이 하나님 앞에서(곧 하나님의 크고 흰 보좌 앞에서) 이루어질 만인에 대한 심판과 전혀 다르고 구분된, 그리스도 앞에서 이루어질 신자들에 대한 심판을 예견하고 있다고 해석해야 할까?[60] 하지만 이 두 본문은 모두 신자들의 심판을 분명히 염두에 두고 있다("우리가 다 하나님의 심판대 앞에 서리라", 롬 4:10; "우리가 다 반드시 그리스도의 심판대 앞에 나타나게 되어", 고후 5:10). 그리고 바울이 이 개별 편지를 읽는 독자에게 로마서 2장에서처럼 동일한 최후의 심판 외에 다른 어떤 심판을 머릿속에 연상시키려고 했다는 암시는 그 어디에서도 찾아 볼 수 없다.

갈라디아서 6:7-9은 너무도 분명하다

나는 내가 내 논문에서 신자들이 끝까지 인내하지 못할 가능성(윌킨의 말을 빌리자면)을 제기하는 바울의 경고에 관해 충분히 다루었다고 생각한다. 하지만 나는 여기서 갈라디아서 6:7-9에 대한 그의 논의에 대해 논하지 않을 수 없다. 여기서 분명한 것은 바울의 권면이 갈라디아 교회 신자들

59_ 신약성서의 다른 본문은 마 10:15; 11:22, 24; 12:36; 41:42; 벧후 2:9; 3:7; 유 1:6 등이다.

60_ Wilkin은 골 1:21-23을 해석할 때 이 길을 선택하는 듯하다(64-67쪽).

("너희"와 "우리")을 향하고 있다는 것이다. 또한 "썩어질 것/멸망"('프도라')이 "영생"과 대치되고 있는 것도 분명하다. 그렇다면 바울이 여기서 분명히 신자들이 "자기의 육체를 위하여 심"을 수 있고, 또 그 결과 "영생"에서 배제될 가능성을 염두에 두고 있다는 결론은 결코 피할 수 없다. 이 사실은 아마도 구원을 하나의 과정으로, 어떤 과정의 최종 결과로 이해하는 바울의 통상적인 구원 개념과 밀접한 관계가 있다고 할 수 있다. 따라서 바울은 이 구원의 과정이 완성되지 못할 가능성, 즉 한때 믿었지만 끝까지 "인내하지" 못한 자들이 서게 될 최후의 심판의 가능성을 예견하고 있다. 과연 윌킨은 진정으로 사람들이 한 번 믿으면 영원히 믿어서, 최종적으로 그리고 모든 경우에 "영생은 회심 때 결정된다[즉 최종적으로 그리고 취소 불가능하게 결정된다]"(74쪽)고 생각하는 것일까?[61] 기독교 역사를 보아도 그렇고, 어쩌면 윌킨 자신의 경험에 비추어 보아도 한때 믿었던 이들이 나중에 더 이상 믿지 않는 경우가 수없이 많다는 것은 이미 너무나도 잘 알려진 바다.

예수의 경고 비유

마지막으로, 나는 예수의 경고 비유에 대한 윌킨의 해석도 그냥 지나칠 수 없다. 마태복음 24:48-51의 경고는 의심할 여지없이 너무나도 분명하다. 돌아온 주인은 "[신실하지 못한 종]을 엄히 때리고 외식하는 자가 받는 벌에 처하리니, [그는] 거기서 슬피 울며 이를 갈"게 될 것이다(마 24:51). 그렇다면 과연 윌킨은 이것이 단순히 "미래의 심판 때 구두(口頭)로 엄한 벌"을 받는 것(56쪽)을 의미한다고 생각할 수 있을까? 또한 마태복

61_ "만일 하나님이 신자들이 끝까지 인내하는 것을 보증해주신다면 그들은 경고가 있든 없든 간에 인내할 것이다. 그들이 아무리 노력한다고 해도 그들은 결코 탈락할 수 없을 것이다"(52쪽).

음 25:1-13의 경고도 똑같이 분명하다. 즉 준비되지 못한 처녀들은 혼인 잔치에 들어가지 못하고, 그들에게 신랑은 "내가 너희를 알지 못하노라"고 말할 것이다(마 25:10-12). 그렇다면 과연 윌킨은 이것이 단순히 그들이 "등불 댄스파티 및 다른 결혼 축제에서 배제될 것"이지만, "아브라함과 이삭과 야곱과 함께 천국에 앉을 것"임을 의미한다고 생각할 수 있을까?

나는 마태복음 25:14-30에 대한 윌킨의 해석 역시 빈약하다고 말하지 않을 수 없다. "무익한 종"은 "바깥 어두운 데로 내쫓기고, 거기서 슬피 울며 이를 갈게 될" 것이다(마 25:30). 윌킨은 진정 예수가 "바깥 어두운 데"와 "바깥은 어둡지만 환한 불이 밝혀진 혼인 잔치의 연회장"을 단순히 대조하려고 하셨을 뿐, 무익한 종은 아무튼 그 "안에" 들어갔다는 것을 우리더러 믿으라는 것일까?(59쪽) 마태는 자신의 복음서에서 동일한 어구를 여러 차례 사용한다. "바깥 어두운 데 쫓겨나다"(마 8:12; 22:13; 25:30)에 해당하는 다른 표현으로는 "불"(3:10; 7:19), "꺼지지 않는 불"(3:12), "지옥 불"(5:22; 18:9), "풀무 불"(13:40, 42, 50), "영원한 불"(18:8, 25:41)에 던져져 "거기서 울며 이를 갈게 되리라"(8:12; 13:42, 50; 22:13; 24:51; 25:30) 등이 있다. 이것이 그 나라에서 쫓겨난 자들(8:12; 13:42), "의인"과 구별되는 "악인"(13:50), 예복이 없는 사람(22:13), "마귀와 그 사자들"(25:41)이 맞이하게 될 운명이기 때문에, "무익한" 신자들이 훨씬 덜 가혹하고 덜 영원한 고통에 처하게 될 것이라는 부드러운 해석이 들어설 여지가 전혀 없다. 그렇지 않은가? 아니면 연옥에 대한 믿음을 다시 부활시켜야 할까?[62]

62_ 그러나 마 25:31-46과 관련하여 Wilkin은 **비신자들에게는** 양과 염소의 심판이 "단순히 공소사실 심문(arraignment)에 불과하다. 그들은 최종 판결을 기다리기 위해 음부로 보내진다"(62쪽)라고 생각한다. 그렇다면 첫 번째 심판은 결국 모든 사람에게 해당되는 것이 아닌가?

요약

일방적인 주장을 내세우면서 '페티티오 프린키피이'(*petitio principii*, 선결 문제 요구의 허위[해결되지 않은 전제에 기초를 두고 논점을 세우는 논리적 오류를 가리킴 — 역자 주])를 범하는 주해는 결코 만족스러운 결과를 낳을 수 없다.

논평

마이클 P. 바버

먼저 논문을 써주신 로버트 윌킨에게 감사의 마음을 전한다. 그의 접근법은 신약성서에서 수차례 반복되는 진리, 즉 하나님은 자신의 약속에 신실하시며, 구원은 하나님이 값없이 주시는 은혜의 선물의 결과라는 사실을 강조하려는 것이다. 내 논문을 읽어보았다면 누구나 알 수 있듯이, 가톨릭 학자인 나는 이러한 신앙에 동조한다. 나는 복음을 선포하려는 그의 열정에 감사한다.

이러한 일치점에도 불구하고, 나는 성서 본문에 대한 그의 구체적인 해석은 설득력이 없다고 생각한다. 나는 여기서 그의 모든 주장에 대해 하나씩 짚어가면서 논평할 수 없기에 네 가지 주요 항목에만 집중하려고 한다.

은혜와 선한 행위는 실제로 서로 대립하는가?

여러 본문에 나타난 "구원"과 "상"을 구분하려는 윌킨의 시도는 궁극적으로 구원은 오직 은혜로 얻는다는 그의 신념에서 나온다. 나도 그 신념에 공감한다. 하지만 나는 그가 은혜라는 하나님의 선물과 이에 대한 신자의 반응 사이에 존재한다고 전제하는 이분법에 이의를 제기하고 싶다. 윌킨은 은혜가 진실로 은혜가 되려면 그 은혜는 인간의 모든 노력이 완전히 배제되어야만 한다고 주장하는 듯하다.

나는 이에 대해 다른 입장을 취한다. 하나님의 은혜를 받기 이전에 행한 선한 행위가 결코 사람을 구원할 수 없다는 것은 엄연한 사실이다(엡 2:8). 그러나 일단 은혜로 그리스도와 연합된 신자는 선을 행할 수 있는 능력을 얻게 된다(엡 2:9-10). 신자가 행한 선한 행위는 그리스도의 행위로 인정된다. 구원에 이르는 믿음이 "하나님의 일"(요 6:29)이듯이, 신자가 행한 선한 행위는 실제로 그리고 진실로 하나님이 신자 안에서 행하신 일이다. 신자가 행한 선한 행위는 **그리스도의** 행위다(참조. 갈 2:20; 빌 2:12-13; 엡 3:20). 히에로니무스와 같은 교부들도 이런 방식으로 설명했다.[63] 이러한 행위는 인간의 노력 때문이 아니라 **은혜 때문에** 공로가 된다. 이것이 바로 신약성서가 선한 행위의 구원론적인 가치(예. 약 2:24-26)를 언급하는 이유이며, 또한 우리가 본문을 주해할 때 이와 같은 본문들을 교묘하게 설명해버리고 넘어가려고 애쓸 필요가 없는 이유다.

구원과 상

따라서 선한 행위를 구원과 구분되는 "상"과 연계시키려는 윌킨의 시도는 난관에 부딪힐 수밖에 없다. 톰 슈라이너는 자신의 논문에서 구원과 선한 행위를 서로 연계하는 신약성서 본문을 부각시키는 작업을 훌륭하게

63_ 예컨대 히에로니무스의 엡 2:8에 대한 설명을 보라(*PL* 26:469A-470A [575-576]).

수행한다.[64] 사실 윌킨은 신약성서에서 구원이 은유적으로, 즉 예를 들면 "상", "상급" 혹은 "면류관"과 같은 말로 묘사될 가능성을 선험적으로 배제하는 듯하다. 이것은 예수의 비유와 같은 내용을 다룰 때 특별히 문제시된다. 왜냐하면 예수의 비유들은 장르상 영적 실재들에 관해 **풍유적으로** 말하기 때문이다.[65] 이는 윌킨으로 하여금 특이한 해석을 내놓게 만든다.

예를 들어, 윌킨은 열 처녀 비유(마 25:1-13)를 최후의 심판에 관한 언급이 아니라 환난 때 끝까지 인내해야 한다는 가르침으로 해석한다. 그에 따르면, 혼인 잔치에서 제외된 자들은 바로 상("왕 노릇")을 받지 못할 자들이다. 윌킨의 독법은 내가 보기에 개연성이 전혀 없다. 의미심장하게도 그는 자신의 견해에 동의하는 주석가를 아무도 인용하지 않는다. 우리가 마태복음의 다른 본문(마 22:1-10)에서 확인할 수 있듯이, 예수는 천국을 구체적으로 혼인 잔치(마 25:1) — 그리스도와 함께 왕 노릇 하는 것이 아니라 — 에 비유하신다.

최후의 심판에 관한 이미지 역시 간과하기 어렵다. 문밖에 남겨진 처녀들이 "주여, 주여, 우리에게 문을 열어 주소서"라고 외칠 때 신랑은 "진실로 너희에게 이르노니 '**내가 너희를 알지 못하노라**'"라고 대답한다(마 25:11-12).[66] 예수는 다른 본문에서도 "주여, 주여"라고 부르는 많은 이들이 "천국에 들어가지" 못할 것이라고 말씀하신다(마 7:21-23). 이들은 "**내가 너희를 도무지 알지 못하니**, 불법을 행하는 자들아, 내게서 떠나가

64_ 예컨대 Schreiner가 롬 2:6-10(120-121쪽), 갈 6:8(126쪽), 벧후 1:5-11(144쪽)을 설명하는 것을 보라.

65_ 최근 학계는 예수의 비유의 풍유적(allegorical) 특성을 강조한다. Klyne Snodgrass, *Stories with Intent: A Comprehensive Guide to the Parables of Jesus* (Grand Rapids: Eerdmans, 2008), 15-17; Arland J. Hultgren, *The Parables of Jesus: A Commentary* (Grand Rapids: Eerdmans, 2002), 12-14를 보라.

66_ 예컨대 David L. Turner, *Matthew* (BECNT; Grand Rapids: Baker Academic), 596; Donald Hagner, *Matthew* (WBC 33; Dallas: Word, 1998), 729를 보라.

라"는 말을 듣게 될 것이다. 이러한 유사한 본문을 통해 윌킨은 정말 어리둥절할 만한 해석을 내놓는다. 즉 그 사람은 구원은 받을 수 있으나 주님을 모를 수도 있다는 것이다.

윌킨은 또한 일반적으로 동의어로 알려진 표현들을 다르게 해석한다. 그는 "나라를 상속받다"와 "영생을 얻다"를 동일시하는 것은 "오류"라고 말한다(61쪽). 하지만 복음서를 살펴보면 이 용어들의 유연성을 확인할 수 있다. 이에 대한 좋은 실례가 산상 설교에서 발견된다. 산상 설교 가운데 전형적으로 "여섯 가지 대구법"[67]으로 알려진 단락(마 5:21-48)은 다음과 같은 예수의 진술 다음에 나온다. "너희 의가 서기관과 바리새인보다 더 낫지['페리쎄우세'] 못하면 결코 **천국에 들어가지 못하리라**"(마 5:20; 강조는 덧붙여진 것임). 학자들은 이 표현이 산상 설교의 마지막 단락인 원수를 사랑하라는 교훈(5:43-48)을 반영한다고 본다.[68] 재차 강조하지만, 여기서도 "낫다"라는 용어가 등장하지만, 이번에는 "상"을 받는 것에 관한 진술과 연관되어 나타난다.

> "너희가 너희를 사랑하는 자를 사랑하면 너희가 무슨 **상**['미스톤']을 받겠느냐? 세리도 **같은 일을 행하지** 않느냐? 또 너희가 너희 형제에게만 문안하면 너희가 하는 일이 **나은**['페리손'] 것이 무엇이냐? 이방인들도 **같은 일을 행하지** 않느냐?"[69](강조는 덧붙여진 것임)

67_ "대구법"(즉 율법과 "대치되는" 가르침)이라는 용어가 이 단락의 내용을 정확하게 대변하지는 않지만, 나는 이 용어가 단순히 산상 설교 중 이 단락을 묘사하는 통상적인 용어라는 점에서 그대로 사용한다.

68_ 참조. Ulrich Luz, *Matthew 1-7* (Hermeneia; trans. J. E. Crouch; Minneapolis: Fortress, 2007), 289; Alan Stanley, *Did Jesus Teach Salvation by Warks? The Role of Works in Salvation in the Synoptic Gospels* (ETSMS; Eugene, OR: Wipf & Stock, 2006), 274; E. M. Sidebottom, "'Reward' in Matthew 5.45, etc.," *ExpTim* 67 (1956-1957), 219.

69_ 여기서 나는 Alan P. Stanley, *Did Jesus Teach Salvation by Works?,* 274의 번역을 인용한다.

여기서 "상"을 받는 것과 더 "나은" 무언가를 행하는 것은 당연히 동의어적인 의미를 나타내면서 서로 연계되어 있다. 마태복음 5:20이 "더 나은 의"를 "천국에 들어가다"라는 표현과 서로 연계시키고 있기 때문에 "천국에 들어가는 것"과 "상"이 서로 다른 개념을 나타내고 있다고 보기는 어렵다.

이와 마찬가지로 구원의 개념을 전달하기 위해 다른 용어를 사용한 사례는 내가 내 논문에서도 다룬 바 있는 마태복음 19장에도 등장한다. "영생을 얻으려면" 무엇이 필요한지에 관한 질문에 대해 예수는 "생명에 들어가는 것"에 관한 진술(마 19:17)로 답변하신다. 청년이 떠나간 후 예수는 부자가 "천국에 들어가는" 것이 얼마나 어려운지를 바로 이 특정 어구를 두 차례나 언급하며 설명하신다(19:23-24). 여기서 예수가 염두에 두고 계신 것이 구원이라는 사실은 이어지는 제자들의 질문에서 더욱 분명히 드러난다. "그렇다면 누가 구원을 얻을['소테나이'] 수 있으리이까?"(마 19:25). 예수는 지금 자신은 구원에 관해 말씀하시는 것이 아니라며 제자들의 질문을 수정하지 않으신다. 오히려 이 본문은 예수가 "영생을 상속받을" 자가 누구인지를 묘사하는 말씀으로 끝마친다(19:29).

과연 이 용어들("영생을 얻음", "생명에 들어감", "천국에 들어감", "구원을 얻음", "영생을 상속받음")은 정말 서로 다른 실재를 가리키는가? 윌킨과 같은 이들은 예수의 가르침이 내포하고 있는 의미가 구원에서 다른 어떤 것으로 왔다 갔다 한다고(그리고 다시 되돌아간다고?) 주장할지는 몰라도, 이것은 억지스러운 해석에 불과하다. 청년은 주님으로부터 직접 요청을 받았고, 그 의미를 분명하게 이해했지만, 그 요청을 단호하게 거절했다. 그의 거절은, 제자들의 반응이 분명히 말해주듯이(마 19:25), 단순히 상을 잃어버린 것 그 이상을 의미한다. 분명히 말하지만, 이 본문을 놓고 이 부자 청년은 구원을 받을 수 없다고 결론짓는 것은 옳지 않다. 예수는 계속해서 이렇게 말씀하신다. "하나님으로서는 다 하실 수 있느니라"(마 19:26). 이어서 나오는 20:1-16의 비유는 하나님의 자비를 더욱더 강조한다. 그럼에도 불구하고 마태복음 19장의 문맥에서 가장 결정적으로 중요한 것이 바로 구원이라는 사실은 의심의 여지가 거의 없다.[70]

인내는 필수적인가?

윌킨은 인내가 구원에 필수적이 아니라고 주장한다. 그는 믿음을 가진 이들이 영생을 얻을 것이라고 말하는 여러 본문을 근거로 제시한다. 예를 들어 그 유명한 요한복음 3:16은 "하나님이 세상을 이처럼 사랑하사 독생자를 주셨으니, 이는 그를 믿는 자마다 멸망하지 않고 영생을 얻게 하려 하심이라"라고 말한다. 하지만 개신교 학자들도 이미 지적한 바와 같이, "믿다"에 해당하는 그리스어 단어의 현재 시제('피스튜온')는 구원이 단순히 믿음이라는 단회적인 행위에 달려 있기보다는 "누구든지 그를 **지속적으로 믿는** 자마다…영생을 얻게 하려 하심이라"로 이해하는 것이 가장 바람직하다(강조는 덧붙여진 것임).[71]

또한 윌킨은 성서에서 구원이 과거, 현재, 미래에 해당하는 실재를 가리킨다는 사실을 무시하는 듯하다(예. 갈 6:7-9과 엡 2:8-9에 대한 그의 논의). 나는 내 논문에서 이 측면에 대한 성서의 가르침을 보다 심도 있게 다

70_ 개신교 해석자들은 이에 동의한다. 예컨대 W. D. Davies, Dale C. Allison, *Matthew* (3 vols.; ICC; London: T&T Clark, 1988-1997), 3:47-48; D. A. Carson, "Matthew" (EBC; ed. Frank E. Gaebelein; Grand Rapids: Zondervan, 1995), 8:423-424를 보라.

71_ 참조. Alan P. Stanley, *Salvation Is More Complicated Than You Think* (Downers Grove, IL: InterVarsity Press, 2012), 164-165(Craig Keener, *The Gospel of John: A Commentary* [Peabody, MA: Hendrickson, 2003], 1:570을 인용); George Beasley-Murray, *Gospel of Life: Theology in the Fourth Gospel* (Peabody, MA: Hendrickson, 1991), 107.

룬다. 다만 여기서는 사람이 현재에는 구원을 경험할 수 있어도 미래에는 구원에 이르지 못할 수도 있다는 주장이 전혀 일관성이 없는 것이 아님을 밝히는 것만으로도 충분하다.

성서는 이것이 실제로 가능하다는 것을 분명하게 밝힌다. 제임스 던은 자신의 논문에서 이러한 내용을 가르치는 다수의 본문을 제시한다(예컨대 갈 5:4를 참조하라). 그런데 나는 이와 관련하여 요한복음 15장이 가장 명료한 본문이라고 생각한다. 여기서 예수는 자신을 "참 포도나무"로, 신자들은 "가지"로 묘사하신다. 그럼에도 불구하고 예수는 일부 가지가 포도나무에서 **제거**될 수 있다고 말씀하신다.

> 나는 포도나무요 너희는 가지라. 그가 내 안에, 내가 그 안에 거하면 사람이 열매를 많이 맺나니, 나를 떠나서는 너희가 아무것도 할 수 없음이라. 사람이 내 안에 거하지 아니하면 가지처럼 밖에 버려져 마르나니, 사람들이 그것을 모아다가 불에 던져 사르느니라(요 15:5-6).

예수는 비록 자기 안에 "거하는" 혹은 "남아 있는"[72] 자를 가지로 묘사하지만, 그럼에도 계속해서 이 가지 중 일부는 "버려지고"('에블레테'), "마르고"('엑세란테'), "불에 던져 사를"('에이스 토 퓌르 발루신 카이 카이에타이') 수 있다고 말씀하신다.

윌킨은 자신의 논문에서 이 본문을 언급하지는 않지만, 그의 저서에서는 이에 대해 논의한다.[73] 그는 이 본문이 신자들에 대한 **일시적 심판**에

72_ 그리스어 단어 '메노'는 '거하다' 또는 '남다'로 번역될 수 있다. George Beasley-Murray, *John* (WBC 36; 2nd ed.; Dallas: Word, 1999), 272의 논의를 보라.

73_ Robert N. Wilkin, "The Gospel According to John," *The Grace New Testament Commentary* (ed. R. N. Wilkin; Denton, TX: Grace Evangelical Society, 2010), 357-479.

관하여 말한다고 주장한다. 신약성서 다른 곳(예. 벧전 1:6-7)에서는 신자들의 연단이 "불로 연단하는[시험받는] 것"으로 묘사되는 것이 사실이지만, 여기서는 그것을 의미하는 것 같지 않다. 윌킨은 이렇게 주장한다. "주님은 여기서 **다 태워져버리다**(be burned up)라는 아주 강한 동사를 사용하기보다는 **태워지다**(be burned)라는 덜 강한 동사를 사용했기 때문에, 그는 열매를 맺지 못하는 신자가 이 불사름에 반응하여 다시 열매를 맺게 될 가능성을 열어두고 계신다."[74]

이것은 억지스러운 해석이다. 첫째, 여기서 "불사름"이 멸망을 가리키지 않는다면, 나는 포도 재배 은유를 어떻게 달리 이해해야 할지 모르겠다. 도대체 어떤 포도원 농부가 가지를 다시 회복시키려고 이를 잘라내 "불사른"단 말인가? 키너(Keener)가 지적하듯이, 가지를 불사른다는 것은 당연히 멸망의 의미를 내포한다.[75] 둘째, 윌킨의 주장과는 대조적으로, 그리스어 원문에는 일시적 심판을 가리킬 만한 암시가 전혀 없다. 아울러 마태복음 13:30에 언급된 불사름에도 주목할 필요가 있다. 거기서 예수는 최후의 심판에서 악인이 불에 "살라질[태워질]('카타카이오') 것이라고 말씀하신다.

따라서 다수의 개신교 주석가가 동의하듯이, 요한복음 15장은 그리스도와 연합한 자 가운데 일부가 사실상 그리스도로부터 잘릴 수 있음을 분명히 천명한다. 이것이 자기 안에 **거하라**는 예수의 명령과 가장 잘 어울린다. 말하자면, 그 안에 거하지 **않을** 수도 있는, 즉 그로부터 분리될 가능성도 여전히 남아 있다는 것이다.[76] 잘려진 가지들을 단순히 그리스도

74_Ibid., 450.

75_Keener, *The Gospel of John,* 2:1002. 또한 이 책에 담긴 Schreiner의 논문도 보라. "가장 자연스러운 해석은 불사른다는 것이 최후의 심판을 가리킨다는 것이다"(142쪽).

76_Ibid., 2:998-1002.

인처럼 "보인" 자들로 해석하려는 시도(예. 칼뱅)[77] 역시 설득력이 없기는 마찬가지다. 휘태커(Whitacre)가 말하듯이, "예수는 '내 안에 거하는 것처럼 보이는 자'라고 말씀하시지 않고 **내 안에** 있는 모든 가지라고 말씀하신다."[78]

구원의 확신

나는 "구원의 확신"에 관한 문제를 제기하는 것으로 이 논평을 마치고자 한다. 가톨릭교회의 가르침에 따르면, 신자들은 확실성에 대한 확신보다는 "소망"에 대한 확신을 갖고 있다.[79] 성서가 사용한 언어는 절대적 확실성이 아니라 소망이다(예. 롬 8:24-25; 갈 5:5; 엡 4:4; 골 1:5). 아퀴나스의 설명대로, 신자가 바라는 소망은 우리가 이미 얻은 것 — 예컨대 신자의 믿음 행위에 힘입어 — 에 있지 않고 약속에 대한 하나님의 자비와 신실하심에 있다.

그렇다고 해서 우리가 염려에 사로잡힐 필요는 없다. 가톨릭교회의 견해를 이런 식으로 폄훼하려는 시도는 크게 잘못된 것이다.[80] 예를 들어 끝까지 인내할 선택받은 자 가운데 나 바이클 바버가 들어 있다고 말하

77_John Calvin, *The Gospel according to St. John: Part Two, 11-21 and the First Epistle of John* (trans. T. H. L. Parker; Grand Rapids: Eerdmans, 1959),

78_Rodney A. Whitacre, *John* (IVPNTC; Downers Grove, IL: InterVarsity Press, 1999), 373-374.

79_Thomas Aquinas, *Summa Theologiae* II-II, q. 18, art. 4를 보라. Stephen Pfurtner, *Luther and Aquinas on Salvation* (trans. E. Quinn; New York: Sheed and Ward, 1964), 51-116에 나오는 탁월한 논의도 참조하라.

80_Michael Schmaus, *Justification and the Last Things* (Dogma 6, London: Sheed and Ward, 1977),114-115를 보라.

는 하나님의 계시는 그 어디에도 없다. 그럼에도 가톨릭교회의 가르침은 성서가 구원에 대한 약속을 성례와 연계시키고 있다는 사실을 인정한다(예. 벧전 3:21). 비록 우리는 우리 자신이 선택을 받은 자 가운데 속해 있다는 확고부동한 확신을 갖고 있지는 못하지만, 그래도 우리는 하나님의 약속에 대한 분명한 확신을 갖고 있다(히 10:23). 우리는 우리 스스로가 진실로 참된 믿음을 소유하고 있는지 분간하기 위해 정신 분석까지 할 필요는 없다. 우리의 믿음의 대상은 **그리스도**이지, 우리 자신의 구원에 대한 지식이 아니다. 그리스도는 성례 가운데 역사하시는 분이다. 나는 연약하고 변덕스럽기 때문에 하나님을 떠날 수도 있고 그의 구원을 거부할 수도 있다(또한 그는 나의 선택을 존중하실 것이다). 그럼에도 불구하고 내가 그분 안에 거하면, 그는 나를 실망시키시지 않을 뿐만 아니라 계속해서 내 안에 거하실 것임을 나는 잘 알고 있다(요 15:1-10).

2

행위와 상관없는 칭의와 행위에 의한 칭의

최후의 심판에서 행위는 칭의를 확증할 것이다[1]

토머스 R. 슈라이너

1_ 나는 이 논문에 대한 논평과 이에 대한 유익한 제안을 많이 해준 데 대해 Alan P. Stanley에게 감사의 뜻을 전하고 싶다. 비록 내가 그의 제안을 모두 수용하지는 않았지만, 본 논문은 그 이전보다 더 나아졌다고 확신한다.

나는 먼저 이 논문의 제목이 다소 오해의 소지가 있다는 사실을 미리 밝혀두고 싶다. 왜냐하면 나는 나의 논의를 칭의로 제한하지 않고 구원과 관련하여 행위의 역할도 함께 고찰할 것이기 때문이다.[2] 물론 칭의와 구원이 동일한 것을 의미하지는 않지만, 서로 밀접하게 연관되어 있는 것은 사실이다. 지면 관계상 내가 여기서 제시하는 여러 정의를 모두 변호할 수는 없지만, 나는 칭의를 신적 심판자 앞에서 무죄 선언을 받는 것으로 정의한다.[3] 의롭다 함을 받은 자는 하나님 앞에서 "무죄"를 선고받는 것이다. 더 나아가 이 논문에서 칭의는 종말론적 실재로 이해된다. 따라서 신자들이 지금 믿음으로 받는 "무죄" 판결은 최후의 심판에서 온 세상이 보는 앞에서 확증된다. 이와는 대조적으로 구원은 사람이 구조되거나 건짐을 받았음을 의미한다. 여기서는 마지막 날에 하나님의 진노 또는 처벌로부터 구조되는 것에 초점이 맞추어져 있다.

나는 다른 곳에서 칭의가 구원론적인 용어임을 보여주는 글을 쓴 바 있다.[4] 따라서 칭의와 구원은 모두, 사람이 하나님 앞에서 옳다고 인정받

2_ 사실은 다른 여러 구원론적인 실재도 여기저기에 포함될 것이다.

3_ 칭의에 관한 최근 연구는 *Justification: Five Views* (ed. James K. Beilby and Paul R. Eddy; Downers Grove, IL: InterVarsity Press, 2011, 『칭의 논쟁: 칭의에 대한 다섯 가지 신학적 관점』, 새물결플러스 역간)를 보라. *Credo* 1 (2011), 78-79에 실린 나의 논평도 참조하라(www.credomag.com/issues/October%20 Spread%202011.pdf).

4_ Thomas R. Schreiner, "Justification: The Saving Righteousness of God in Christ," *JETS* 54 (2011), 22-28을 보라.

거나 구원을 받든지 혹은 하나님 앞에서 정죄를 받거나 멸망을 당하든지 간에, 인간이 심판 날에 하나님 앞에 서는 문제를 다룬다. 나는 또한 "상관없는"(apart from)과 "~에 의한"(by)이라는 표현을 지나치게 전문적인 의미로 사용하지 않는다는 것을 미리 밝혀두고 싶다. 이 논문에서 나는 우리가 행위에 "의해"(by) 구원을 받거나 의롭다 함을 받지 않는다고 주장할 것이다. 따라서 논문 제목에 등장하는 전치사는 전문적인 의미를 담고 있지 않다. 우리는 제목의 의미를 전치사에 의존하기보다는 본 논문의 내용에 따라 이해해야 한다.

나는 또 다른 주의 사항 하나를 덧붙이겠다. 지면 관계상 나는 본 논문의 범위를 주로 바울 서신과 야고보서로 제한할 것이다. 나는 다만 논문 말미에 가서 다른 본문들을 간략하게 언급할 것인데, 그 이유는 그 본문들 역시 우리가 다루고자 하는 문제에 관해 언급하고 있기 때문이다. 하지만 나는 여기서 이 주제를 완벽하게 조사할 의도가 전혀 없다. 나의 목표는 바울 서신과 야고보서를 비롯한 다른 몇몇 신약성서 본문에 대한 조사를 통해 우리가 칭의에서 행위가 담당하는 역할에 대한 논점을 제대로 파악하는 데 있다. 마지막으로, 나는 신약성서에 담긴 모든 서신이 친서임을 전제한다. 어떤 이들이 이 의견에 동의하지 않는다고 하더라도, 문제의 서신들이 성서로서의 권위를 소유하고 있다고 믿는 한, 본 논증은 큰 영향을 받지 않을 것이다.

본 논문의 구조는 다음과 같다. 첫째, 나는 바울 서신 중 칭의 또는 구원은 결코 행위로 받을 수 없다는 사실을 가르치는 본문들을 검토한다. 둘째, 나는 이어서 행위가 칭의 또는 구원에 필수적이라고 말하는 본문을 다루고, 또 이어서 이 방법론을 야고보서 본문에도 동일하게 적용한다. 야고보는 모든 사람이 완전하지 못하기 때문에 모두가 심판 날에 자비를 필요로 한다고 가르친다. 이와 동시에 그는 선한 행위가 칭의에 필수적이라고 주장한다. 바울 서신과 야고보서에 나타난 행위의 역할에 대한 균형 잡힌 시각을 확보하려면 우리는 이 두 서신의 본문을 모두 탐구하지 않으면 안 된다. 만일 우리가 행위가 칭의에 필수적이라고 말하는 본문만을 다룬다면—심지어 우리가 그런 본문에 초점을 맞추더라도—우리는 바울과 야고보가 말하고자 하는 바를 해석하는 데 필요한 관점을 제대로 갖추지 못할 것이다. 이 두 측면(행위와 **상관없는** 칭의와 행위에 **의한** 칭의)은 본 논문이 요구하는 형식의 범위 안에서 탐구되고 설명되어야 한다. 그렇지 않을 경우 이 두 범주의 진술 사이에 도사리고 있는 긴장 관계는 온전히 파악될 수 없을 것이다.

바울 서신과 야고보서를 검토한 다음 나는 다른 신약성서 본문을 검토한 내용을 간단하게 소개할 것이다. 그리고 나는 "신학적 반추"라는 제목이 붙은 단락으로 내 논문을 마무리할 것이다. 나는 여기서 바울 서신과 야고보서를 비롯해 다른 신약성서의 글에서 나타나는 딜레마에 대해 내 나름대로의 해결 방안을 제시하면서, 행위가 칭의에 필수적이지만 칭의의 기초 또는 기반으로 간주돼서는 안 된다고 논증할 것이다. 행위는 칭의에 대한 필수적인 증거 또는 열매다.

바울 서신에 나타난 행위와 상관없는 칭의

갈라디아서에 나타난 칭의와 율법의 행위

바울은 자신의 서신에서 여덟 차례에 걸쳐 칭의 또는 성령 받음이 율법의 행위를 통해 이루어지는 것이 아니라고 가르친다. 그는 갈라디아서 2:16에서 세 번씩이나 사람이 의롭게 되는 것은 율법의 행위에 의해서가 아니라 오직 예수 그리스도를 믿는 믿음을 통해서라고 천명한다.[5] 이 구절의 중요성은 아무리 과장해도 결코 지나치지 않다. 왜냐하면 이 구절은 이 서신의 논제가 담긴 부분, 즉 베츠(Betz)가 '프로포시티오'라고 부르는 단락에 속해 있기 때문이다.[6] 바울로 하여금 이와 같은 선언을 하도록 만든 동기는 유대인의 외적 표지(즉 안식일, 할례, 정결 예식 등 이스라엘을 특별히 다른 여러 민족과 구별하는 율법 규례를 지키는 것)였다. 사실 베드로는 이방인들에게 하나님의 백성이 되기 위해서는 음식법을 지켜야 한다고 강요했다(갈 2:11-14). 게다가 갈라디아서의 핫 이슈는 할례가 과연 구원을 위해 반드시 필요한 것인지였다(참조. 갈 2:3-5; 5:2-6; 5:11-12; 6:12, 13, 15). 이에 대해 새 관점은 하나님의 백성에 이방인을 포함시키는 문제가 바울신학의 주된 관심사였다는 올바른 판단을 내린다.[7] 그러나 갈라디아서의 쟁점이 유대인의 외적 표지에 국한된 것만은 아니다. 왜냐하면 "율법의 행위"는 율법 전체를 총망라하기 때문이다.[8] 갈라디아서에 나타난 문제는 분명 율법 준수가 칭의에 필수적인지에 관한 보다 더 포괄적인 질문을 포함한다(갈 2:21).

칭의는 율법의 행위로 얻을 수 없다. 왜냐하면 율법은 하나님 앞에 서기에 합당한 완전한 순종을 요구하기 때문이다. 갈라디아서 3:10은 이 부

5_ 예수 그리스도를 믿는 믿음에 관한 상세한 논의는 *The Faith of Jesus Christ: Exegetical, Biblical, and Theological Studies* (ed. Michael F. Bird and Preston Sprinkle; Peabody, MA: Hendrickson, 2009)를 보라. 나는 목적격 소유격 용법("그리스도를 믿는 믿음")을 지지하는 견해가 더 설득력이 있다고 생각한다.

6_ 갈라디아서의 개요에 관해서는 그의 주석을 참조하라. Hans Dieter Betz, *Galatians: A Commentary on Paul's Letter to the Churches in Galatia* (Hermeneia, Philadelphia: Fortress, 1979).

7_ 더 많은 참고 문헌을 인용할 수 있지만, James D. G. Dunn, *The New Perspective on Paul: Collected Essays* (WUNT 185; Tübingen: Mohr Siebeck, 2005)를 보라.

8_ 참조. Thomas R. Schreiner, *Galatians* (ZECNT; Grand Rapids: Zondervan, 2010), 157-161.

분을 분명하게 밝힌다.[9] 할례와 모세의 율법 준수의 길을 선택한다면 우리는 의롭다 함을 얻기 위해 율법에 담긴 **모든 것**을 지켜야만 한다. 시내산 율법도 사람이 죄를 범하였을 때 제사를 통해 죄 사함을 받은 길을 열어 놓았기 때문에 여기에는 구속사적 논증도 들어 있다. 하지만 바울의 논증에 의하면 이러한 제사는 더 이상 효력이 없다. 왜냐하면 이제는 그리스도가 오셔서 죄를 사하는 최종적인 제사를 단번에 드리셨기 때문이다.[10] 따라서 이 저주를 면할 수 있는 **유일한** 길은 오직 그리스도의 십자가뿐이다. 왜냐하면 그분은 우리 인간이 받아야 할 저주를 스스로 받으셨기 때문이다(갈 3:13). 자기 자신을 율법 아래에 두고, 구원을 위해 할례에 의존하는 이들은 그리스도에게서 끊어질 수밖에 없으며(갈 5:2-4), 그들이 살 수 있는 유일한 방법은 율법 전체를 지키는 것뿐이다(갈 5:3). 그러나 율법을 완전히 지킬 수 있는 사람은 아무도 없기 때문에 율법의 길을 택한다는 것은 아무런 소망이 없을뿐더러 헛수고에 불과하다.

갈라디아서는 인간의 행위로는 의롭다 함을 받을 수 없다고 분명히 가르친다. 의는 율법이 아니라 믿음을 통해 온다(갈 3:11-12).[11] 바울은 할례와 율법 아래서 살고자 하는 욕망에 반대한다(갈 4:21). 왜냐하면 율법은 죄를 억제하기는커녕 오히려 죄를 더 증가시키기 때문이다. "율법 아래"에서 사는 이들(갈 3:23; 4:4, 5, 21; 5:18)[12]은 "저주 아래" 있고(갈 3:10), "죄

9_ 추가적인 논의는 ibid., 203-207을 보라.

10_ 특히 A. Andrew Das, *Paul, the Law, and the Covenant* (Peabody, MA: Hendrickson, 2001), 113-144를 보라.

11_ 갈라디아서에서 말하는 의가 법정적 개념임을 지지하는 입장으로는 Douglas J. Moo, "Justification in Galatians," in *Understanding the Time: New Testament Studies in the 21st Century: Essays in Honor of D. A. Carson on the Occasion of His 65th Birthday* (ed. Andreas J. Kostenberger and Robert W. Yarbrough; Wheaton: Crossway, 2011), 160-195를 보라.

12_ 하지만 그리스도는 예외다. 왜냐하면 그는 율법 아래에서 사셨고, 율법 아래에 있는 자들의 구속을 이루셨기 때문이다.

아래" 있으며(갈 3:22), "초등교사 아래" 있고(갈 3:25), "이 세상의 초등학문 아래에서 종노릇"하는 자들이다(갈 4:3). 율법은 인간의 악한 마음과 이기심, 그리고 우리 모두를 파멸시키는 자기 숭배의 욕망을 드러낸다. 행위는 "의롭다"는 판결을 이끌어내지 못한다. 왜냐하면 율법은 죄를 억제하기는커녕 오히려 죄라는 수문을 열어놓기 때문이다. 바울은 이 논제를 로마서 7장에서 재차 반복한다. 속이는 능력을 가지고 있는 죄는 율법을 통제하며, 더 많은 죄를 생산하기 위해 율법을 아군으로 활용한다(참조. 롬 5:20; 7:8-11). 바울이 고린도전서 15:56에서 말하듯이, "죄의 권능은 율법"이다.

갈라디아서에서 칭의는 율법이 아니라 그리스도를 믿는 믿음을 통해 얻는다(참조. 갈 3:8, 11, 24). 따라서 갈라디아서에서 그리스도의 십자가가 결정적인 역할을 하는 것은 조금도 놀라운 일이 아니다.[13] 신자들은 그리스도가 자기 자신을 죽음에 내어주심으로 말미암아 "이 악한 세대"에서 건짐을 받았다(갈 1:4). 중간 지대란 없다. 의는 그리스도의 십자가를 통해 얻지 않으면 율법을 통해 얻는다(2:21). 칭의를 위해 율법의 길을 선택한 자들은 마치 마법에라도 걸린 듯 십자가를 보는 눈을 상실한다(3:1). 인간에게 임한 저주는 오직 그리스도가 그들의 저주를 대신 짊어지시고(3:13), 또 그의 죽음을 통해 율법으로부터 그들을 해방시키심으로써(4:4-5) 제거된다. 할례에 의존한다는 것은 십자가의 거리낌을 거부하는 것이다(갈 5:11). 왜냐하면 할례는 전적으로 인간의 행위에 중점을 두기 때문이며, 또 영광은 하나님이 아닌 인간에게 돌아가기 때문이다(참조. 1:5). 따라서 바울은 오직 십자가만을 자랑하는 반면(갈 6:14), 바울의 적대자들은 자기 자신들의 업적을 자랑한다(갈 6:12-13). 칭의는 결코 율법을 통해 얻을 수

13_ 갈라디아서에서의 십자가 중심성에 관해서는 Robert A. Bryant, *The Risen Crucified Christ in Galatians* (SBLDS 185, Atlanta: Society of Biblical Literature, 2001), 163-194를 보라.

없다. 왜냐하면 인간은 근본적으로 죄인이며, 단순히 개혁이 아니라 구속을 필요로 하기 때문이다. 우리에게 필요한 것은 구원이지, 우리의 악한 성향을 약간 손보는 것이 아니다.

로마서에 나타난 칭의와 행위

로마서도 갈라디아서와 동일한 궤도를 운행한다. 칭의는 결코 율법의 행위를 통해 얻지 못한다(롬 3:20, 28). 재차 강조하지만, 율법의 행위는 유대인의 외적 표지를 포함하며, 바울의 관심사는 새 관점이 우리에게 상기시킨 것처럼 이방인이 하나님의 백성 안으로 들어오는 것이었다. 하지만 바울이 유대인들을 향해 가지고 있었던 불만은 이방인들이 하나님의 백성으로부터 배제되는 문제가 아니었다. 바울은 유대인들이 지금까지 소중히 여기며 가르쳐왔던 율법을 정작 자신들도 지키지 못하는 데 초점을 맞추고 있다(2:21-24). 바울의 고발은 유대인들의 **도덕적** 결함(도둑질, 간음, 신전 물건 도둑질)에 초점이 맞추어져 있으며, 그들 역시 이방인들과 마찬가지로 불의하다는 것을 낱낱이 보여준다. 그들의 구속사적인 특혜에도 불구하고, 유대인들은 이방인들과 마찬가지로 하나님을 찾지도 않았고 그의 뜻을 행하지도 않았다(3:10-18). 죄로 인해 인간은 하나님 앞에서 말문이 막혔고(3:19), 율법은 인간의 죄를 드러내기 때문에 율법의 행위로는 의롭다 함을 얻을 수 없다(3:20).

따라서 의는, 우리가 갈라디아서를 통해서도 확인한 바와 같이, 오직 예수 그리스도의 속죄 사역을 통해서만 얻을 수 있다(롬 3:21-26). 예수는 우리가 마땅히 받아야 할 벌을 대신 받으심으로써 하나님의 진노를 누그러뜨리셨다. 따라서 칭의는 서로 주고받은 선물이며, 결코 인간의 자랑거리가 될 수 없고(3:27-28), 이로써 구원은 모든 인간에게 확대된다. 유대인과 이방인은 모두 동일한 방법으로, 즉 상을 받기 위한 행함으로써가 아니라 예수 그리스도를 믿음으로써 의롭게 된다(3:29-30).

로마서 4장에서 바울은 칭의에 관한 자신의 가르침을 확증하기 위해 유대인의 조상인 아브라함을 등장시킨다(참조. 갈 3:6-9). 여기서는 논의의 초점이 더 이상 "율법의 행위"가 아니라 "행위"에 맞추어져 있다. 이것은 결코 놀라운 일이 아니다. 왜냐하면 아브라함은 모세의 율법 아래에서 살지 않았고, 따라서 "율법의 행위"는 아브라함이 살았던 시대에는 맞지 않기 때문이다. 하지만 이것은 민족에 관한 문제가 본 논의에서 배제되어 있다는 말은 아니다. 왜냐하면 사람이 하나님의 백성이 되기 위해서 반드시 유대인일 필요는 없다는 것을 보여주는 차원에서 아브라함과 관련이 있는 할례의 역할이 로마서 4:9-12에서 다루어지고 있기 때문이다.

그럼에도 불구하고 민족에 관한 문제가 로마서 4:1-8에서 전면에 배치되어 있는 것은 아니다. 그 이유는 바울이 여기서 행위와 칭의에 관한 문제를 일반적으로 다루고 있기 때문이다. 따라서 바울은 4:2에서 만약 아브라함이 칭의를 얻기 위해 요구되는 행위를 행했다면 그는 자랑할 이유가 있다고 말한다. 여기서 "행위"라는 용어는 가장 폭넓은 의미로 사용되면서 사람이 행하는 것을 가리키며(참조. 9:11-12), 법규를 이행한다면 의의 기초가 되는 것을 말한다. 그러나 아브라함은 하나님 앞에서 필요한 행위가 결여되어 있었기 때문에 이 시험을 통과하지 못했다(4:2).

로마서 4:4은 2절에 대한 추가 설명이다. 필요한 행위를 행하는 자는 고용주를 위해 일하는 사람과 같다. 만약 그가 자신에게 요구되는 일을 한다면 그는 그에 대한 대가를 받는다. 그 대가는 그가 받는 보수다. 이와 마찬가지로 인간이 하나님이 요구하시는 행위를 행한다면, 그는 칭의를 그 대가로 받을 것이다. 만일 인간이 하나님이 요구하시는 것을 모두 지킨다면, 그는 분명히 하나님 앞에서 보상을 받고 옳다는 선언을 받게 될 것이다. 하지만 아브라함은 "경건하지 아니한 자"라는 판결을 받았다(4:5;

참조. 수 24:2). 따라서 아브라함은 창세기 15:6이 확증하듯이 행함으로가 아니라 믿음으로 의롭다 함을 얻는다(롬 4:3). 아브라함의 칭의는 경건하지 아니한 자의 칭의를 대변하며, 칭의는 행위와 상관이 없다는 것을 입증한다.

바울은 다윗을 두 번째 증인으로 소개한다(롬 4:6-8). 다윗은 죄 사함으로 정의되는 칭의의 복을 받았다. 다윗은 자신의 행위에 기초하여 의롭게 될 수 없었다. 왜냐하면 밧세바와의 간음과 우리아를 살해한 행위는 그가 죄 사함이 필요했음을 보여주기 때문이다. 또한 우리는 다윗이 회심 이후에 행한 행위에 기초하여 의롭게 되었다고도 말할 수 없다. 왜냐하면 다윗이 지은 죄는 그가 회심한 이후에 지은 것이기 때문이다. 따라서 우리가 칭의는 행위와 상관없다고 말할 때 우리는 그 행위를 회심 이전의 행위로 제한할 수 없다.[14] 칭의는 모든 행위와 상관이 없으며, 이는 칭의를 위해서는 완전함이 요구되는데, 모든 사람이, 심지어는 가장 경건한 성자라도, 이 완전함에 크게 못 미치기 때문이다(참조. 롬 9:30-10:13).

다른 바울 서신의 공헌

바울의 이러한 가르침은 다른 서신에서도 확인된다. 가장 중요하다고 할 수 있는 복음의 핵심은 예수 그리스도의 죽음과 부활을 통해서만 얻을 수 있는 죄 사함이다(고전 15:1-11). 인간에게 근본적으로 필요한 것은 바로 용서다.[15] 신자에게 필요한 것은 마지막 때에 나타날 하나님의 진노로부

14_ 이와 대조적인 견해는 Paul A. Rainbow, *The Way of Salvation: The Role of Christian Obedience in Justification* (Waynesboro, GA: Paternoster, 2005), 216-217을 보라.

15_ 롬 4:6-8을 보면 칭의와 죄 사함이, 서로 동일한 것은 아닐지라도, 서로 밀접하게 연관되어 있음을 분명히 알 수 있다. Thomas R. Schreiner, *Romans* (BECNT; Grand Rapids: Baker, 1998), 219를 보라.

터 구원받는 것인데, 예수가 바로 그 하나님의 종말론적 진노로부터 신자들을 구원하실 분이시다(롬 5:9-10; 살전 1:10; 5:9).

바울의 후기 서신도 동일한 진리를 설파한다.[16] 구원은 행위가 아니라 믿음으로 얻는다. "너희는 그 은혜에 의하여 믿음으로 말미암아 구원을 받았으니, 이것은 너희에게서 난 것이 아니요 하나님의 선물이라. 행위에서 난 것이 아니니, 이는 누구든지 자랑하지 못하게 함이라"(엡 2:8-9). 만일 인간이 하나님이 요구하시는 행위를 행한다면, 그는 자신이 하나님이 요구하신 것을 이행했으므로 그에 대한 보상으로 구원을 받아야 한다고 정당하게 주장할 수 있을 것이다. 그러나 구원은 그러한 행위에 기초하여 받는 것이 아니다. 왜냐하면 인간은 "허물과 죄로 죽었기" 때문이다(엡 2:1, 5). 인간은 육체의 소욕을 따라 행하고, 세상 풍조와 마귀의 지시를 따른다(엡 2:1-3). 따라서 구원은 행위에 기초하여 얻을 수 없다. 구원은 하나님의 놀라우신 사랑의 증거로, 그분이 우리에게 주시는 선물이다(엡 2:4; 참조. 엡 3:18-19).

우리는 이와 동일한 가르침을 디도서 3:3-7에서도 발견한다. 인간은 근본적으로 악하다. 우리 자신의 잔인함과 서로에 대한 미움이 이를 잘 보여준다. 하지만 하나님은 너무나도 각별한 사랑을 우리에게 보여주셨다. 하나님은 예수 그리스도를 통해 우리를 구원하셨다. 바울은 인간이 결코 행위로는 구원받지 못한다는 사실을 거듭 강조한다. 여기서 행위에 대한 바울의 정의는 "우리가 행한…의로운 행위"다. 인간의 행위는 결코 하나님의 검열을 통과하지 못하며 하나님이 제시하는 의의 기준을 충족시키지 못한다. 그리고 우리는 앞의 구절들을 통해 바울이 말하고자 하는

16_ 참조. I. Howard Marshall, "Salvation, Grace and Works in the Later Writings in the Pauline Corpus," *NTS* 42 (1996), 339-358.

바가 무엇인지를 잘 알고 있다. 인간은 악한 정욕을 좇아 악하고 미련하게 살면서 하나님의 뜻을 행하는 데 실패했다.

하지만 인간이 행한 악에서 모든 것이 끝나지 않는다. 왜냐하면 하나님께서 자신의 자비를 죄인들에게 쏟아부으셨기 때문이다. 하나님은 예수 그리스도를 신뢰하는 이들에게 은혜를 베푸셔서 성령을 통해 그들을 새롭게 하시고 거듭나게 하셨다. 따라서 예수에게 속한 자들은 자신들이 행한 행위에 기초해서가 아니라 성부, 성자, 성령의 구원 사역에 힘입어 의롭다 함을 얻는다(딤후 1:9-11도 참조하라).

결론

최후의 심판에서 행위가 담당할 역할을 논의할 때 우리는 바울 자신이 이에 관해 언급한 곳에서부터 시작해야 한다. 인간은 자신들이 행한 행위에 기초하여 의롭다 함을 얻거나 구원을 받을 수 없다. 왜냐하면 인간은 죄인이며 하나님의 기준에 미치지 못하기 때문이다. 그들은 건짐을 받고, 구속을 받고, 하나님과 화해해야 한다. 그들은 의롭다 함을 얻고 구원을 받아야 한다. 그들은 하나님의 가족으로 입양되기 위해 정결하게 씻음을 받아야 한다. 칭의는 행위와 아무런 상관이 없어야 한다. 왜냐하면 인간은 하나님이 요구하시는 것을 행하지도 않을뿐더러, 행할 수도 없기 때문이다. 따라서 인간의 의는 그들 자신 안에 있지 않고 그들의 주님이신 예수 그리스도 안에 있다.

행위에 의한 칭의

로마서 2장

로마서 2:6-10에 나타난 행위

앞에서 진행된 논의만을 놓고 보면 이 논의는 여기서 끝나는 것처럼 보이지만, 이 노래는 1절에서 끝나지 않고 계속 이어진다. 바울은 어떤 본문에서는 행위에 의한 칭의를 부인하지만, 또 다른 본문에서는 우리가 행위로 의롭게 된다고 가르친다. 로마서 2장에 기록된 바울의 행위에 관한 가르침은 놀랍다. 왜냐하면 이 본문은 바울이 행위로는 의롭게 될 자가 아무도 없다고 주장하는 로마서 1:18-3:20에 속해 있기 때문이다. 로마서 2:6에서 바울은 2:6-11 전체에 대한 논제, 즉 하나님은 "각 사람에게 그 행한 대로 보응"하신다는 주장을 펼친다. 7-10절은 이 진술의 의미를 교차 대구 구조로 풀어낸다.

A 하나님은 "참고 선을 행하여 영광과 존귀와 썩지 아니함을 구하는 자에게는 영생"을 주실 것이다(2:7).
 B 반면, 하나님은 악을 따르는 자들에게는 "진노와 분노"를 쏟아 부으실 것이다(2:8).
 B′ "악을 행하는" 자들에게는 유대인이나 헬라인을 막론하고 "환난과 곤고"가 있을 것이다(2:9).
A′ 그러나 "선을 행하는 자"에게는 "영광과 존귀와 평강"이 있을 것이다(2:10).

여기서 바울은 분명히 영생과 전혀 무관한 상에 관해 말하고 있는 것이 아니다. 7절은 "영생"이 사람의 행함에 따라 좌우된다는 사실을 분명하게 보여준다. 사실 로마서 1-3장의 문맥에 비추어 보면, 본문 전체를 관통하는 이슈는 사람이 과연 "진노의 날 곧 하나님의 의로우신 심판이 나타나는 그날에" 임할 최후의 심판을 면할 수 있느냐와 직결되어 있다(2:5). "하나님이 사람들의 은밀한 것을 심판하시는"(2:16) 그날에 율법 준수는 선택이 아니라 필수다. 왜냐하면 "오직 율법을 행하는 자라야 의롭다 하심을 얻기" 때문이다(2:13).

로마서 2:26-27

물론 많은 해석자들은 바울의 마지막 논증이 율법의 행위로는 아무도 의롭다 함을 얻지 못한다고 결론짓고 있기 때문에(롬 3:19-20), 바울은 로마서 2:6-10에서 가상적으로 말하고 있다고 생각한다.[17] 아무튼 이러한 해석은 두 본문 간의 긴장을 해소해주기는 하지만, 바울이 2:26-29에서 말하고자 하는 바를 감안하면 결코 만족스럽지 못한 해석이다.[18] 이러한 가상적인 해석은 2:26-29에 가서 실패하고 마는데, 이는 2:6-10을 가상적 진술로 읽어서는 안 된다는 사실을 재확인해준다. 왜냐하면 이 두 본문은 같은 문맥에 속해 있을 뿐 아니라 동일한 이슈를 다루고 있기 때문이다. 2:26-27은 다음과 같이 말한다.

> 그런즉 무할례자가 율법의 규례를 지키면 그 무할례를 할례와 같이 여길 것이 아니냐? 또한 본래 무할례자가 율법을 온전히 지키면 율법 조문과 할례를

17_ 예컨대 Douglas J. Moo의 로마서 2장 강해 (*Romans* [NICNT, Grand Rapids: Eerdmans, 1996], 125-177)를 보라.

18_ 바울이 롬 2:13-15에서 구원을 낳는 순종을 언급하는지에 대하여 격렬한 논쟁이 벌어졌다. 이 논문의 지면 제약으로 그리고 특히 롬 2:13-15의 논쟁적 성격으로 말미암아, 필자는 롬 2:13-15에 대한 설명을 포함시키지 않고, 대신 필자가 더 명확하다고 생각하는 본문(롬 2:26-29)에 초점을 맞추었다.

가지고 율법을 범하는 너를 정죄하지 아니하겠느냐?

우리는 26절이 조건문이므로 26-27절 자체를 가상적 진술로 해석할 수 있다. 바울은 무할례자인 이방인이 율법이 명령하는 것을 준수하는 상황을 고려하는데, 이는 율법이 할례를 명령하고 있으므로 그 자체로 상당히 놀라운 진술이 아닐 수 없다! 어쨌든 무할례자가 율법이 요구하는 것을 행하면, 그는 할례를 받은 사람으로 간주될 것이다. 다시 말하면 그는 율법이 요구하는 것을 준수했기 때문에 언약에 속한 지체, 즉 하나님의 백성의 일원으로 간주되는 것이다. 그런데 바울은 여기서 한걸음 더 나아간다. 무할례자는 언약에 속한 지체로 간주될 뿐만 아니라, 자기 자신이 율법을 준수하기 때문에 율법과 할례를 소유하긴 하지만 율법을 준수하지 못하는 이른바 유대교의 언약 지체들을 판단하게 된다.

로마서 2:28-29에 나타난 새 언약의 특성

로마서 2:26-27이 조건문이기 때문에 우리는 이 본문을 가상적으로 해석할 수도 있지만, 이러한 해석은 2:28-29이라는 암초에 부딪히고 만다.

> 무릇 표면적 유대인이 유대인이 아니요, 표면적 육신의 할례가 할례가 아니니라. 오직 이면적 유대인이 유대인이며, 할례는 마음에 할지니, 영에 있고 율법 조문에 있지 아니한 것이라. 그 칭찬이 사람에게서가 아니요, 다만 하나님에게서니라.

28-29절을 26-27절과 연결시키는 "무릇"('가르', 왜냐하면)은 전자가 후자에 대한 근거 혹은 원인을 나타내고 있음을 말해준다. 여기에 깔려 있는 논리는 다음과 같다. 율법을 지키는 무할례자(이방인)는 언약에 속한

지체(유대인)로 간주될 것이며, 마지막 날에 불순종하는 유대인들을 판단할 것이다. 왜냐하면 진정한 유대인 자격과 진정한 할례는 외적이며 신체적인 것과는 아무런 상관이 없고, 마음에 속한 것이며, 인간 속에서 역사하시는 성령의 사역의 결과이기 때문이다.

바울은 독자들을 **가상**이라고 불리는 땅에 그대로 내버려두지 않는다. 그는 독자들을 **실제**라는 땅으로 불러들여 마음을 변화시키는 성령의 새 언약의 사역에 대해 말한다. 바울은 2:29에서 "영"과 "율법 조문"을 서로 대조시킨다. 그리고 이와 동일한 대조는 그의 서신 다른 두 곳에서도 발견된다(롬 7:6; 고후 3:6). 바울은 이 두 본문에서 가상적으로 말하지 않는다. 그는 성령에 의해 실현된 새 언약의 실재를 언급한다. 따라서 우리는 바울이 로마서 2:26-29에서는 무언가 다른 것을 염두에 두고 있다고 생각할 만한 하등의 이유가 전혀 없다.

유대인들에게는 진정한 유대인 자격과 진정한 할례가 외적이며 신체적인 것에 있다는 생각이 상당히 매혹적이었겠지만, 바울은 그러한 망상을 단번에 깨뜨려버린다. 진정한 유대인은 "이면적인"('엔 토 크륍토', 29절) 유대인이다. 바울은 29절에서 "하나님이 사람들의 은밀한 것['타 크륍타']을 심판하신다"(롬 2:16)라고 말할 때 최후의 심판의 언어를 사용한다. 이면적인(은밀한) 유대인인 이방인은 최종 테스트를 무난히 통과할 것이다. 그는 마음에 할례를 받은 자이기 때문이다. 마음의 할례는 이스라엘에게 결여되었던 것인데(신 10:16), 야웨께서는 마지막 때에 자기 백성의 마음에 할례를 베푸실 것을 약속하셨다(신 30:6). 예레미야는 당대에 마음에 할례를 받지 못한 이스라엘을 보고 통탄해하지만(렘 4:4; 9:25-26), 소망이 완전히 사라진 것은 아니었다. 왜냐하면 그는 야웨께서 장차 자기 백성의 마음에 자신의 법을 기록하실 새 언약의 시대를 고대했기 때문이다(31:31-34).

바울은 여기서 거의 확실하게 바로 이 약속을 염두에 두고 이 약속을 야웨께서 자기 영을 자기 백성 안에 두고, 이로써 그들이 자신의 율례를 따라 살게 하실 때를 내다보는 에스겔의 예언(겔 36:26-27)과 결합시킨다. 새 언약은 로마서 2:26-29에 두루 나타나 있는데, 이는 여기서 이 약속의 성취가 가상적인 것이 아님을 보여준다. 하나님은 이스라엘과 유다와 맺으신 언약을 성취하셨다. 그런데 아무래도 무엇보다 가장 큰 충격은 마음에 할례를 받고 성령의 사역의 혜택을 입은 이방인들도 참 이스라엘의 일원이 되었다는 사실이었을 것이다.

그렇다면 이방인의 순종(롬 2:26-27)은 단순히 가상적인 것이 아니라 실제적인 것이다(28-29절). 하지만 그들의 순종은 성령이 행하시는 새 언약의 역사로부터 비롯된다. 여기엔 이방인들이, 마치 하나님의 뜻을 자율적으로 행하듯이, 자기 스스로의 힘으로 율법을 지켰다는 암시가 전혀 없다. 그들은 그리스도를 믿는 믿음을 통해 어두움에서 빛으로 옮겨졌고 성령의 변화시키는 사역의 수혜자가 되었다. 성령의 역사에 힘입은 그들의 순종은 종말론적 상을 보장한다. 그들은 진정한 유대인이 되고 마음에 할례를 받은 것에 대해 하나님께 "칭찬"('에파이노스')을 듣게 된다. 바울은 고린도전서 4:5에서 동일한 단어를 사용하여 주의 사역을 충실히 수행하는 자들에게 마지막 때에 주어질 상에 관해 말한다.

요약하자면, 바울은 여기서 최후의 심판에서 행위가 담당할 역할이 있다고 가르친다. 행위는 최종적 구원에 필수적이다. 그렇다면 이 말은 율법의 행위로는 의롭다 함을 얻을 수 없다는 바울의 말과 어떻게 조화를 이루는가? 바울은 분명히 이 필수적인 행위가 구원을 가져다주는 공로라고 생각하지 않는다. 바울이 여기서 말하고자 하는 바가 무엇인지에 대한 답변은 이 논문이 끝나기 전에 알려줄 것이다.

바울이 성령을 통해 행해지는 이방인들의 순종을 인간의 보편적인 죄

악성을 핵심 주제로 다루는 단락에서 소개하는 이유는 과연 무엇일까? 바울은 로마서에서 나중에 다룰 문제를 서신 앞부분에서 미리 선보이는 경우가 종종 있다(예컨대 롬 3:1-8은 6장과 9장, 롬 5:20은 7장을 미리 내다본다). 따라서 로마서 2장에서 다루어지는 이방인의 순종은 그들이 하나님의 구원 약속에 포함된 것이 유대인의 시기를 불러일으키기 위함이라고 말하는 10:19과 11:11, 14을 미리 내다본다. 따라서 바울은 이방인의 순종을 언급할 때에도 자신이 다루고자 하는 주요 주제에서 벗어나지 않는다. 왜냐하면 이방인들이 하나님의 백성이 되는 것은 유대인들의 죄를 부각시키고 그들도 구원을 받기 위해서는 그리스도께 돌아와야 함을 의미하기 때문이다.[19]

갈라디아서에 나타난 순종의 필요성

순종이 구원에 필수적이라는 사실은 로마서 2장에만 국한된 것은 아니다. 사실 이것은 바울 서신 전반에 걸쳐 나타나는 공통 주제이지만(참조. 고후 11:15; 엡 2:10; 딤후 2:21; 4:14; 딛 1:16; 3:8, 14), 지면 관계상 나는 여기서 갈라디아서에만 집중할 것이다. 앞에서 이미 지적한 바와 같이 갈라디아서는 특별히 은혜의 복음을 다룬다. 바울은 의 및 성령을 받는 것은 율법의 행위가 아닌 예수 그리스도를 믿는 믿음을 통해 얻어지는 것이 아님을 강조한다(갈 2:16; 3:2; 5, 10). 하지만 바울의 은혜에 대한 강조가(참조. 갈 1:3, 6, 15; 2:9, 21; 5:4; 6:18) 선한 행위의 중요성을 배제하는 것은 아니다. 사실 하나님의 은혜는 선한 행위의 토대이자 기초다(참조. 고전 15:10; 딛 2:11-12). 잘 알려진 표현을 의역하자면, 오직 믿음은 믿음이 혼자라는 의미가

19_ 바울은 이방인들도 죄인이며(롬 1:19-32) 또 그리스도의 구원 사역을 필요로 한다는 사실을 이미 증명했기에 여기서 다시 그 주제로 돌아갈 필요가 없다. 바울의 요점은 예수 그리스도를 믿는 이방인들이 하나님의 백성이 되었다는 것이다.

아니다. 왜냐하면 "믿음은 사랑으로 나타나기" 때문이다(갈 5:6).

신자들은 성령을 따라 행하고(갈 5:16), 성령의 인도하심을 받고(5:18), 성령으로 행하고(5:25), 성령을 위하여 심고(6:8), 이로 말미암아 성령의 열매를 맺도록(5:22-23) 부르심을 받았다. "자기의 육체를 위하여 심는 자는 육체로부터 썩어질 것을 거두고, 성령을 위하여 심는 자는 성령으로부터 영생을 거두리라"(6:8). 여기서 "썩어질 것"('프토란')과 "영생"('조엔 아이오니온')의 대조는 종말론적 구원이 육체를 위하여 심느냐, 아니면 성령을 위하여 심느냐에 달려 있음을 보여준다. "영생"이라는 용어는 장차 올 시대의 생명/삶을 표상한다. 여기서 영생이 "상"을 가리킨다고 보기는 어렵다.[20] 이런 해석은 일방적인 주장일 뿐, 다른 곳(롬 2:7; 5:21; 6:22-23; 딤전 1:16; 6:12; 딛 1:2; 3:7)에 나타난 영생의 용법과 전혀 일치하지 않는다. 성령을 위하여 심는 것과 성령을 따라 행하는 것은 선택 사항이 아니다. 왜냐하면 그렇게 행하지 않는 자는 종말론적 심판과 멸망을 경험하게 될 것이기 때문이다. 육체를 위하여 심는 자는 최종적 구원을 얻지 못하리라는 말씀보다 더 확실한 진술은 없다.

우리는 "육체의 일"에 관해 언급하는 갈라디아서 5:19-21에서도 이와 유사한 진술을 발견한다. 바울은 육체의 일들을 열거한 데 이어 갈라디아서 5:21에서 매우 흥미로운 진술 하나를 소개한다. "전에 너희에게 경계한 것 같이 경계하노니, 이런 일을 하는 자들은 하나님의 나라를 유업으로 받지 못할 것이요." 바울이 여기서 갈라디아 교회 교인들에게 전에도 이런 일들에 관해 지시한 적이 있다고 말하는 것으로 미루어보아 그는 그들에게 정기적으로 악한 일로부터 돌아서는 것에 관해 경고했던 것으로

20_Michael Eaton, *No Condemnation: A New Theology of Assurance* (Downers Grove, IL: InterVarsity Press, 1995), 113도 마찬가지다.

보인다. 여기서 "하나님 나라"는 마지막 때에 나타날 하나님 나라를 가리킨다(참조. 마 5:20; 7:21; 8:11-12; 19:23-24; 25:34; 요 3:3, 5; 행 14:22; 고전 6:9, 10; 엡 5:5; 살전 2:12; 딤후 4:18). 악을 행하는 자들은 천국에 들어가지 못할 것이므로 육체의 일을 행하는 것은 결코 가벼운 문제가 아니다.

갈라디아서는 그리스도 안에서 주어지는 하나님의 은혜를 찬양한다. 하지만 하나님의 은혜는 실효적인 은혜다. 은혜는 인간을 변화시켜 새로운 삶을 살게 한다. 바울은 여기서 완전함을 이야기하는 것도 아니고, 행위에 의한 의를 옹호하는 것도 아니다. 하지만 성령이 내주하시고 성령의 능력을 힘입은 자들의 삶에는 중대한 변화가 나타난다. 신자들은 자기 자신을 내어주시는 그리스도의 죽음을 통해 "이 악한 세대"로부터 건짐을 받았다(갈 1:4). 그들은 그리스도의 죽음으로 인해 이 세상의 초등학문에 종 노릇 하는 삶에서 해방되었다(4:3-5). 신자들은 그리스도와 함께 십자가에 못 박혔기 때문에 율법에 대하여 죽었고(2:19), 이제 그들 안에는 그리스도가 사신다(2:20). 그들은 여종의 아들이 아니라 자유 있는 여자의 아들이다(4:21-31). 따라서 그들은 그리스도 안에서 얻은 자유 안에 굳건히 서야 한다(5:1). 이제 그들은 성령에 힘입어 서로 사랑으로 종노릇 할 수 있게 되었다(5:13-14). 예수 그리스도의 십자가로 인해 이 세상과 그 안에 있는 악은 신자들에 대하여 십자가에 못 박혔다(6:14). 왜냐하면 신자들은 이제 "새 창조"로 이전되었기 때문이다(6:15).

그러므로 갈라디아서는 인간의 자율적 행위나 인간의 미덕에 의해 발생하는 행위에 관해서는 전혀 언급하지 않는다. 선한 행위는 성령에 힘입어 이루어지고 예수 그리스도의 십자가 사역에 그 뿌리를 두고 있다. 그리고 신자들은 이 사역으로 말미암아 옛 창조세계로부터 해방되어 새 창조 세계로 이전되었다. 갈라디아서는 이러한 행위가 영생에 필수적이라고 분명하게 밝힌다. 성령을 위하여 심지 않는 자는 결코 영생을 경험하지 못할 것이다. 육체의 일을 행하는 자는 천국에서 제외될 것이다. 바울은 행위의 필요성을 강조하는 것이 자신이 선포하는 은혜의 복음을 약화시킨다고 절대 생각하지 않았다. 따라서 바울 자신이 그렇게 생각하지 않았다면 당연히 우리도 그렇게 생각하면 안 된다.

고린도전서와 빌립보서 들여다보기

선한 행위의 필요성은 고린도전서 6:9-11에서도 강조된다. 6:1-8에서 바울은 교인들 간의 소송 문제를 다룬다. 여기서 바울의 마음을 안타깝게 만든 것은 소송 그 자체가 아니었다. 왜냐하면 바울 역시 그리스도인들 사이에서도 갈등이 생길 수 있음을 잘 알고 있었기 때문이다. 사실 바울을 격하게 흥분시킨 것은 그들이 자신들의 문제를 해결하기 위해 비신자들을 불러들였다는 점이다. 즉 자신들의 문제를 자체적으로 해결하지 못했다는 데 있다. 신자들의 이런 행위는 그들이 선포하는 복음을 욕되게 하고 그리스도의 이름에 먹칠을 하는 결과를 초래했다. 신자들은 자신들이 "불의를 당하거나"('아디케이스테') "속임을 당하는"('아포스테레이스테') 상황에서 불평하지 않기 위해 자기 자신들의 권리를 포기해야 한다. 그런데 사실상 신자들은 다른 사람들의 죄를 용서하지 못하고 오히려 자기 스스로에게 죄를 짓고 있다. 즉 그들은 오히려 다른 사람들에게 "불의를 행하고"('아디케이테') "속인다"('아포스테레이테', 고전 6:7-8). 6:7-8과 6:9이 서로 연계되어 있다는 사실은 6:9에 사용된 "불의한" 또는 "불의한 자"('아디코이')라는 단어에 의해 드러난다. 그리고 바울은 "불의한 자가 하나님의 나라를 유업으로 받지 못할 줄을 알지 못하느냐?"라고 말한다. 6:7-8과 6:9의 상호 연계성은 6:9에서 바울이 신자들을 대상으로 말하고 있음을 보여준다. 바울의 말은 비신자들을 향하고 있는 것이 아니라 구속을 받은 그

리스도인 공동체를 향하고 있다.[21]

소송 문제와 관련하여 고린도 교회 교인들에게 나타난 행위는 결코 대수롭지 않은 일이 아니었다. 왜냐하면 이는 그리스도 안에서 시작된 새로운 삶과 일치하지 않는, 탐욕적이며 이기적인 마음을 그대로 드러내 보여주었기 때문이다. 따라서 바울은 악을 행하는 자들은 하나님 나라를 상속 받지 못한다고 말하면서 그들도 이러한 위험한 길로 빠져들고 있다고 경고한다. 이것은 갈라디아서 5:19-21에서 육체의 일을 행하는 자들은 하나님 나라에서 제외될 것이라고 경고하는 바울의 언어와 유사하다(참조. 엡 5:5-6). 사실 바울은 고린도 교회 교인들이 자신의 경고를 경솔하게 여길까 우려했기 때문에 계속해서 미혹에 대해 경고한다.[22] "미혹을 받지 말라. 음행하는 자나 우상 숭배하는 자나 간음하는 자나 탐색하는 자나 남색하는 자나 도적이나 탐욕을 부리는 자나 술 취하는 자나 모욕하는 자나 속여 빼앗는 자들은 하나님의 나라를 유업으로 받지 못하리라"(고전 6:9-10). 재차 강조하지만, 우리는 여기서 바울의 말을 완전함을 가르치는 것으로 이해해서는 안 된다. 그러나 자기 자신을 악에게 넘겨주고 자신의 죄를 회개하지 않는 자들은 하나님 나라의 일원이 될 수 없다. 사람은 최후의 상으로 간주될 선을 몸소 구현하고 실천해야 한다.

어떤 이들은 선한 행위가 최종적 구원에 필수적이라는 견해가 복음이 가져다주는 은혜를 부인한다며 우려를 표명하지만, 결코 우리는 바울

21_ 다른 구절들도 이러한 평행 관계를 나타낸다. 바울은 고전 6:1에서도 그들이 문제 해결을 위해 "불의한 자들"('아디콘')에게 나아가는 것을 안타까워한다. 그들의 이러한 행위는 "의롭다 하심을 받음"('아디카이오테테', 11절)과 전혀 어울리지 않는다.

22_ Garland(Godet, 1886을 인용하며)는 "미혹을 받지 말라"는 명령은 "고린도 교회 교인들이 자기들의 행위는 어떠하든지 간에 자기들의 종교적인 지식과 기독교적인 말로만으로도 자기들을 천국으로 이끌기에 충분하다고 생각했던 것으로 보인다"고 말한다. David E. Garland, *1 Corinthians* (BECNT; Grand Rapids: Baker, 2003), 209를 보라.

보다 더 바울적일 수 없다는 사실을 명심할 필요가 있다! 바울은 자신의 말이 은혜의 복음과 대립한다고 생각하지 않았다(딛 2:11-12도 보라). 사실 은혜의 중심성은 바로 이 문맥에서도 강조된다. 하나님 나라에서 배제되는 죄를 나열한 바울은 "너희 중에 이와 같은 자들이 있더니"(고전 6:11)라고 덧붙인다. 그런데 하나님의 은혜가 그들의 삶 속으로 침투했기에 바울은 "[너희가] 주 예수 그리스도의 이름과 우리 하나님의 성령 안에서 씻음과 거룩함과 의롭다 하심을 받았느니라"(고전 6:11)라고 말한다.

여기서 사용된 "씻음을 받다", "거룩함을 받다", "의롭다 하심을 받다"라는 동사는 모두 고린도 교회 교인들의 회심을 가리킨다. 그들은 세례를 받을 때 자신들의 죄가 깨끗이 씻음을 받았다. 그들은 또한 거룩함을 받을 때 거룩한 자들이 속한 영역으로 옮겨졌다. 여기서 "거룩함을 받다"라는 동사는 성화의 진보를 가리키는 것이 아니라 구원을 받을 때 일어나는 결정적 혹은 지위적인 성화를 가리킨다. 칭의는 신자들이 그리스도와의 연합을 통해 옳다고 인정받고 의롭다고 간주되는 것을 의미한다. 이를 다르게 표현하자면, 이 세 동사는 예수 그리스도 안에서 성령으로 말미암아 나타난 하나님의 은혜를 표상한다. 신자들은 하나님 앞에서 씻음과 거룩함과 의롭다 하심을 받았기 때문에 새로운 피조물이다.

바울이 고린도전서 6:9-11에서 주장하고자 하는 바는 그리스도의 은혜를 받은 자들—세례로 깨끗이 씻음을 받고 하나님 앞에서 거룩함과 의롭다 하심을 받은 자들—은 이제부터 새로운 삶의 방식을 따라 살아야 한다는 것이다. 만약 그들이 고린도전서 6:9-10에 열거된 악덕을 따라 살면, 그들은 자신들의 세례와 성화와 칭의와 상반되는 삶을 사는 것이다. 회심 때 받은 은혜는 일상의 삶과 행동과 동떨어진 어떤 추상적인 것이 아니다. 하나님은 전 인격을 구원하시며, 하나님의 은혜를 받은 자들은 바로 그 은혜로 말미암아 변화를 받는다.

물론 우리는 지나치게 실현된 종말론을 조심해야 한다. 왜냐하면 신자들은 '이미'와 '아직' 사이의 시간을 살고 있기 때문이다. 그리스도인들은 바울이 로마서 7:14-25에서 묘사하고 있는 것을 여전히 부분적으로 경험한다.[23] 변화는 완전함과 동일한 것이 아니며, 신자들은 아직도 여전히 육과의 싸움을 계속해나간다(갈 5:13-6:10). 신자들은 더 이상 죄의 종은 아니지만(롬 6장), 죄와의 싸움은 여전히 남아 있다(갈 5:17). 우리의 몸은 여전히 죽을 몸이기 때문에 신자들은 마지막 부활을 기다리고 있다(롬 8:10-13). 신자들은 부활의 그날까지 여전히 완전함에 이르지 못하기 때문에 죄와의 싸움을 계속 이어나갈 수밖에 없다(빌 3:12-16). 따라서 우리는 우리의 변화된 모습을 흔히 우리가 말하는 "그리스도인들의 승리의 삶"이나 또는 "모든 것을 내려놓고 다 하나님께 맡기라"(let go and let God)는 수동적인 사고방식과 혼동해서는 안 된다.[24] 그리스도인의 삶은 전쟁이다(엡 6:10-19; 참조. 고전 9:26; 고후 10:4; 딤전 1:18; 6:12; 딤후 4:7). 이 과정에서 실패하는 경우도 수없이 많다.

따라서 너무 낙관적이거나 너무 비관적인 사고는 위험하다. 한편으로는 일상의 경험과 상반되는 일종의 완벽주의를 가르쳐 자신의 결점을 잘 아는 신자들을 크게 낙심시키는 개신교 사상이 있는가하면, 또 다른 한편으로는 바울 서신에서 마치 로마서 7:14-25이 그리스도인의 삶에 관한 유일한 본문인 양, 이 본문만을 지나치게 강조하는 이들도 있다. 이러한 해석학적 관점은 바울의 논증에서 로마서 6장과 8장이 수행하는 역할을 전적으로 무시하는 행위다. 로마서 6장에 의하면, 신자들은 죄에 대하여 죽었고, 죄의 압제와 지배(단순히 죄의 존재가 아님!)로부터 해방되었다. 로마

23_ 참조. Schreiner, *Romans,* 371-396.

24_ Andrew David Naselli, *Let Go and Let God? A Survey and Analysis of Keswick Theology* (Logos Bible Software, 2010).

서 8장은 성령이 신자들에게 하나님을 기쁘시게 하는 새로운 삶의 방식으로 살 수 있는 능력을 부여해주신다고 가르친다. 그리스도인의 삶에 나타나는 근본적인 기조는 비관주의가 아니라 낙관주의가 되어야 하지만, 이 낙관주의는 완벽주의와는 전혀 다른 것이다.

이상의 설명은 우리로 하여금 고린도전서 6:9-11로 나아가도록 이끈다. 이미 회심한 자들은 악을 거부하고 선을 추구함으로써 자신의 새로워진 삶의 모습을 보여주어야 한다. 바울의 여러 서신에서 공통적으로 나타나는 악덕과 미덕(예. 롬 1:29-31; 12:9-16; 13:13; 고전 5:9-10; 고후 12:20-21; 갈 5:19-23; 엡 4:31-32; 5:3-5; 골 3:5, 8-9, 12-13; 딛 3:3)은 바울이 신자들에게 악을 버리고 하나님을 기쁘시게 하는 삶의 모습을 기대했음을 잘 보여준다. 이미 앞에서 살펴보았듯이, 바울은 악에게 지는 자들, 즉 악의 지배를 받는 삶을 사는 자들은 하나님 나라를 결코 유업으로 받지 못한다고 말한다.

순종의 필요성을 강조하는 또 하나의 주목할 만한 본문은 바로 빌립보서 2:12-13이다. "그러므로 나의 사랑하는 자들아, 너희가 나 있을 때뿐 아니라 더욱 지금 나 없을 때에도 항상 복종하여 두렵고 떨림으로 너희 구원을 이루라. 너희 안에서 행하시는 이는 하나님이시니, 자기의 기쁘신 뜻을 위하여 너희에게 소원을 두고 행하게 하시나니."[25] 여기서 동사 "이루다"('카테르가제스테')는 행하다, 하다, 성취하다를 의미하며(참조. 롬 1:27; 2:9; 7:8; 15:18; 고전 5:3; 고후 5:5; 엡 6:13), 빌립보서 2:12에서는 "복종하다"('휘페쿠사테')라는 동사와 유사한 의미를 갖고 있다. 바울이 여기서 말하고자 하는 바는 가히 놀랍다. 빌립보 교회 교인들은 구원을 받기 위

25_ 이 구절은 단순히 사회학적인 내용과 무관하며, 개인적인 구원과 관련이 있다. Peter O' Brien, *The Epistle to the Philippians* (NIGTC; Grand Rapids: Eerdmans, 1991), 276-280을 보라.

해 "순종"하고 "행해야" 한다! 순종이나 선한 행위 없이는 결코 구원은 있을 수 없다. 바울은 신자들이 스스로 자신의 구원을 이루어내야 한다고 강조한다.

이러한 진술 때문에 바울이 혹시 은혜의 복음을 망각한 것은 아닌지 의구심이 들 수도 있지만, 우리는 그런 생각을 잠재울 수 있다. 바울은 빌립보서 3장에서 자신의 의는 마지막 날 하나님 앞에 설 수 있는 자격을 전혀 부여해주지 못한다고 말한다. 율법에 대한 순종이 낳은 의는 자신을 결코 구원하지 못한다(3:9). 오히려 바울 자신의 의는 믿음으로 자신에게 주어진 것이며 하나님께로부터 온 선물('텐 에크 테우 디카이오쉬넨')이다. 여기엔 스스로에게서 난 의가 설 자리가 절대 없다! 우리의 선함이 궁극적으로 우리를 구원할 것이라는 생각도 결코 설 자리가 없다. 2:13 말씀이 2:12 말씀 직후에 이어진다는 사실은 의미심장하다. 순종하고자 하는 마음과 그 순종 행위 자체는 하나님 자신으로부터 나오는 것이다. 따라서 모든 선한 행위는 하나님의 은혜와 능력의 결과(참조. 고전 15:9)일 뿐, 결코 인간의 고결한 성품이나 미덕의 결과로 볼 수 없다.

야고보서의 공헌[26]

심판 날에는 자비가 필요하다

야고보는 선한 행위가 칭의에 필수적이라는 사실을 분명하게 가르친다. 그런데 안타깝게도 루터는 야고보의 말이 바울의 말과 어떻게 일치하는

26_ 칭의에 관한 야고보의 관점에 대한 상세한 논의는 Thomas R. Schreiner, *New Testament Theology: Magnifying God in Christ* (Grand Rapids: Baker, 2008), 599-605를 보라.

지를 제대로 인지하지 못하고 야고보서를 다소 무시하는 발언을 했다. 그러나 야고보서에서조차도 칭의를 위한 선한 행위의 필요성이 과소평가되거나 또는 과대평가될 수 있다. 어떤 이들은 야고보서에서 "의롭게 하다"('디카이오오')와 "구원하다"('소조')라는 단어가 구원을 가리키지 않는다고 주장하면서 야고보의 가르침을 과소평가한다.[27] 하지만 이러한 해석은 거부되어야 마땅하다. 왜냐하면 이러한 해석은 나머지 신약성서와 더불어 이 본문의 가장 자연스러운 의미와 잘 부합되지 않는 의미를 이 단어에 부여하기 때문이다. 아무튼 이러한 해석은 미리 정해진 신학적 틀에 억지로 끼어맞추려는 시도로서 억지스럽기 그지없다.

그럼에도 불구하고 우리는 야고보가 말하려고 하는 바를 지나치게 읽어내려는 것도 지양해야 한다. 선한 행위에 대한 언급이 있는 것은 사실이지만, 이는 동시에 완전함과 혼동을 일으켜서는 안 된다. 야고보서 3:2에서 "우리가 다 실수가 많으니"라는 야고보의 말은 주목할 만하다. 여기서 "실수하다"(stumble, '프타이오')라는 단어는 야고보가 "누구든지 온 율법을 지키다가 그 하나를 범하면['프타이오'] 모두 범한 자가 되나니"라고 말하는 2:10에서와 같이 "죄를 범하다"라는 의미다. 야고보서 3:2의 표현이 얼마나 단호한지 한번 주목해보라. 야고보는 모든 사람이 죄인이며 그 누구도("다") 예외가 없다는 사실을 강조한다. 더 나아가 그는 자기 자신도 죄를 범한 자의 범주에 포함시킨다("우리가 다"). 그는 또한 우리가 다 "다양한 방식으로" 죄를 범하기 때문에 신자들이 죄를 짓는 경우는 드물다고 말하지도 않는다. 하지만 이 사실은 선한 행위가 칭의에 필수적이라는 사실을 약화시키지는 않지만, 우리로 하여금 선한 행위가 완전함을 의미

27_Earl D. Radmacher, "First Response to 'Faith According to the Apostle James' John F. MacArthur Jr," *JETS* 33 (1990), 35-41.

한다는 생각을 하지 않도록 만든다. 비록 우리가 상습적으로 죄를 범한다고 할지라도 신자의 삶의 태도와 방향은 반드시 의를 지향해야 한다. 우리는 최종적 칭의에 있어 선한 행위의 역할을 정확히 파악하고 신약성서에 나타난 긴장 관계를 균형 있는 시각으로 바라보아야 한다. 이는 우리가 선한 행위의 필요성을 부인하지도 않지만 완벽주의에도 빠지지 않기 위함이다.

야고보서 2:12-13 역시 중요하다. 긍휼은 긍휼을 베푸는 자의 몫이다. 한편으로 신자들은 긍휼을 베풀어야 한다. 긍휼을 베풀지 않는 자들은 긍휼히 여김을 받지 못할 것이며(참조. 마 18:21-35) 최후의 심판에서 하나님의 진노를 면치 못할 것이다. 또 다른 한편으로 야고보는 심판이 임하면 하나님의 긍휼이 신자들에게 필요하다는 사실을 인정한다. 자신들의 행위는 하나님 앞에 설 수 있는 자격이나 자신들의 행위에 기초하여 구원을 요구할 만한 자격을 부여하지 못한다. 구원을 얻기 위한 그들의 유일한 소망은 하나님이 베푸시는 긍휼뿐이다. 하나님 앞에 서기 위해서는 반드시 긍휼이 필요하다는 사실은 율법의 행위로 의롭다 함을 받을 자가 아무도 없다는 바울의 주장과 일맥상통한다. 야고보는 하나님의 은혜가 우리를 구원한다는 사실을 바울만큼 강조하지는 않지만, 야고보서를 면밀히 살펴보면 야고보 역시 선한 행위가 칭의의 기초가 된다는 사실을 거부한다는 것을 알 수 있다.

야고보는, 마치 하나님을 기쁘시게 할 수 있는 힘이 우리 안에 내재되어 있기라도 하듯이, 어떠한 선도 우리 인간에게 귀속시키지 않는다. 신자들은 하나님의 뜻에 따라 새 생명을 얻었고, 새롭게 거듭나는 경험을 하게 되었는데, 이는 "그가 진리의 말씀으로 우리를 낳으셨기" 때문이다(약 1:18). 이와 마찬가지로 "마음에 심어진 말씀"('엠퓌톤 로곤', 약 1:21) 역시 하나님의 법을 신자들의 마음에 새겨 넣는(렘 31:31-34) 하나님의 새 언약을 위한 사역을 가리킬 것이다.[28] 사실 "마음에 심어진 말씀"(1:21)은 "진리의 말씀"(1:18)과 연계되어 있어서 "말씀"이 복음임을 암시한다.[29] 신자들이 선을 행하는 것은 그들이 복음에 사로잡히고 복음으로 말미암아 변화를 받았기 때문이다. 하나님은 "믿음에 부요하게" 하기 위하여 신자들을 가난한 모습 그대로 택하셨고(2:5), 우리는 야고보서 2:14-26을 통해 참된 믿음은 행함을 낳고, 선한 행위는 하나님이 주신 은혜의 열매라는 사실을 깨닫는다.

야고보서에 나타난 행위에 의한 칭의

야고보서 2:14-26에서 야고보가 가르치고자 하는 교훈은 보다 더 면밀한 검토가 필요하다. 나는 이미 "구원하다"와 "의롭게 하다"라는 단어가 구원론적으로 사용되었음을 지적했다. 야고보가 여기서 이 땅에서 풍성한 열매를 맺는 삶을 가리킨다고 보는 견해는 설득력이 없다. 종종 학자들은 야고보서에 등장하는 "의롭게 하다"('디카이오오')라는 단어는, "의롭다고 선언하다"라는 의미의 바울의 개념과는 대조적으로, "의로움을 증명하다"를 의미한다고 주장했다. 나는 이런 해결책은 이 본문 전체의 의미와 "의롭게 하다"라는 단어의 사전적 의미를 서로 혼동한 것이라고 제안하고 싶다. '디카이오오'라는 동사가 "의로움을 증명하다"라는 의미를 지지한다는 증거는 거의 없다. 이 동사는 일반적으로 법정적 의미를 나타내며("의롭다고 선언하다"), 따라서 2:14-16에서도 이 의미를 나타내는 것으로 이해되어야 한다. 그럼에도 불구하고 야고보는 행위가 칭의의 기초라고 가르

28_ 예컨대 Richard J. Bauckham, *James: Wisdom of James, Disciple of Jesus the Sage* (New York: Routledge, 1999), 146.

29_ 예컨대 Sophie Laws, *A Commentary on the Epistle of James* (HNTC; San Francisco: Harper & Row, 1980), 82.

치지 **않는다**. 이는 우리가 이미 살펴본 바와 같이 신자들은 심판 날에 하나님의 **긍휼**을 필요로 하기 때문이다.

그럼에도 야고보는 여전히 사람은 행위에 의해 의롭다 함을 받는다고 가르친다. 따라서 행위가 칭의의 기초가 아니라면, 우리는 행위의 역할을 어떻게 이해해야 할까? 야고보는 어쩌면 칭의를 종말론적으로 생각하는지도 모른다. 어쨌든 "구원하다"는 전형적으로 종말론적인 단어이며, 야고보 역시 "구원하다"라는 단어를 종말론적으로 사용하는 듯 보인다(약 1:21; 2:14; 4:12; 5:20).[30] 더 나아가 "구원하다"라는 단어가 동일한 본문(2:14)에서 "의롭게 하다"라는 단어와 함께 사용되었다는 사실은 칭의가 종말론적 특성을 지니고 있음을 암시하는 것으로 보인다. 사실 야고보는 종말론적인 관점에 사로잡혀 있다. 따라서 그는 가난한 자들이 종말론적으로 높아질 것(1:9; 참조. 4:10), 시련을 견디어낸 자들에게 주어질 생명의 면류관(1:12), 하나님을 사랑하는 자에게 주어질 유업(2:5), 긍휼을 행하는 자에게 주어질 긍휼(2:13), 가난한 자를 압제하는 자들에게 임할 심판(5:1-5), 길이 참으며 예수의 재림을 기다리는 자들에게 주어질 신원(5:7-11) 등을 약속한다. 종말론과 최후의 심판 사상이 야고보서에 널리 퍼져 있고 칭의 개념 역시 하나님의 최종 판결과 직결되어 있기 때문에, 2:14-26에 나타난 칭의도 종말론적으로 이해하는 것이 타당해 보인다.

대다수 학자들은 야고보가 예수의 말씀에 상당히 의존한다는 데 동의한다. 예수는 마태복음 12:37에서 인간은 자신이 하는 말로 "의롭다 함을 받거나"('디카이오테세') "정죄함을 받을" 것이라고 선언하신다. 여기서 사용된 미래 시제는 확실히 심판의 날(참조. 마 12:36!), 즉 인간이 자신이 한 말에 대하여 평가를 받게 될 때를 가리킨다. 여기서 우리의 논점은 바로 이

30_ 유일한 예외는 약 5:15일 수 있지만, 이 본문은 육체적 치유를 가리킬 수도 있다.

것이다. 즉 예수가 우리가 한 말에 따라 이루어질 미래의 우리의 칭의에 대해 언급하신 것처럼, 야고보도 우리가 행한 행위에 따라 이루어질 미래의 우리의 칭의에 대해 언급한다는 것이다.

우리는 여기서 야고보가 2:14-26에서 개진하는 주장의 또 다른 특징을 지적할 필요가 있다. 야고보는 오직 믿음으로만 의롭다 함을 얻는다는 바울의 가르침(롬 3:28)을 거부하지 않는다. 물론 이에 관해서는 어느 정도 설명이 요구된다.[31] 야고보가 여기서 거부하는 것은 행함이 없는 믿음이다. 선한 행위가 없는 믿음은 "죽은" 믿음이자(약 2:17, 26), "헛된" 믿음이다(2:20). 상응하는 행위가 없는 믿음은 구원하는 믿음이 아니다(2:14). 이런 믿음이 지닌 결함은 무엇일까? 이런 믿음은 활력과 생명력과 에너지가 결여되어 있다. 개념적으로나 교리적으로 무언가에 동의하는 것은 구원하는 믿음이 아니다. 사람은 "하나님은 한 분"이심을 믿으면서도 귀신보다 못한 믿음을 소유할 수 있다(2:19).

우리는 이것을 두 종류의 믿음이 있다고도 말할 수 있다. 구원하는 믿음은 살아 있고 능동적이다. 구원하는 믿음은 배고픈 자를 먹이고 헐벗은 자를 입힌다(약 2:15-16). 구원하는 믿음은 그 믿음에서 나오는 행함으로 그 믿음의 실재를 입증한다(2:18). "믿음은 행함으로 온전해진다"(2:22). 오직 믿음만이 구원에 이르게 하지만, 결코 믿음 하나만 있으면 되는 것은 아니다(2:24). 왜냐하면 참된 믿음은 반드시 행함을 이끌어내기 때문이다.[32] 구원하는 믿음은 새로운 현실을 받아들이고 그 안에서 산다. 하지

31_ 로마 가톨릭 신학자 Joseph A. Fitzmyer는 바울이 롬 3:28에서 오직 믿음으로 의롭다 함을 얻는다고 가르친다는 데 동의한다(*Romans: A New Translation with Introduction and Commentary* [AB; New York: Doubleday, 1993], 360-362).

32_ Timo Laato는 "선한 행위는 향후 믿음의 생동성을 가져다주었다"라고 말한다("Justification according to James: A Comparison with Paul," *TrinJ* 18 [1997], 69). Laato는 이어서 "믿음은 **단지 후속적으로**(그럼에도 불가피하게) 열매를 맺게 된다"라고 말한다(70, 강조는 원저자의 것임).

만 단순한 지적 믿음—진리와 교리를 개념적으로 수용하는 것—은 구원하지 못하며, 이것을 구원하는 믿음과 혼동해서는 안 된다. 만일 우리의 행위가 변화되지 않는다면, 우리는 진실로 영광의 주 예수 그리스도를 받아들이고 그를 귀하게 여기고 있는 것이 아니다(2:1).

바울은 우리가 하나님의 백성에 속할 때 믿음으로 의롭다 함을 얻는다고 가르치는 반면, 야고보는 우리가 최후의 심판 때 행위로 의롭다 함을 얻는다고 가르치는가? 이 말에는 어느 정도의 진실이 담겨 있지만, 우리는 이미 다윗의 사례를 통해 회심 이후의 행위 역시 의롭다 함을 얻기에는 충분하지 않다는 사실을 확인한 바 있다. 더 나아가 믿음에 입각해서 내려진 최초의 칭의 판결 역시 종말론적 판결에 해당한다. 마지막 날의 최종 판결은 사실 예수를 신뢰하는 이들에게 미리 앞서 내려진 판결이다. 따라서 최초의 칭의와 최후의 칭의를, 마치 후자는 종말론적이고 전자는 아닌 것처럼, 서로 구분하는 견해는 설득력이 없다. 이것을 다르게 표현하자면 우리는 첫 번째 칭의는 믿음으로 얻고 두 번째 칭의는 행위로 얻는다고 보고, 마치 첫 번째 칭의 행위는 두 번째 칭의 행위를 잠정적으로 유보시키는 것처럼 칭의를 서로 다른 두 가지 행위로 분리시키는 오류를 범할 수 있다. 이러한 해석은 마지막 심판의 날까지, 즉 과연 우리가 진정으로 믿었는지가 우리의 행위에 의해 판가름 나는 날까지 우리가 칭의에 대한 확신을 가질 수 없다는 것을 의미한다.

우리가 믿을 때 우리의 것이 된 칭의는 우리의 최종적 영화를 보증하며, 이를 통해 신자들은 자신들이 믿을 때 하나님과 올바른 관계를 맺게 되었다는 사실을 확신하게 된다(롬 8:30). 바울 서신과 야고보서에서 모두 믿음과 행위는 절대 불가분의 것이다. 믿음과 행위는 논리적으로는 분리될 수 있을지 모르지만, 현실의 삶에서는 결코 분리될 수 없다. 그렇다면 우리는 믿음으로 얻는 칭의와 행함으로 얻는 칭의 사이의 논리적 관계를 어떻게 이해해야 할까? 나는 본 논문의 결론 부분에서 이에 대한 답을 제시하고자 한다.

바울 서신과 야고보서에서 유추한 결론

바울은 선한 행위가 영생을 얻는 데 필수적이라고 분명하게 주장한다. 오직 성령을 위하여 심는 자만이 영생을 누리고, 악을 행하는 자는 천국을 유업으로 받지 못한다. 야고보 역시 칭의는 행위에 의해 주어진다고 가르친다. 선한 행위를 하지 않으면 그 누구도 의롭다 함을 얻지 못할 것이다. 이러한 행위는 자율적으로 나타나는 현상이 아니라 새 언약에 의한 성령의 사역의 결과다. 사람의 행위 역시 완전하지 않다. 신자들은 여전히 죄를 범한다. 따라서 선한 행위는 그들의 삶이 지향하는 새로운 방향의 이정표가 된다. 신자들은 "아직"과 "이미" 사이에 거하면서, 어떤 이들이 말한 것처럼, "종말론적 전쟁 지역에서" 살고 있다. 따라서 성령의 능력이 그들의 삶 속에 나타나는 것도 사실이지만 그들은 여전히 죄에 맞서 힘겨운 사투를 벌인다.

선한 행위의 필요성을 강조하는 다른 본문들

지면 관계상 신약성서의 나머지 부분을 상세히 검토하는 것은 불가능하지만, 신약성서의 다른 책들을 간략하게나마 개관하더라도 선한 행위가 종말론적 구원에 필수적이라는 사실은 분명하게 드러난다. 나는 이 본문들이 우리가 바울 서신과 야고보서에 발견한 내용과 일치하기 때문에 이에 대해서는 간단하게만 다루고 넘어갈 것이다. 사실 선한 행위가 구원에 필수적이라는 사실은 신약성서 전반에 걸쳐 나타나며, 절대로 따로 고립된 주제가 아니다!

예를 들어 마태복음 7:15-20에 등장하는 거짓 예언자들은 그들의 삶에 나타나는 악한 열매를 통해 그 정체가 분간된다. 나쁜 열매를 맺는 나무는 불에 던져지는데(7:19), 이는 곧 지옥에 던져진다는 의미다. 본문은 열매가 불에 던져진다고 말하기보다는 나무가 불에 던져진다고 말한다. 나무는 악을 행하는 사람을 표상한다. 거짓 예언자들은 단순히 상을 잃어버리는 것에 그치지 않고 자신들이 저지른 악으로 인해 영생을 잃어버린다.

바로 이어지는 단락은 방금 우리가 옹호한 해석을 확인한다(마 7:21-23). 예수를 자신의 주님으로 고백한다고 해서 천국에 들어가는 것이 보장되는 것은 아니다. 사람은 주님의 이름으로 예언하고, 귀신을 쫓아내며 많은 이적을 행하면서도 천국에 들어가지 못할 수도 있다. 그 이유는 그들이 아버지의 뜻을 따라 행하지 않았기 때문이다. 당연히 그들은 자신들이 저지르는 악으로 인해 하나님의 임재 안에 머물 수 없다. 이는 예수가 그들을 향해 "불법을 행하는 자들아, 내게서 떠나가라"고 선언하셨기 때문이다(7:23).

마태복음 25:31-46에 등장하는 양과 염소 비유에서도 이와 동일한 주제가 나타난다. 이 본문의 핵심 주제는 누가 "나라를 상속받을" 것이냐다(25:34). 동료 신자들에게 긍휼을 베풀고(25:45) 선을 행하는 자들은 "영생"을 경험할 것이지만(25:46), 긍휼 베풀기를 거부한 자들은 "저주를 받고" "마귀와 그 사자들을 위하여 예비된 영원한 불"에 들어가게 될 것이며(25:41), 그 결과 그들은 "영벌"에 처해질 것이다(25:46). 선한 행위가 최후의 상을 받는 데 필수적이라는 사실은 예수가 하신 말씀과도 일치한다.

그는 재림하실 때 "각 사람이 행한 대로 갚으실" 것이다(16:27).

익히 잘 알려져 있는 바와 같이, 요한복음은 예수를 믿는 자들이 영생을 누릴 것임을 크게 강조한다(참조. 요 20:30-31). 한 단락(5:24-29)만 보더라도 우리는 예수께서 믿는 자가 영생을 얻을 것이라고 분명하게 가르친다는 것을 알 수 있다(5:24). 하지만 믿음이 중요하다는 사실은 최종적 구원을 얻는 데 행위가 필수적이라는 사실과 모순되거나 그 필요성을 상쇄하지 않는다. 또한 예수는 같은 단락에서 최종적 부활에 관해 말씀하신다(5:28-29). 이는 분명 죽은 자의 육체적 부활을 가리킨다. 왜냐하면 예수는 무덤에서 나온 자들에 관해 말씀하고 있기 때문이다. 이 마지막 날에는 악인들과 의인들 간에 거대한 간극이 분명하게 드러날 것이다. 왜냐하면 그때에는 선을 행한 이들은 "생명의 부활"을 누리지만, 악을 행한 이들은 "심판의 부활"을 경험하게 될 것이기 때문이다(5:29). 종말론적 생명은 신자들에게 주어지지만, 그들의 믿음은 선으로 가득 찬 삶으로 나타난다. 왜냐하면 변화된 삶이 수반되지 않는 "믿음"은 한낱 가식에 불과하기 때문이다.

이러한 해석은 요한복음 15:6과도 잘 조화를 이룬다. 예수 안에 거하지 않는 자들은 "밖에 버려져 말라버린" 가지와도 같다. 이런 가지는 "불에 던져 사른다." 학자들은 이것이 말하고자 하는 바를 놓고 논쟁을 벌이지만, 포도나무에서 잘린다는 것은 거의 확실히 예수 자신에게서 잘려져 나가는 것을 의미한다. 가장 자연스러운 해석은 불사른다는 것이 최후의 심판을 가리킨다는 것이다. 예수 안에 계속 거하지 않는 자들은 심판 날에 멸망을 당할 것이다. 여기서 예수 안에 거한다는 것은 예수의 명령과 아버지의 명령을 지킨다는 뜻이다(15:10). 예수의 사랑 안에 거하는 삶은 그분이 명하신 것을 행하는 것으로 나타난다. 예수의 제자들은 열매를 맺게 마련이다(15:8). 본문은 그들이 "열매를 많이 맺는다"라고 말한다(15:8).

여기엔 사람이 예수의 제자가 되지 않고서도 구원을 받을 수 있다는 주장이 들어설 자리가 없다. 왜냐하면 열매를 맺지 않는 이들은 포도나무에서 잘려질 것이기 때문이다.[33] 그들은 예수와 아무런 상관이 없으며 열매를 맺지 못하는 가지로서 멸망을 당할 것이다.

선한 행위의 필요성은 사도행전에서도 발견된다. 예수에 관한 복음을 선포한 이들은 사람들에게 구원을 받기 위해 믿음을 촉구했다(참조. 행 16:31). 하지만 또한 그들은 동시에 전혀 모순이 된다는 생각 없이 사람들에게 새 생명과 죄 사함을 받기 위해 회개하고 주께 돌아올 것을 촉구했다(2:38; 3:19; 5:31; 11:18; 17:30). 사실 회개와 믿음은 동전의 양면과도 같기 때문에 항상 서로 동행한다(20:21). 회개의 진정성은 신자들이 "회개에 합당한 일"을 행할 때 비로소 제대로 드러난다(26:20). 예수 그리스도에 관한 복음을 믿는 것, 회개하고 하나님께로 돌아서는 것, 회개의 외적 표현으로서 선한 행위를 행하는 것 등은 사도행전에서 마치 거미줄처럼 서로 하나로 연결되어 있다. 사람이 진정한 삶의 변화 없이도 회개할 수 있다는 사고는 누가로서는 결코 용납할 수 없는 것이었다.

베드로전서는 하나님께서 마지막 날에 각 사람의 행위에 따라 공명정대하게 심판하실 것이라고 말한다(벧전 1:17). 오직 선한 것을 추구하고 이를 실천에 옮기는 자만이 종말론적인 삶을 경험하게 될 것이다(3:10-12). 베드로는 시편에서 이 땅에서의 삶을 언급하는 본문(시 34:12-14)을 인용하면서 이를 모형론적인 해석을 통해 종말론적인 삶에 적용한다. 그런데 이러한 모습은 구약성서를 인용하는 신약성서 저자들에게 공통적으로

33_ 나는 참된 신자는 절대로 배교하지 않을 것이라고 믿는다. 다만 여기서 그 이유를 설명하기에는 지면이 부족하다. Thomas R. Schreiner and Ardel B. Caneday, *The Race Set before Us: A Biblical Theology of Perseverance and Assurance* (Downers Grove, IL: InterVarsity Press, 2001); Thomas R. Schreiner, *Run to Win the Prize: Pereverance in the New Testament* (Nottingham, UK: InterVarsity Press, 2009/ Wheaton: Crossway, 2010)를 보라.

나타나는 현상이라고 할 수 있다. 이와 마찬가지로 베드로는 베드로후서 1:5-11에서도 신자들이 부지런히 실천에 옮겨야 할 경건의 덕목을 자세히 열거한다. 각 사람의 부르심과 택하심은 경건한 행위에 의해 확인되고 검증된다. 왜냐하면 이러한 덕을 실천하지 않는 이들은 "우리 주 곧 구주 예수 그리스도의 영원한 나라"(1:11)에 들어가지 못할 것이기 때문이다. 그런데 여기서 가장 중요한 이슈는 상과 관련이 있다기보다는 누가 천국에 들어갈 것인지와 관련이 있다. 사실 이것이 베드로후서가 중요하게 다루고 있는 거짓 선생들의 문제다. 이들은 예수 그리스도를 안다고 고백은 했지만, 그들의 경건하지 못한 삶 때문에 종말론적 심판에 처해질 운명에 놓여 있었다(2:1-22; 참조. 유 1:4-23).

요한일서도 믿음의 중요성을 강조한다. 저자는 독자들이 예수를 믿었고 또 그를 그리스도로 시인했기 때문에 영생을 소유하고 있다는 확신을 갖기를 원한다(요일 2:21-23; 3:23; 4:2, 15; 5:11-13). 하지만 이런 확신은 순종 없이는 불가능하다. 예수를 진정으로 아는 이들은 예수의 계명을 지킨다(2:3-6). 수시로 죄를 짓는 이들은 그리스도를 진정으로 보지도 못했고, 구원에 이를 만큼 알지도 못한다(3:6). 요한이 죄를 짓는 이들은 마귀에게 속한 자들이라고 주장했기 때문에 그의 말은 이보다 더 분명할 순 없었다(3:8). "하나님께로부터 난" 자들(즉 참된 그리스도인인 자들)은 죄가 없는 자들이 아니라(1:8) 죄의 특성이 지배하는 삶을 살지 않는 자들이다(3:9; 5:18). 그들은 새로운 삶의 방식을 따라 살며, 자신들의 의로운 삶을 통해 자신들이 "하나님의 자녀"임을 보여준다(3:10). 다시 말하면 서로 사랑하지 못하는 이들은 진정으로 하나님을 알지 못한다(4:7-8). 요한은 "하나님께로부터" 났고 예수를 믿는 자들은 자신들의 새로운 삶의 결과로 하나님의 계명을 지키는 자들임을 분명히 한다(5:4-5).

요한계시록은 신자들에게 이기고 승리할 것을 촉구한다(계 2:7, 11, 17,

26; 3:5, 12, 21; 12:11; 21:7). 이기는 것은 선택 사항이 아니다. 오직 이기는 자만이 낙원에 있는 생명나무의 열매를 먹으며(2:7), 오직 이기는 자만이 둘째 사망의 해를 받지 않는다(2:11). 만일 어떤 사람의 이름이 생명책에 기록되었다면, 그는 이기고 승리하고 끝까지 견딜 것이다(3:5). 이기는 자들은 최종적 유업을 차지하게 될 것이지만, 악을 따르고 살인, 거짓말, 음행 등을 추구하는 자들은 불 못에 던져지고 둘째 사망의 해를 입게 될 것이다(21:7-8). 오직 선을 행하는 자만이 최종적 유업을 받을 것이다.

요한계시록 21:7-8은 이 문제에 관해 분명히 밝힌다. 분명한 것은 불 못이 단순히 상을 잃어버리는 것을 가리키지 않는다는 것이다! 요한은 악을 행하는 자들이 불 못을 경험하게 될 것이라고 구체적으로 말한다. 하지만 요한계시록 21:7-8의 문맥에는 또 다른 주목할 만한 특징이 있다. 바로 앞 구절은 목마른 자에게 "생명수 샘물이 값없이 주어질" 것을 약속한다(21:6). 영생은 값없이 주어진다! 영생은 이를 갈망하는 모든 이에게 주어진다. 영생은 공로도 아니고 대가도 아니며 오직 값없이 주어지는 선물이다. 하지만 요한은 곧이어 오직 이기는 자만이 낙원에 들어갈 것이며, 악을 행하는 자는 불 못에 던져질 것이라고 말한다. 여기엔 어떠한 모순도 존재하지 않을뿐더러 하나님의 은혜에 대한 거부도 존재하지 않는다. 왜냐하면 생명수를 받아 마시는 자는 이로 인해 변화를 경험하기 때문이다. 그들은 변화되지 않는 상태로 그대로 남아 있지 않는다. 그들은 비록 이 불의한 세대에서 완전할 수는 없지만, 새롭게 변화를 받아 하나님을 기쁘시게 하는 삶을 산다. 지속적으로 악의 길을 따라가는 자는 자신이 결코 생명수를 받아 마신 적이 없는 자임을 스스로 드러낸다.

요한은 요한계시록에서 신자들이 끝까지 인내하고 신실하게 살아가는 것이 얼마나 중요한지를 강조한다(계 13:10). 짐승을 경배하고 짐승의 표를 받은 자는 영원한 고통을 경험하게 될 것이다(14:9-11). 그렇기 때문에 신자들에게는 끝까지 인내하는 것이 필요하다(14:12). 따라서 죽은 자들이 각자 행한 행위에 따라 심판을 받는다는 사실(20:11-15)은 요한계시록 전체를 관통하는 메시지와 일맥상통한다. 악을 행한 자는 불 못에 던져지는 반면, 생명책에 자신의 이름이 기록된 자는 구원을 받는다. 자신들의 이름이 생명책에 기록된 이유가 그들이 선을 행했기 때문인 것은 분명하지만, 요한은 그럼에도 이 새 생명은 이를 갈망하는 자에게 주어지는 선물이며, 따라서 선한 행위는 생명에 대한 공로나 대가가 아님을 분명히 한다.

신학적 반추

지금까지 우리가 살펴본 내용은 상당히 주목할 만하다. 한편으로 신약성서 저자들은 한결같이 칭의와 구원은 행위를 통해 얻을 수 없다고 가르친다. 그러나 또 다른 한편으로 그들은 행위가 칭의와 구원에 필수적이라고 선언한다. 특별히 바울에게 초점을 맞추어보자. 바울은 여러 서신을 기록하면서 자신의 사고에 혼동을 일으킨 것일까? 그는 과연 어느 시점에서 샛길로 빠져서 칭의는 행위와 무관하지만 또한 동시에 칭의가 행위에 의해 이루어진다고 가르치는 모순에 빠지게 된 것일까? 하지만 바울이 여기서 자기 발에 스스로 걸려 넘어졌을 가능성은 희박하다. 바울이 편지를 쓰면서 자신이 무슨 말을 하고 있었는지 잘 몰랐다는 것도 개연성이 없다. 소위 서로 "모순되는" 진술들조차도 상호 밀접하게 연결되어 있어서(참조. 롬 2:1-3:20!), 아무리 신랄한 비판가라고 할지라도 바울 서신의 구조와 수사학은 정말로 탁월하다는 사실을 인정하지 않을 수 없다.

여기에 바울이 이 두 주제(행위로는 구원을 얻을 수 없지만, 동시에 행위는 구원에 필수적이라는 것)를 모두 긍정한다는 사실을 더한다면, 이것이 하나의 모순으로 간주될 가능성은 더욱더 희박해진다. 왜냐하면 이 두 주제는 바울신학의 핵심 주제이기 때문이다. 어떤 저자의 생각을 단순히 모순으로 단정 짓는 행위는 마지막 단계에서 궁여지책으로 꺼내들 카드이며, 특히 그 문제가 성서와 관련된 것이라면 더더욱 그렇다. 이는 야고보를 비롯한 다른 신약성서 저자들에게도 동일하게 적용된다. 그들은 칭의와 구원이 행위에 의해 이루어진다고 가르치면서도 또한 그들은 우리가 심판의 날에 하나님의 긍휼을 필요로 하며, 또 그 구원은 우리에게 값없이 주어지는 선물이라고 가르친다.

그럼에도 이 문제는 여전히 어려운 난제로 남아 있으며, 안타깝게도 신약성서 저자들은 이 두 진술이 서로 어떻게 연관되어 있는지를 구체적으로 설명해주지 않는다. 그들은 이 두 진리가 정확히 어떻게 조화를 이루는지 우리에게 설명해주지 않은 채 이 두 진리를 동시에 제시한다. 이것이 바로 이러한 논쟁이 벌어질 수밖에 없는 이유다! 따라서 우리는 분별력 있고 사려 깊은 독자, 즉 신약 정경에 담긴 목표와 가르침에 공감하는 독자가 될 필요가 있다. 어쩌면 우리는 어떠한 해결책이라 할지라도 왜곡으로부터 본질적으로 자유로울 수 없기에 이 두 진술을 서로 조화시키려고 하지 말고 있는 그대로 받아들여야 한다고 말할 수도 있다. 하지만 나는 성서를 읽는 독자들이라면 이보다 한 차원 더 깊이 들어가야 한다고 생각한다. 즉 나는 성서 자체가 우리로 하여금 본문을 더욱 심오한 차원에서 신학적 읽기를 하도록 촉구한다고 말하고 싶다. 어떤 이들은 신학적 읽기를 하면 불가피하게 우리의 해석이 왜곡될 수밖에 없다고 우려를 표한다. 하지만 결국 우리 모두는 본문을 신학적으로 읽는 작업에 동참하고 있기 때문에, 여기서 가장 중요한 것은 어느 독법이 바울과 야고보를 비롯한 다른 신약성서 저자들이 가르치는 바를 가장 충실하게 반영하느냐에 달려 있다.

이것을 다르게 표현하자면, 우리가 본문을 어떻게 읽어야 할지에 대한 힌트와 단서가 이미 우리에게 주어져 있다는 것이다. 구원과 칭의에 필요한 순종은 완전할 수 없다. 왜냐하면 야고보와 바울은 모두 인간은 아무도 예외 없이 죄인이라고 가르치고 있기 때문이다. 또한 우리는 다윗의 사례(롬 4:6-8)를 통해 신자들은 심지어 회심 이후에도 중대한 죄를 범할 수 있지만, 그럼에도 여전히 용서를 받고 의롭다 함을 얻을 수 있다는 사실을 확인했기 때문이다. 따라서 불순종에 의한 인간의 결함은 그 사람의 회심 이전의 삶에 국한될 수 없다. 인간의 행위는 결코 하나님과의 올바른 관계의 **기초**가 될 수 없다. 이는 모든 사람이 죄를 범하고 모든 사람이 하나님의 영광에 이르지 못하기 때문이다.

예수 그리스도 안에서 우리에게 주어진 하나님의 구원하시는 의가 바로 하나님과 우리의 올바른 관계의 토대이자 기초가 된다. 따라서 행위가 이 관계의 기초가 아니라면, 행위는 과연 무엇인가? 행위 없이는 구원을 받을 수 없기 때문에 행위는 분명히 구원에 필수적이다. 하지만 행위는 필수불가결적인 기초는 될 수 없다. 왜냐하면 하나님은 완전함을 요구하시고, 모든 사람은 하나님의 요구에 미치지 못하기 때문이다(롬 3:23). 따라서 행위는 하나님과의 올바른 관계를 증명하는 필수적인 증거이자 열매라고 말하는 것이 더 타당해 보인다. 행위는, 비록 불완전하긴 하지만, 어떤 사람이 예수 그리스도를 진정으로 신뢰하고 있는지를 증명해준다.[34]

34_ 참조. Richard B. Gaffin, *"By Faith, Not By Sight": Paul and the Order of Salvation* (Waynseboro, GA: Paternoster, 2006), 102-103. Gaffin은 두 개의 칭의—즉 "믿음에 의한 현재적 칭의와 행위에 의한 미래적 칭의, 혹은 오직 믿음으로 얻는 칭의와 행위가 더해진 믿음에 의한 칭의, 전자는 그리스도의 사역에 기초를 두고, 후자는 성령에 힘입은 것이라 하더라도 우리의 행위에 기초를 둔 것, 또는 일평생의 신실함에 기초한 미래적 칭의를 예견하는 믿음에 기초한 현재적 칭의"—가 존재하지 않는다는 사실을 올바르게 지적한다(98). 오히려 Gaffin은 "이미"와 "아직"이라는 바울

나는 이 견해를 지지하는 것으로 보이는 두 본문만을 여기서 제시하고자 한다. 첫 번째 본문은 에베소서 2:8-10이다. 나는 이미 에베소서 2:8-9에 관해 간략하게 설명했는데, 이 본문은 신자들이 행위로 구원받지 않는다고 분명하고 단호하게 가르친다. 행위는 결코 구원의 기초가 될 수 없다. 왜냐하면 인간은 근본적으로 죄인이며, 세상과 육체와 마귀에게 종 노릇 하고, 허물과 죄로 죽은 자들이기 때문이다(2:1-5). 그럼에도 신자들은 예수 그리스도 안에서 변화된 새로운 피조물이다(2:10). 그리고 그 결과 그들은 이제 "선한 일"을 한다. 2:8-10을 종합해서 생각해보면, 새로운 피조물로 변화된 자들은 모두 이제 선한 일을 할 것이며, 또 선한 일을 해야만 한다고 말하는 것이 타당해 보인다. 하지만 바울이 2:8-9에서 한 말을 감안하면, 이 선한 행위는 구원의 기초가 될 수 없다. 오히려 이 선한 행위는 새로운 피조물이 된 결과 또는 필연적 열매다.[35]

두 번째 본문은 야고보서 2:14-26이다. 이 본문을 자세히 살펴보면, 우리는 야고보가 행위 자체가 본질적으로 사람을 의롭게 하거나 구원한다고 가르치지 않는다는 사실을 깨닫게 된다. 야고보가 여기서 말하고

신학의 특성, 즉 "사랑으로써 역사하는 믿음"(갈 5:6)에서 그 해결책을 찾는다. 그렇다면 미래적 칭의는 현재적 칭의에 대한 징후다. 이것은 마치 현재적 칭의와 미래적 칭의가 서로 다른 원리에 따라 작용하는 것으로 이해해서는 안 된다. 행위는 "근거나 기초가 아니다. 행위는 (공동) 도구, 즉 믿음을 보완함으로써 하나님의 승인을 이끌어내는 데 필요한 수단도 아니다. 오히려 행위는 그 믿음의 본질적이며 분명한 기준, 즉 '참되고 살아 있는 믿음을 포괄적으로 보여주는 필수적 열매와 증거'다."

35_ 루터는 이 진리를 다음과 같이 잘 표현해준다. "행위는 구원에 필수적이지만, 구원을 야기하지는 않는다. 왜냐하면 믿음만이 생명을 가져다주기 때문이다. 위선 때문에 우리는 선한 행위가 구원에 필수적이라고 말할 수밖에 없다. 구원은 행위를 필요로 한다. 하지만 우리가 이 필요성을 내적 구원(의)과 외적 구원(의)이 모두 존재해야만 한다는 필요성을 가리키는 것으로 매우 분명하게 이해하지 않는 한, 바로 이 이유 때문에 행위가 구원한다는 논리는 성립될 수 없다. 행위는 표면적으로 구원한다. 즉 행위는 우리가 의롭고, 또 내면적으로 구원하는 믿음이 우리 안에 있다는 증거를 보여준다.…표면적인 구원은, 열매가 좋은 나무임을 증명해주듯이, 그 안에 믿음이 있다는 사실을 보여준다(Martin Luther, *Works,* 34:165).

자 하는 바는 행위를 유발하지 못하는 "믿음"은 참된 믿음이 아니라는 것이다. 단순히 지적인 수준에 그치는 믿음(2:19) – 즉 상응하는 행위가 수반되지 않고 신학적 명제만을 수용하는 믿음 – 은 결코 구원하거나 또는 의롭게 하지 못한다. 구원하지 못하는 믿음도 물론 존재한다. 하지만 야고보는 아브라함과 라합이 보여준 믿음과 같이 선한 행위를 유발하는 믿음도 있다는 사실을 말해준다. 이 믿음은 살아 있고, 능동적이며 활력이 넘친다. 야고보는 행위가 칭의의 기초라고 가르치지 않는다. 오히려 그는 진정한 믿음과 사실상 "죽고" "헛된" "지적" 믿음을 서로 대비시키면서 진정한 믿음은 당연히 선한 행위로 표출되기 마련이라고 가르친다(2:17, 20, 26).

그런데 한 가지 놀라운 사실은 바로 이러한 야고보의 가르침이 바울의 가르침과 일치한다는 것이다. 바울 역시 "믿음의 순종"(롬 1:5; 16:26)과 "믿음의 역사"(살전 1:3)를 언급하면서 행위는 믿음의 결과라고 가르친다. 데살로니가전서 1:3도 믿음은 행함을 낳는다는 사실을 분명히 가르친다. 왜냐하면 같은 구절에서 사랑에서 나오는 수고("사랑의 수고")와 소망에 뿌리를 둔 인내("소망의 인내")에 대한 언급이 나오기 때문이다. 이 구절에서 사용된 모든 소유격은 행동 또는 행위의 원천을 나타낸다. 바울도 야고보와 마찬가지로 행위가 최후의 심판에서 필수적이지만, 이 행위는 어디까지나 믿음의 열매, 즉 예수 그리스도를 붙잡고 그를 의지하는 믿음의 결과라고 믿는다. 따라서 나는 신약성서가 일관된 증거를 제시한다는 결론에 도달한다. 행위는 칭의에 필수적이지만, 칭의나 구원의 기초는 아니다. 왜냐하면 하나님은 우리에게 완전함을 요구하시고, 모든 인간은 죄를 범하기 때문이다. 따라서 행위는 그리스도 안에 있는 새로운 삶에 필수적으로 나타나야 하는 증거 또는 열매다. 따라서 우리는 심지어 구원과 칭의는 오직 믿음으로 얻지만, 이 믿음은 언제나 행위를 유발하는 살아 있고 활력이 넘치는 믿음이라고 말할 수 있다.

논평

로버트 N. 윌킨

세 가지 모순

만약 우리의 성서 해석에 심각한 모순이 드러난다면, 우리는 이 사실을 우리의 해석에 어떤 문제가 있다는 증거로 받아들여야 한다. 나는 슈라이너의 해석이 바로 이 세 가지 모순에 빠져 있다고 말하고 싶다.

첫째, 그는 바울과 야고보가 모두 하나님 앞에서 **행위와 상관없이** 믿음으로 얻는 법정적 칭의와 하나님 앞에서 **행위에 의해** 얻는 법정적 칭의를 동시에 가르친다고 주장한다. 슈라이너는 바울이 설파한 행위와 상관없는 이신칭의 교리를 놀라우리만큼 분명하게 제시한다. 바울에 의하면 우리의 영원한 구원은 우리의 행위가 아니라 오직 그리스도를 믿는 믿음으로만 가능하다는 데 전혀 의심의 여지가 없다. 슈라이너는 야고보서와 관련하여 "구원을 얻기 위한 그들의 유일한 소망은 하나님이 베푸시는 긍휼뿐"이라고 말한다(135쪽). 한편, 슈라이너는 바울과 야고보 모두 행위에 의한 의를 통해 지옥행이 면해지는 구원 교리도 가르친다고 보는 듯하다. 슈라이너는 빌립보서 2:12과 관련하여 "바울은 신자들이 스스로 자신의 구원을 이루어내야 한다고 강조한다"(133쪽)고 과감하게 말한다. 또한 그는 야고보서 2:13과 관련하여 야고보는 "선한 행위가 칭의에 필수적"(133

쪽)이라고도 말한다. 나중에 그는 이 본문과 관련하여 "긍휼을 베풀지 않는 자들은…최후의 심판에서 하나님의 진노를 면치 못할 것"이라고 말한다(137쪽).

그러나 이 두 명제는 동시에 모두 참된 진술일 수는 없다. 하나님 앞에서 얻는 법정적 칭의는 행위와 상관없이 믿음으로 단번에 이루어지거나, 아니면 단번에 이루어지지 않고 행위가 더해진 믿음으로 이루어지거나 둘 중에 하나여야 한다.

둘째, 슈라이너는 자신의 논문에서 줄곧 바울과 야고보는 모두 행위가 영원한 구원에 **필수적**이라고 가르친다고 주장한다. 그러나 그는 궁극적으로 바울과 야고보가 실제로 의미 한 바는 단지 행위가 영원한 구원의 필수적 **증거**에 불과하다는 것이라고 결론짓는다. 그러나 이것 역시 모순이다. 왜냐하면 우리가 **영원히 구원을 받으려면** 선을 행하면서 끝까지 인내해야 한다고 말하는 것과, **만약** 우리가 구원을 받았다면 우리가 선을 행하면서 끝까지 인내하게 **될 것**이라고 말하는 것은 전혀 다른 것이기 때문이다. 전자는 선한 행위는 우리의 영원한 구원의 **원인**이라고 말하는 것이고, 후자는 선한 행위는 구원의 **결과**라고 말하는 것이다.

셋째, 어느 경우든지 간에 슈라이너는 행위가 우리의 구원의 **증거**로서 필수적이라고 주장하면서도 동시에 우리의 행위는 불완전하기 때문에 당연히 하나님의 정죄를 받아 마땅하다고 가르친다. 따라서 우리는 죄에 물든 불완전한 행위가 어떻게 칭의 혹은 중생을 확인해줄 수 있는지 의아해할 수밖에 없다. 오직 그리스도만이 완전하게 죄가 없으신 분이시다. 아무리 경건하다고 하더라도 신자들은 여전히 하나님의 영광에 이르지 못하는 죄인이다(롬 3:23). 신자들이 행하는 어떤 행위도 전혀 죄에 더럽혀지지 않은, 완벽한 선으로 간주될 수는 없다. 우리가 행하는 선한 행위 가운데 우리에게 구원을 "확증해주는" 선한 행위 안에는 그 구원을 거부하는 죄가 들어 있기 마련이다.

심지어 우리의 행위가 우리가 애초부터 믿음으로 의롭다 함을 받았다는 사실을 확증해줄 것이라는 개념은 전혀 말이 되지 않는다. 만일 칭의가 행위와 상관없이 오직 믿음으로 얻는 것이라면, 어떻게 행위가 칭의를 확증해줄 수 있겠는가? 오히려 **믿음**이 어떤 사람이 믿음으로 의롭다 함을 얻었음을 확증해주지 않을까?

슈라이너의 신학적 패러다임은 성서 본문이 마치 완전히 혼란 속에 빠져 있는 것처럼 보이게 만든다. 그러나 이렇게 뒤엉켜버린 해석학적 매듭은 슈라이너가 미처 파악하지 못한 여러 성서 주제를 주의 깊게 살펴봄으로써 풀어나갈 수 있다.

논의가 필요한 성서 주제

구원 개념에 대한 설명이 부적절하다

슈라이너는 신약성서를 다소 단편적으로 읽는 경향이 있다. 예를 들면 그는 대체적으로 **구원하다**와 **구원**이라는 단어를 일률적으로 지옥의 형벌로부터 영원히 구원받는 것을 가리키는 것으로 해석한다. 왜 그렇게 생각하는 것일까? 성서에 나타난 구원에 대한 언급 중 거의 대다수는 지옥이나 중생과는 전혀 상관이 없고, 오히려 원수(시 18:2-3), 환난(50:15), 가난(12:5), 죽음(마 8:24-25; 14:30; 행 27:31), 박해(빌 1:19, 28), 질병(마 9:21), 거짓 선생(딤전 4:16), 그리고 다른 수많은 재앙 등으로부터의 해방을 가리킨다. 구원은 포괄적인 의미를 지닌 개념으로서, 매우 다양한 종류의 고난을 가리킬 수 있다. 따라서 바울이 행위와 상관없이 믿음으로 얻는 구원(칭의)과 행위가 더해진 믿음으로 얻는 구원을 모두 가르치는 것도 사실이지만, 그럼에도 그가 이 두 경우에서 모두 동일한 종류의 구원에 관해 말하고 있는 것은 결코 아니다. 바울의 사상은 우리가 그가 오직 지옥의 형벌로부터의 구원이라는 **단 한 종류의 구원만을 염두에 두고 있다**고 가정할 때에만 모순처럼 보인다.

그런데 진실은 지옥이 우리가 유일하게 구원받아야 할 재앙이 아니라는 데 있다. 그리스도인에게는 수많은 종류의 구원이 있고, 지옥의 형벌로부터의 구원은 우리의 행위와 상관없이 오직 믿음으로만 주어지는 반면, 우리가 주기적으로 겪는 환난으로부터의 구원은 종종 우리의 회개와 선한 행위를 통해 끝까지 인내하는 것을 요구한다.

구원에 대한 이러한 단편적인 이해는[36] 특히 슈라이너의 야고보서 논의에서 두드러지게 나타난다. 야고보서 2:14을 다루면서 그는 "'구원하다'와 '의롭게 하다'라는 단어가 구원론적으로" 사용된다고 말한다(136쪽). 그는 곧이어 "야고보가 여기서 이 땅에서 풍성한 열매를 맺는 삶을 가리킨다고 보는 견해는 설득력이 없다"고 덧붙인다. 어떻게 그렇게 말할 수 있는가? 본문은 그렇게 말하지 않는다. 야고보서에 등장하는 '소조'의 다른 네 가지 용법(약 1:21; 4:12; 5:15, 20)은 그럼 어떻게 되는가? 물론 그가 이 다른 네 가지 용법을 언급했다는 사실은 칭찬할 만하다(136쪽). 하지만 그는 이 네 가지 용법 중 어느 하나도 구체적으로 다루지 않고 다만 각주에 다음과 같이 덧붙일 뿐이다. "[야고보서에 나타난 종말론적 구원에 대한] 유일한 예외는 약 5:15일 수 있지만, 이 본문은 육체적 치유를 가리킬 수도 있다"(137쪽, 각주 30).

"가리킬 수도" 있다? 그러면 다른 어떤 의미로 사용되었단 말인가? 과

36_ 성서에 나타난 구원의 넓이에 관한 상세한 논의는 Robert N. Wilkin, *The Ten Most Misunderstood Words in the Bible* (Corinth, TX: Grace Evangelical Society, 2012), 3장 (33-51)을 보라.

연 슈라이너는 **야고보서 5:15**이 불 못으로부터 건짐을 받는 종말론적 구원을 염두에 두고 있다는 의미인가? 과연 믿음의 기도가 육체적으로 병든 신자를 영원한 멸망으로부터 종말론적으로 구원한단 말인가? 야고보서 2:14를 제외한 야고보서의 나머지 네 가지 '소조' 용법은 **모두** 분명히 육체적 죽음으로부터의 구원(1:21; 4:12; 5:20)과 죽음으로 끝날 수 있는 육체적 질병으로부터의 구원(5:15)을 가리킨다. 질병이나 현세적 형벌 등과 같은 고난으로부터 구원받는 조건은 지옥의 형벌로부터 구원받는 조건과 다르다. 이에 관해서는 내 논문을 자세히 읽어보라.

심판 개념에 대한 설명이 부적절하다

또한 슈라이너는 마치 심판과 관련된 구절이 모두 그리스도인과 비그리스도인을 막론하고 모든 사람의 영원한 운명이 결정되는 최후의 단일 심판을 가리키는 것처럼 해석한다. 예를 들면 야고보서 2:13과 관련하여 그는 이렇게 말한다. "긍휼을 베풀지 않는 자들은…최후의 심판에서 하나님의 진노를 면치 못할 것이다"(137쪽)라고 말한다. 하지만 야고보서 2:13은 **최후의 심판**을 실제로 언급하지 않는다. 야고보서 2:13에 사용된 **심판**이라는 단어는 '크리시스'인데, 바로 이 단어가 우리 주 예수가 요한복음 5:24에서 믿는 자들은 "심판['크리시스']에 이르지 **아니하리니**"라고 말씀하실 때 사용한 단어다. 요한복음 5:24("영생을 얻었고…사망에서 생명으로 옮겼느니라")의 문맥을 보면 여기서 주님은 **신자들의 영원한 운명과 관련하여** 그들에게는 심판이 없을 것임을 약속하고 계신다는 사실을 알 수 있다.

성서가 제시하는 증거는 슈라이너가 주장하는 것보다 훨씬 더 미묘한 의미를 담고 있다. 신약성서는 적어도 현세의 죄에 대한 심판, 크고 흰 보좌 심판, 그리스도의 심판대 등 서로 다른 세 가지 종류의 심판을 언급한다. 각 심판마다 각기 고유한 조건을 갖추고 있다. 예를 들면 하나님은 언제든지 그리고 어느 곳에서든지 우리의 불순종을 징계하심으로써 우리가 현세에서 짓는 죄를 심판하실 수 있다(고전 11:30-32; 히 12:7). 이와는 대조적으로, 그리스도의 심판대는 신자들을 위한 것으로서, 이는 그들이 처할 영원한 운명—이것은 이미 그들이 예수를 믿는 순간 결정됨(요 5:24)—이 아니라 내세에서 그들이 받을 상에 관한 것이다. 마지막으로, 비신자들은 크고 흰 보좌 심판 때 심판을 받을 것이다. 만일 야고보서 2:13이 그리스도의 심판대와 상의 심판을 염두에 두기보다는, 오히려 신자들이 처할 영원한 운명이 결정될 다른 어떤 심판을 염두에 두고 있다면, 야고보서 2:13은 요한복음 5:24과 정면으로 대치된다.

가장 중요한 증거가 다루어지지 않았다

슈라이너 역시 바버나 던과 마찬가지로 요한복음은 거의 언급하지 않는다. 그의 강조점은 바울과 야고보가 말하고자 하는 데 있다. "[최후의 심판에서] 선한 행위의 필요성을 강조하는 다른 본문들"이라는 소제목이 달린 단락에서 그는 한 쪽이 조금 넘는 분량을 요한복음에 할애한다(142-143쪽). 그런데 놀랍게도 그는 요한복음 5:24(물론 언급하긴 하지만)과 믿는 자가 "심판에 이르지 아니할" 것이라는 약속(그는 이 구절을 인용하지도, 다루지도 않는다)을 전혀 다루지 않는다. 오히려 슈라이너는 5:28-29에 초점을 맞추어 주님은 다음과 같이 가르쳤다고 결론짓는다. "선을 행한 이들은 '생명의 부활'을 누리지만, 악을 행한 이들은 '심판의 부활'을 경험하게 될 것이기 때문이다(5:29). 종말론적 생명은 신자들에게 주어지지만, 그들의 믿음은 선으로 가득 찬 삶으로 나타난다. 왜냐하면 변화된 삶이 수반되지 않는 '믿음'은 한낱 가식에 불과하기 때문이다"(142쪽).

슈라이너는 요한복음 15:6-10을 위해서도 한 단락을 할애하는데, 거기서 그는 "예수 안에 계속 거하지 않는 자들은 심판 날에 멸망을 당할 것"이라고 말한다(142쪽). 이 말은 칼뱅주의자의 입에서 나왔다고 보기엔 다소 어색해 보인다. 아마도 그는 한동안 그리스도 안에 거했지만 계속 거하지 않는 자는 애초부터 진실로 거듭나지 않았다는 것을 증명해준다고 말하는 것 같다. 그런데 어떻게 비신자가 한동안 그리스도 안에 거할 수 있단 말인가? **그리스도 안에** 거한다는 것은 오직 "그리스도 안에" 있는 자만이 할 수 있는 것이 아닌가?

슈라이너는 요한복음에서 단순히 예수를 믿는 자는 누구나 영생을 얻는다고 말하는 수많은 본문(예. 요 1:12; 3:16; 5:24; 6:28-29, 35, 47; 11:25-27; 20:31)을 다루지 않는다. 그렇다면 하나님 아버지께서 거듭남을 위해 유일하게 요구하시는 **일**이 바로 예수를 믿는 **믿음**이라고 주님이 말씀하시는 요한복음 6:28-29와 같은 본문은 어떻게 되는 것인가? 이 본문 역시 전혀 다루어지지 않는다.

성서에서 가장 독보적으로 복음전도적이라고 할 수 있는 이 책이 왜 이토록 피상적으로 다루어지는지 나는 정말 이해하기 어렵다.

바울은 자기 모순적인가?

슈라이너는 갈라디아서에 나타난 칭의와 율법의 행위에 관해 간략히 논의한 후 로마서에 나타난 칭의와 행위로 넘어간다. 그는 먼저 로마서 3:21-4:25(그리고 엡 2:8-9과 같은 바울 서신의 다른 여러 관련 본문)을 다룬 후, 이어서 "행위에 의한 칭의"라는 단락에서 로마서 2장을 다룬다.

로마서 2장에 관한 논의를 시작하는 그의 도입 문장을 주목해보라. "앞에서 진행된 [로마서 3:21-4:25에 관한] 논의만을 놓고 보면 이 논의는 여기서 끝나는 것처럼 보이지만, 이 노래는 1절에서 끝나지 않고 계속

이어진다. 바울은 어떤 본문에서는 행위에 의한 칭의를 부인하지만, 또 다른 본문에서는 우리가 행위로 의롭게 된다고 가르친다"(120쪽). 이 말은 마치 슈라이너가 바울은 자기 모순적이라고 말하는 것처럼 들린다. 아무튼 슈라이너의 말을 따르자면 다른 어떤 결론에 도달한다는 것은 상상하기 어렵다.

로마서 2:7, 13을 3:20과 서로 조화시킬 수 있는 방법은 전자가 가상적으로는 가능할지 모르지만 실제로는 그렇지 않은 상황을 가리킨다고 보는 것이다. 그러나 슈라이너는 이러한 견해를 거부하며 다음과 같이 말한다. "물론 많은 해석자들은 바울의 마지막 논증이 율법의 행위로는 아무도 의롭다 함을 얻지 못한다고 결론짓고 있기 때문에(롬 3:19-20) 바울은 로마서 2:6-10에서 가상적으로 말하고 있다고 생각한다." 그는 계속해서 "이러한 해석은 두 본문 간의 긴장을 해소해주기는 하지만, 바울이 2:26-29에서 말하고자 하는 바를 감안하면 결코 만족스럽지 못한 해석이다"(121쪽). 따라서 그는 다소 순환 논법에 의존하면서 2:25-27은 율법의 명령을 실제로 준수하는 무할례자를 가리킨다고 추정한다. 그렇다면 25-27절은 왜 동일하게 가상적으로 해석하지 않는가?

슈라이너는 단언하듯이 답변한다. "바울은 독자들을 **가상**이라고 불리는 땅에 그대로 내버려두지 않는다. 그는 독자들을 **실제**라는 땅으로 불러들여 마음을 변화시키는 성령의 새 언약의 사역에 대해 말한다. 바울은 2:29에서 '영'과 '율법 조문'을 서로 대조시킨다"(123쪽, 강조는 원저자의 것임). 그러나 로마서 2:28-29은 각기 자신의 행위에 의해 마음에 할례를 받은 이방인이나 유대인이 있다고 말하지도, 암시하지도 않는다. 바울이 정작 말하고자 한 것은, 육신의 할례 역시 율법을 준수하려는 노력과 마찬가지로, 아무도 의롭게 할 수 없다는 것이다.

로마서 2장은 이방인이나 유대인을 막론하고 행위로는 아무도 의롭다 함을 얻을 수 없다는 것을 보여준다. 하지스(Hodges)와 파스태드(Farstad)는 『다수 사본에 따른 그리스어 신약성서』(*The Greek New Testament According to the Majority Text,* 479, 480)에서 로마서 2:17-29 단락에 "유대인은 자신들이 판단하는 이방인과 똑같이 죄인이다"(롬 2:17-24)와 "할례 자체는 아무런 효력이 없다"(롬 2:25-29)라는 소제목을 단다.

왜 긴장을 해소시키지 않는가?

나 역시 슈라이너가 다룬 베드로후서 1:5-11과 다른 여러 본문을 다루고 싶지만 지면이 부족하다.[37] 슈라이너도 하나님 앞에서 행위로 얻는 칭의를 단순히 가상적인 것으로 이해하고 많은 본문이 영원한 상보다는 영원한 구원을 언급한다는 사실을 받아들이면 이 긴장은 쉽게 해소될 수 있음을 인정한다. 그러나 그는 하나님이 친히 "이 긴장"을 의도하신 것이라고 믿는다.

하지만 우리는 서로 양립될 수 없는 모순을 그대로 수용하기보다는 행위와 상관없이 오직 믿음으로 값없이 주어지는 영생의 선물과 또 이와 연관되어 있으면서도 구별되는 우리 행위에 대한 영원한 (그리고 일시적인) 보상에 대한 약속을 동시에 모두 붙잡아야 한다. 예수는 자기를 믿는 자는 결코 "심판에 이르지 아니할" 것이라고 약속하셨다(요 5:24). 이것은 정말 이렇게 단순한 것이다.

37_ 벧후 1:5-11에 관한 보다 더 상세한 논의는 Zane Hodges, "An Exposition of 2 Peter 1:5-11," www.faithalone.org/journal/1998i/Hodges.html을 보라. Schreiner가 다룬 본문 대부분에 대한 다른 학자들과 나의 논문은 이 웹사이트에서 입수할 수 있다.

논평

제임스 D. G. 던

신선한 공기와도 같으면서도 여전히 의구심이 남는 논문

우리는 과연 바울 서신의 문맥에 더 큰 비중을 두어야 할까?

각각 한쪽 편을 지지하는 다수의 본문(물론 서로 다른 본문)을 가지고 서로 까다롭게 물고 늘어지는 논쟁이 대세를 이루고 있던 상황에서 토머스 슈라이너가 쓴 논문은 마치 한 모금의 신선한 공기를 들이마시는 것과 같은 느낌을 준다. 그는 믿음과 행위—행위와 상관없는 칭의와 행위에 의한 심판—라는 주제에 대한 바울의 가르침이 지닌 복잡성, 아니 어쩌면 그 다양성을 인정하면서 그 다양성을 신학적으로 반추한다. 그는 비록 이 두 가지를 보다 어떤 일관성 있는 완전체에 끼워 맞추려고 노력하지만, 어느 하나만을 강조하고 다른 하나를 이에 종속시키지는 않는다. 내가 보기에 슈라이너는 이 주제—즉 서로 다른 요소들 간의 상호 관계 및 전체적인 관계를 비롯해 이미 충분한 고찰 과정을 거친 단일 주제—에 관해 바울 자신이 말한 다른 여러 진술 중에는 모순처럼 보이는 것들이 있음을 인정했다고 가정하는 듯하다. 나도 그렇게 생각하고 싶고, 또 바로 그런 이유에서 나는 우리가 단지 바울의 개별 서신의 신학이 아니라 바울신학 전반에 관해 의미 있는 대화를 할 수 있다고 믿는다. 그럼에도 불구하고 나는 여전히 우리가 다른 여러 문맥 자체와 그 영향력에 더 큰 비중을 둘 필요가 있다고 생각한다.

예를 들어 마르키온이 갈라디아서를 자신이 인정하는 바울 서신 모음집에서 가장 앞부분에 배치했다는 사실은 그리 놀랍지 않다. 어쩌면 바울 서신 가운데 시종일관 논쟁을 벌이는 서신으로 알려진 갈라디아서가 마르키온으로 하여금 복음과 율법 간의 대립이 바울의 복음 및 신학의 핵심이며 가장 근본적인 요소임을 깨닫게 했을 가능성이 높다. 루터교회 역시 이와 동일한 율법과 복음의 대립 관계에 입각하여 나름대로 자신들의 바울신학을 구축했다. 그런데 과연 갈라디아서가 진실로 바울신학의 전형적인 본보기로 간주될 수 있을까? 몇몇 학자가 이미 주장했듯이 과연 로마서가 그의 복음을 보다 더 성숙하고 정교하게 표현하고 있을까? 우리는 과연 갈라디아서를 그 본래 정황—유대 기독교 선교사들이 바울의 복음 중에 부족하다고 생각한 부분을 보완하려는 시도에 대한 격렬하고 단호한 대응—과 완전히 분리시키고, 어떤 정황에도 적용 가능하도록 보편화시켜야 할까? 우리는 이미 할례, 정결 및 부정에 관한 율법, 안식일 등에 관한 구약 규례가 그리스도인들에게 더 이상 어떠한 권위도 행사하지 못한다는 사실—즉 이 규례들의 효력은 당시 배경(구약성서에서는 지켜야 할 요구사항이지만, 신약성서에서는 그렇지 않은)과 직결되어 있다는 사실—을 잘 알고 있다. 과연 이와 비슷한 무언가가 신약성서에 나타난 특별한 강조점이나 규례에도 동일하게 적용될 수 있을까?

과연 우리는 바울이 믿음과 행위 간의 긴장을 완전히 해소시켰다고 봐야 할까?

만약 우리가 슈라이너가 논의한 이 문제—행위와 상관없는 칭의와 행위에 의한 심판—를 이와 같은 또는 이와 유사한 관점에서 바라본다면, 과연 우리는 바울이 강조하고자 하는 여러 다른 부분이 다양한 정황에서 서로 어떻게 잘 조화를 이룰지를 충분히 고려하지 않은 채, 임의적으로 여러 부분을 강조했을 가능성을 열어두어야 할까? 하나님의 백성은 누구나 할례법과 정결법을 준수할 의무가 있다고 확신하던 전통주의적 유대인 신자들에 맞서게 된 바울은 자신이 가지고 있던 신념에 대해 추호의 의심이나 주저함이 없었다. 즉 그에게는 인간 편에서는 오직 믿음, 아브라함이 그랬던 것처럼 하나님에 대한 신뢰, 그리스도를 믿는 믿음만이 하나님과 올바른 관계(인정받음/의롭다 함을 받음)를 맺을 수 있는 유일한 수단이자 기초였다. 베드로가 안디옥에서 그랬던 것처럼, 그 이상을 요구하는 것—율법의 행위—은 복음을 약화시키고 하나님과의 올바른 관계가 실현되고 결실을 맺는 것을 방해했다(갈 2:14-16).

그러나 이와는 다른 상황들도 전개되었다. 특히 고린도에서는 부도덕한 행위와 사회적 나태함에 대한 경고가 있었고, 순종의 필요성과 율법에 반하는 행위를 하지 않는 것에도 강조점이 찍혔다. 율법에 익숙하거나 율법을 존중하는 것만으로는 충분하지 않았기 때문에 율법은 **준수되어야만** 했다(롬 2:13). 이 두 강조점이 서로 어떻게 조화를 이룰지에 관해 바울이 실제로 길게 다루지 않았다는 사실은 최소한 바울이 그럴 만한 필요성을 느끼지 못했을 뿐만 아니라 서로 다른 상황의 요구에 따라 서로 다른 부분을 부각시키는 것으로 만족했을 가능성을 제기한다. 우리는 상황적 윤리만큼이나 상황적 신학도 그만큼 중요하다는 사실을 인정할 필요가 있다.

어떤 본문은 해석적 틀 안에 끼워 맞추어졌는가?

바울이 심지어 이 두 강조점을 서로 명시적으로 통합시킬 필요성을 못 느꼈다고 하더라도, 바울주석가들은, 바울 편에 서서든 혹은 바울의 반대편에 서서든, 이 난제를 결코 피할 수 없다는 슈라이너의 주장은 상당히 타당성이 있다. 그런데 슈라이너는 바로 이러한 난제에 충실하게 대응한다.

사실 나는 그의 논문에서 불평할 만한 부분을 별로 찾아내지 못하겠다. 사실 나의 질의는 그의 논문의 주된 요지에 큰 영향을 미치지 않는다. 예를 들어, 예수의 죽음이 (율법에 명시된 대로) 속죄제였기 때문에 죄를 처리하는 데 효력이 있다고 본 바울은 과연 예수의 죽음이 바로 이런 제사들을 "더 이상 효력"이 없게(113쪽) 만들었다고 생각했을까? 아니면 이러한 해석은 바울을 히브리서의 관점에서 읽는 것일까? (슈라이너는 바울 서신에서 말하고 있는 것보다 "용서"에 관해 더 많이 말하는 듯하다.)

또한 갈라디아서 6:12-13을 "자기 자신들의 업적을 자랑"하는 유대인 기독교 선교사들에 대한 언급으로 보는 슈라이너의 해석은 과연 옳은 것인가? 이러한 해석은 로마서 2:17, 23과 3:27-29에 나오는 "자랑"(자기 자신이 성취한 업적에 대한 자랑)에 대한 과거 불트만의 해석을 반영하지만, 사실 이 두 경우에서 염두에 두고 있는 자랑은 이방인 대비 유대인의 언약적 지위와 특권에 대한 자랑에 더 가까웠다. 갈라디아서 6:12-13도 마찬가지였던 것으로 보인다. 즉 유대인 기독교 선교사들은 갈라디아 교회 교인들도 (육체에) 할례를 받아서 그들도 "육체로 자랑"하기를 원했던 것이다.

또한 나는 슈라이너가 아브라함의 예를 다루면서(롬 4:2) "율법의 행위"를 너무 성급하게 "행위"에 관한 언급으로 확대한 것(116쪽)에 대해 이의를 제기하고 싶다. 로마서 4장 끝 부분까지 이어지는 논의를 위해 로마서 3:27에서 바울이 제기한 문제는 "행위의 법"이나 "믿음의 법"이 과연 자랑을 배제하는지에 관한 것이었다. 그리고 슈라이너는, 비록 시내산 율법이 아직 주어지지 않은 상태였다고 하더라도, 아브라함이 율법을 준수한 경건한 유대인의 본보기로 여겨졌다는 사실을 익히 알고 있을 것이다. 여기서 제기되는 문제는 과연 창세기 15:6이 할례를 받은 아브라함의 신실함에 관한 것으로 이해해야 하는지, 아니면 아들 이삭을 제물로 바친 그의 신실함에 관한 것으로 이해해야 하는지와 관련이 있다. 그런데 사실 나는 슈라이너가 이 시점에서 "다윗의 회심"(117쪽)을 거론한 데 대해 적지 않게 놀라고 당혹스러웠음을 고백하지 않을 수 없다. 왜냐하면 나는 그의 회심이 어떤 성격의 것이었으며 언제 일어났는지 전혀 알지 못하기 때문이다. 이것은 사소한 문제일 수도 있지만, 만약 이것이 성서 본문을 특정한 해석학적 틀에 집어넣으려는 사례 중 하나라면 내 마음은 불편해질 수밖에 없다.

낙관주의 대(對) 비관주의, 혹은 현실주의?

슈라이너가 "행위에 의한 칭의"로 시선을 돌려 로마서 2장을 다룰 때(120-125쪽) 나는 거의 대부분 그의 견해에 동의했다. 그는 바울이 "순종이 구원에 필수적"임을 분명히 했다는 데에는 조금도 의심의 여지를 남기지 않는다(125쪽). 갈라디아서 6:8과 고린도전서 6:9-10에 관한 그의 논의는 매우 탁월하다(125-132쪽). 무책임하고 악한 삶으로 인해 영생과 하나님 나라의 유업이 위험에 빠질 수 있다는 바울의 경고는 그냥 그가 어쩌다가 한 번씩 던지는 질책으로 치부되어서는 안 된다. 슈라이너의 관찰은 지극히 적절하다. "어떤 이들은 선한 행위가 최종적 구원에 필수적이라는 견해가 복음이 가져다주는 은혜를 부인한다며 우려를 표명하지만, 결코 우리는 바울보다 더 바울적일 수 없다는 사실을 명심할 필요가 있다! 바울은 자신의 말이 은혜의 복음과 대립한다고 생각하지 않았다"(129-130쪽).

솔직히 나는 로마서 6-8장에 등장하는 바울의 주장과 권면을, 슈라이너가 해설하는 것처럼, 낙관주의와 비관주의 간의 어떤 "단판승부" 정도로 보지 않는다(131쪽). 사실 이 본문은 바울이 "이미"와 "아직" 사이의 긴장을 해소하려는 시도에 더 가깝다. 즉 결정적인 출발—"그리스도와 합하여 세례를 받고"(롬 6:3), "율법에 대하여 죽고 그리스도와 합하여"(7:4), "죄와 사망의 법에서 너를 해방하였음이라"(8:2)—이 시작되었지만, 또한 동시에 지속적인 요구—여전히 "육신으로는…죄의 법을 섬기고"(7:25), "죄가 너희 죽을 몸을 지배하지 못하게 하라"(6:12), "너희가 육신대로 살면 반드시 죽을 것이로되"(8:13)—가 계속 이어진다. 나는 후자와 전자의 대립 관계를 "비관주의"와 "낙관주의"의 대립으로 보기보다는 오히려 "현실주의"로 묘사하고 싶다. 바울은 이 모든 것을 단순히 이론적인 차원에서 다룬 적이 결코 없다. 오히려 그는 여전히 "육신 안에" 살면서도 동시에 믿음으로 사는 제자도의 매우 가혹한 현실과 언제나 직면했다.

바울의 가르침과 권면에 담긴 다양한 강조점이 우리에게 주는 도전을 그가 얼마나 진지하게 받아들이고 있는지는 빌립보서 2:1-13에 대한 그의 주해를 보면 잘 알 수 있다. "바울이 여기서 말하고자 하는 바는 가히 놀랍다. 빌립보 교회 교인들은 구원을 받기 위해 '순종'하고 '행해야' 한다! 순종이나 선한 행위 없이는 결코 구원은 있을 수 없다. 바울은 신자들이 스스로 자신의 구원을 이루어내야 한다고 강조한다"(132-133쪽). 야고보서에 관한 논의 역시 마찬가지다(133-136쪽). 그의 논의는 참신하다.

믿음과 행위 간의 긴장에 대한 슈라이너의 해소 방안은 과연 깔끔한가?

그의 해소 방안은 어떤가? 특별히 바울의 가르침 안에 들어 있는 긴장 관계를 분명하게 파악한 그는 이를 어떻게 해소하는가? 그는 믿음에 의한 칭의와 행위에 따른 심판을 서로 어떻게 연관 지어야 하는지에 대한 자신의 해법을 여러 차례 암시하지만, 이에 대한 자신의 최종적이면서도 간략한(너무 간략한?) 진술은 마지막까지 유보한다. 그는 이 자명한 모순에 단도직입적으로 대처한다. "바울[은] 이 두 주제(행위로는 구원을 얻을 수 없지만,

동시에 행위는 구원에 필수적이라는 것)를 모두 긍정한다"(146-147쪽). 그가 내놓은 해결책은 "행위는 하나님과의 올바른 관계를 증명하는 필수적인 증거이자 열매"라는 것이다. "행위는, 비록 불완전하긴 하지만, 어떤 사람이 예수 그리스도를 진정으로 신뢰하고 있는지를 증명해준다"(148쪽). 이 해결책은 전혀 새롭지 않으며—물론 이것은 비판이 아니다—내가 오래전에 "선행은 칭의의 열매이지 뿌리가 아니다"라고 가르쳤던 기억을 상기시킨다. 이것은 수수께끼와도 같은 난제를 가지고 씨름하기 위해 자신의 연구실로 들어갔다가 마침내 해결책을 가지고 나온 선생을 떠올리게 한다. 하지만 이것은, 단지 하나의 해결책으로서, "이미"와 "아직" 사이의 혹독한 현실, 즉 기원후 1세기 에베소, 고린도, 또는 로마에서 몸소 살아냈던 제자도라는 혹독한 현실로부터 우리를 멀어지게 한다.

목회적 함의

오늘날의 상황과도 흡사한 이러한 상황에서는 목회자나 교사가 어떤 행위나 태도, 또는 정치적 꼼수가 우리의 구원을 위험에 빠뜨릴 수 있다고 경종을 울릴 필요성이 종종 제기된다. "여러분의 믿음은 사랑으로 표현되어야 합니다. 그렇지 않으면 여러분이 고백하는 말이나 부르는 찬송이 어떠하든지 간에 사실상 그 믿음은 죽은 것입니다." 이런 경우에 바울의 가르침 가운데 오직 한 면만을 받아들인다는 것은 아주 나쁜, 아니 사실은 너무나도 치명적인 목회 방침일 수 있다. "믿음에 입각해서 내려진 최초의 칭의 판결 역시 종말론적 판결에 해당한다. 마지막 날의 최종 판결은 사실 예수를 신뢰하는 이들에게 미리 앞서 내려진 판결이다"(139쪽). 어쩌면 이와 다른 상황(예. 심각한 우울증, 자신감 부족, 또는 깊은 회개)에서는 이와 같은 메시지가 요긴할 수 있다. 그러나 믿음이 사랑으로, 그리고 선하고 자비로운 행실로 표현되거나 나타나지 않는 상황에서는 바울의 가르침 중에서도 경고와 촉구의 메시지가 선포되고 들려져 사람들에게 경종을 울릴 필요가 있다.

그렇지만 이런 경우 "이신칭의"라는 핵심 메시지를 포기했다고 비판하는 사람들이 종종 나오기도 한다. 하지만 바울이나 야고보가 거기서 멈추지 않았던 것처럼, 우리도 여기서 멈춰서는 안 된다. 결국 그리스도인들이 최우선 순위에 둘 만큼 가장 중요하게 여겨야 할 것은 "행위와 상관없이 믿음으로 얻는 칭의"와 온전히 일치하는 신학을 정립하는 것이 아니라 사랑으로 역사하는 믿음을 몸소 실천하는 것이다.

논평

마이클 P. 바버

나는 토머스 R. 슈라이너의 논문에 대해 논평할 기회를 얻게 된 것을 감사하게 생각한다. 나는 슈라이너의 본문 해석에 대체적으로 동의한다. 특히 나는 그가 구원과 선한 행위를 서로 연계하는 본문들을 매우 진지하게 다룬 것을 높이 평가한다. 나 역시 내 논문에서 이와 비슷한 논증을 펼친다. 즉 나 역시 구원에 필요한 선한 행위는 단순히 인간의 노력의 산물이 아니라 **하나님이 역사하신 결과**라고 본다.

그러나 칭의와 구원의 본질에 대한 우리의 서로 다른 이해 때문에 선한 행위의 정확한 역할에 있어서는 아마도 우리가 다른 길로 나아갈 수밖에 없는 것 같다. 우리는 여기서 슈라이너 자신도 인정하듯이 이 용어들에 대해 상세하게 설명할 수 없다. 그러나 다행히 그는 다른 글에서 그 의미에 대한 자세한 분석을 해놓았다.[38] 따라서 나는 여기서 이에 대한 가톨릭교회의 입장을 간략하게나마 제시하고자 한다. 아무튼 이를 통해 나는 우리의 입장이 서로 어떻게 다른지를 파악하는 데 조금이나마 도움이 되기를 소망한다.

38_Thomas R. Schreiner, *New Testament Theology: Magnifying God in Christ* (Grand Rapids: Baker, 2008), 353-362; idem, *Galatian* (ZECNT, Grand Rapids: Zonvervan, 2010), 155-157.

바울이 사용한 용어의 다면성

첫째, 나는 바울을 포함하여 모든 신약성서 저자가 다양한 은유를 사용하여 구원에 대하여 말한다는 사실을 인정하는 것이 중요하다고 생각한다. 때로는 이 다양한 은유가 서로 중첩되기도 한다. 예를 들어 마이클 고먼(Michael Gorman)이 증명했듯이, 바울은 "칭의"를 그리스도와의 연합이라는 관점에서 말한다(갈 2:16-21).[39] 따라서 신학자들에게는 바울이 "칭의"와 "성화"를 서로 구분했으면 하는 바람이 있을 수 있지만, 본문을 자세히 살펴보면 바울은 이 둘을 전혀 구분하지 않는다는 사실이 드러난다(참조. 고전 6:11).[40] 따라서 우리는 이 은유들을 완전히 봉인된 범주로 보지 않도록 조심해야 한다.[41] 우리는 칭의 개념을 구원의 다른 측면과 서로 **구별할** 수는 있지만, 바울의 거대한 구원 교리로부터 **분리시켜서는** 안 된다.

더 나아가 제임스 던이 자신의 논문에서 지적한 바와 같이, 그 어떤 은유도 바울이 전한 구원을 포괄하는 전체적인 메시지, 또는 신약성서 전체의 메시지를 온전히 담아낼 수는 없는 듯하다. 따라서 우리는 이 사실을 염두에 두고, 우리가 칭의를 다른 다양한 구원 용어(성화, 입양, 구원, 구속[속량] 등)와 분리시킴으로써 바울이 정작 전하고자 했던 전체적인 메시지—신약성서의 전체적인 메시지는 말할 것도 없고—와 전혀 다른 의미를 칭의에 부여하지 않도록 조심해야 한다.

39_Michael Gorman, *Inhabiting the Cruciform God: Kenosis, Justification, and Theosis in Paul's Narrative Soteriology* (Grand Rapids: Eerdmans, 2009), 40-104.

40_ 예컨대 Terence L. Donaldson, "The Juridical, the Participatory and the 'New Persepctive' on Paul," in *Reading Paul in Context: Explorations in Identity Formation* (London: T&T Clark, 2010), 229-241을 보라.

41_Luke Timothy Johnson의 Schreiner에 대한 논평은 *Four Views on the Apostle Paul* (ed. M. F. Bird, Grand Rapids: Zondervan, 2012), 48-52를 보라.

칭의와 의

이제 나는 앞의 내용에 입각하여 우리가 칭의에 관해 논하는 것이 중요하다고 생각한다. 비록 슈라이너가 칭의를 "무죄 선언"으로 정의하지만, 나는 칭의가 그보다 훨씬 더 폭넓은 의미를 갖고 있다고 본다. 사실 "칭의"에 해당하는 그리스어 단어는 유독 번역하기가 어려운 단어다.[42] 이 용어는 **의**라는 단어에서 유래했다.[43] "의롭게 하다"('디카이오오')라는 단어와 완벽하게 일치하는 영어 단어는 없다. 개신교 학자인 마이클 버드(Michael Bird)는 이 단어를 "올바르게 하다[rightify]", "올바르게 되다[be righteoused]"(수동태), 심지어는 이미 사어(死語)가 된 "rightwise"로 번역될 수도 있다고 설명한다.[44] 쥬엣(Jewett) 역시 "이 단어를 '바로잡히다'[being set right]로 번역하는 것이 중요하다"고 주장한다.[45]

물론 이 단어가 법정적 의미를 전달하기 때문에 "무죄를 선언하다"로 번역하는 것도 충분히 가능하다(예컨대 고전 4:4를 참조하라). 슈라이너는 이 용어의 이러한 사법적 의미가 "칭의"의 의미를 한정한다고 본다. 재판관은 "어떤 사람을 의로운 사람으로 '만들지' 않고", 단순히 "사실에 해당되는 것을 선언할" 따름이다. 따라서 바울에게 칭의는 순수하게 법정적 선언을 수반할 뿐이다.[46]

그런데 여기서 주목해야 할 것은 칭의의 의미가 인간의 사법적 권위

42_Michael F. Bird, *The Saving Righteousness of God* (Eugene, OR: Wipf & Stock, 2007), 6-7을 보라.

43_Gorman, *Inhabiting the Cruciform God,* 56을 보라. 거기서 그는 의와 칭의는 "바울에게 있어 본질상 동의어"라고 설명한다.

44_K. Grobel은 Rudolf Bultmann, *Theology of the New Testament* (2 vols.; trans. K. Grobel; London: SCM, 1952), 1:253에 나오는 독일어 *Rechtfertigung*를 "rightwise"로 번역한다.

45_Robert Jewett, *Romans: A Commentary* (Hermeneia; Minneapolis, MN: Fortress, 2006), 280.

46_Schreiner, *Galatians,* 156.

에 의해 한정된다는 의견을 피력한 슈라이너가 곧이어 하나님은 그러한 권위의 한계 또한 제거하신다고 말한다는 것이다. 그리스도를 신뢰한다는 이유로 피고인에게 "의롭다"는 선고를 내리시는 하나님의 "판결은 재판관이 준수해야 할 정의롭고 정상적인 절차를 위반한다.…피고인에게 의롭다는 선고를 내리는 재판관은 정의의 기준을 훼손한다."[47]

나도 하나님은 인간 재판관이 할 수 있는 것에 의해 제약을 받지 않으신다는 슈라이너의 견해에 동의한다. 그러나 가톨릭교회의 관점에서 보면, 하나님은 인간의 사법권의 제약을 초월하시며, 이는 그분이 정의를 훼손함으로써가 아니라(이것은 하나님 자신의 본성을 위반하는 것이기에 불가능하다) 실제로 악인을 의인으로 **만드시기** 때문에 가능한 것이다. 존 헨리 뉴먼(John Henry Newman)이 지적한 바와 같이, 하나님은 자신이 선언한 것은 반드시 이루신다(참조. 사 55:10-11).[48] 이 사실은 그의 창조에서 분명하게 드러난다. 하나님이 "빛이 있으라"고 말씀하시자 빛이 있었다(창 1:3). 이와 마찬가지로 "새 창조"에서도 하나님이 죄인들에게 "의롭다"는 판결을 내리시면 그들은 의인이 **된다**. 왜 그럴까? 그 이유는 그들이 성자와 연합되었기 때문이다.

칭의와 양자됨

앞에서 이미 살펴본 바와 같이, 그리스어 "의롭게 하다"('디카이오오') 동사는 "의"와 불가분의 관계에 놓여 있다. 바울 서신에 등장하는 의('디카

47_Ibid.

48_John Henry Newman, *Lectures on the Doctrine of Justification* (3rd ed.; New York: Longmans, Green, and Co., 1990), 81-82.

이오쉬네')는 히브리어에서 올바른 관계를 강조하는 히브리어 단어 '체다카'(의)의 관점에서 이해할 때 가장 잘 이해된다.[49] 사실은 바울도 이러한 관계의 관점에서 "칭의"를 말한다(롬 5:9-10).[50] 이러한 성서적 배경에 비추어 볼 때, "의"를 "언약"이라는 모체와 분리시켜 해석하기란 거의 불가능하다. 사실 언약은 하나님의 의의 "원리적 표현"이자 "규범"이었다.[51]

그렇지만 일단 의와 관련된 용어를 언약의 배경에서 바라보면, 우리는 칭의(justification/'rightification' [의화, 義化])라는 용어가 무죄 선언 이상의 의미를 내포하고 있음을 알 수 있다. 모든 언약은 거의 확실하게 법률적/사법적 차원을 포함하지만, 일반적으로 가족이라는 측면도 포함하는 것이 사실이다. 프랭크 무어 크로스(Frank Moore Cross)라는 저명한 학자가 이미 증명했듯이, 고대 세계의 모든 언약은 근본적으로 상호 유대관계를 형성하는 것으로 이해되었다.[52] 따라서 언약의 논리는 **가족**의 논리라고도 할 수 있다.

따라서 "칭의"를 뒷받침해주는 사법적 근거는 가족이다. 이러한 맥락에서 재판관은 단순히 익명의 재판관이 아니라 그 집안의 **아버지**다. 그의 "의롭다는 선언"(rightification)을 정의하는 "의"는 자녀로서 새 언약 가족의 일원이 되는 것을 의미한다.[53] 따라서 "의"는 관계적인 것—즉 양자의 선물을 받았기 때문에 의로운 자가 되는 것(롬 8:14-17; 갈 4:5-7; 엡 1:5)—

49_ 여러 저서 중에 특히 Ernst Käsemann, "The Righteousness of God in Paul," *New Testament Questions of Today* (trans. W. J. Montague; London: SCM, 1969), 172; James D. G. Dunn, "The Justice of God: A Renewed Perspective on Justification by Faith," *JTS* 43 (1992), 16-17을 보라.

50_ Gorman, *Inhabiting the Cruciform God,* 55를 보라.

51_ 예컨대 Richard B. Hays, "Justification," *ABD,* 3:1131을 보라. 일부 학자는 "의"를 "언약적 신실함"으로 이해하는 데 반론을 제기했다. 하지만 Bird, *Saving Righteousness,* 12의 재반론과 Tom Schreiner, *New Testament Theology* (Downers Grove, IL: InterVarsity Press, 1998), 353; idem, *Galatians,* 156 n. 14(Bird의 논의 인용)도 참조하라.

52_ Frank Moore Cross, "Kinship and Covenant in Ancient Israel," in *From Epic to Canon: History and Literature in Ancient Israel* (Baltimore, MD: Johns Hopkins University Press, 1998), 3-21.

53_ 예컨대 Jewett, *Romans,* 281을 보라.

으로 이해되어야 한다.

따라서 바울에게 있어 칭의란 그의 포괄적인 구원사적 사고와 무관하게 사용된 개념이 아니다.[54] 그리스도 안에서 일어난 구원사적 사건들은 이스라엘이 바라봤던 소망—특히 새 언약의 소망—의 성취를 의미한다.[55] 슈라이너가 지적하듯이, 사실 이 소망은 바울이 로마서 2장에서 말하는 "새 언약"에 담긴 의다(122-125쪽을 보라). "칭의"에 대한 바울의 가르침은 결코 이러한 맥락과 분리되어 이해되어서는 안 된다.[56]

하나님의 경륜 속에 나타난 "의화"

따라서 바울의 칭의 언어는 그의 서신에 나타난 포괄적인 구원사적 사고의 관점에서 볼 때 가장 잘 이해된다. 아담의 죄를 통해 사망이 이 세상에 들어왔다(롬 5:12-15). 이미 잘 알려진 바와 같이, 고대 유대교 문헌에는 아담의 죄가 지닌 의미에 관한 내용이 거의 나타나지 않는다.[57] 첫 아담의 실패가 담고 있는 의미는 오직 새 아담이신 그리스도의 사역에 관한 바울의 묵상을 통해 우리에게 전달되었다(롬 5:12-14; 고전 15:21-22, 45; 참조. 롬 5:14). 우리는 하나님이 처음부터 인류를 위해 예비하신 것(하나님의 양자가 되는 것)을 그의 아들 안에서 발견한다.

54_ Mary Sylvia C. Nwachukwu, *Creation-Covenant Scheme and Justification by Faith* (Rome: Pontifical Biblical Institute, 2002)를 보라.

55_ 렘 31장에서 새 언약에 관한 약속을 다루는 본문의 언어도 **가족** 언어, 예컨대 결혼 언어를 포함한다는 사실에 주목하라. John Andrew Dearman, *Jeremiah-Lamentations* (NIVAC; Grand Rapids: Zondervan, 2002), 36-37을 보라.

56_ Gorman, *Inhabiting the Cruciform God,* 56을 보라.

57_ 오직 에스라4서 7:118만은 예외적이다.

이러한 인간을 향한 원 계획은 심지어 창세기 본문에서도 감지된다. 창세기 1장에서 하나님은 인간을 자신의 "형상"과 "모양"으로 창조하시는데(창 1:26-27), 여기서 사용된 단어들은 나중에 "아들"과 관련된 창세기 본문에서 다시 사용된다(창 5:3). 이 모든 것을 감안하면, 누가가 아담을 "하나님의 아들"로 묘사한 것은 그리 놀라운 일이 아니다(눅 3:38).

따라서 아담 안에서 잃어버린 것—하나님의 아들 됨—이 그리스도 안에서 다시 회복된다. 칭의는 단순히 "무죄" 선언을 받는 것 이상의 의미를 담고 있다. 칭의는 진실로 "의롭게 되는" 것(rightified), 즉 언약적 "의"의 신분을 되찾는 것, 아들 됨을 회복하는 것이다. 바울은 이렇게 말한다. "너희가 다 믿음으로 말미암아 그리스도 예수 안에서 하나님의 아들이 되었으니"(갈 3:26).

나는 이 의—아들 됨—는 **기독론적인** 관점에서도 이해될 필요가 있다고 말하고 싶다. 즉 그리스도는 "우리의 의"가 되신다(고전 1:30). 따라서 구원 사역은 단순히 하나님의 진노로부터 건짐을 받는 것뿐만이 아니라 그의 아들을 통해 하나님과 교제를 나누는 것이다. 심지어 이것은 교부들이 신성화(神化, theosis)라고 부르는 것과도 일맥상통한다.[58] 이것은 또한, 베드로후서의 표현을 빌리자면, "신성한 성품에 참여하는 자"가 되는 것이다(벧후 1:4).

행위와 상관없는 칭의

슈라이너는 칭의는 단순히 신적 선언일 뿐, 죄인을 의인으로 **만들지** 않

58_Ben Blackwell, *Christosis: Pauline Soteriology in Light of Deification in Irenaeus and Cyril of Alexandria* (Tübingen: Mohr-Siebeck, 2011)를 보라.

는다는 자신의 주장을 뒷받침하기 위해 로마서 4:1-8을 제시한다. 여기서 바울은 하나님은 "율법의 행위"와 상관없이 의롭게 하신다는 사실을 분명히 한다. 내 논문을 읽는 사람은 내가 **최초의** 칭의는 행위가 아니라 믿음으로 얻는다(엡 2:8)는 데 전적으로 동의한다는 것을 확인할 것이다. 칭의는 그리스도와의 연합을 통해 실현되는 것이며, 그 누구도 선한 행위를 통해 의롭다 함을 얻지 못한다.

나 역시 슈라이너와 마찬가지로 고린도전서 6:11과 같은 바울의 여러 진술을 따라 그리스도와의 연합과 그 결과로 발생하는 칭의가 세례와도 연계되어 있다는 데 동의한다. 세례는 그리스도와의 연합을 의미한다(참조. 롬 6:1-4; 딛 3:5-7).[59] 따라서 우리는 어떤 선한 행위를 하기 **이전에** 은혜로 의롭다 함을 얻는다. 교황 베네딕토 16세는 다음과 같이 천명한다.

> 의롭게 되는 것은 단순히 그리스도와 함께 그리고 그리스도 안에 있는 것을 의미한다. 그리고 이것으로 충분하다. 추가적인 준수는 필요하지 않다. 그런 이유에서 "오직 믿음"이라는 루터의 말은, 그것이 자선과 사랑으로 역사하는 믿음에 반하지 않는다면, 참되다. 믿음은 그리스도를 바라보고, 자신을 그리스도에게 맡기고, 그리스도와 연합하며, 그리스도와 그의 삶을 본받는 삶을 산다. 그리고 그런 삶의 형태, 그러니까 그리스도의 삶은 바로 사랑이다. 따라서 믿는다는 것은 그리스도를 본받는 것이고 그의 사랑 안으로 들어가는 것이다. 그래서 사도 바울은 갈라디아서에서 칭의에 관해 가르칠 때 사랑으로 역사하는 믿음에 관하여 말한 것이다(참조. 갈 5:14).[60]

59_ 세례와 칭의의 연계성에 관해서는 Gorman, *Inhabiting the Cruciform God*, 59-69를 보라. 목회서신의 진정성에 관해서는 Luke Timothy Johnson, *The First and Second Letters to Timothy* (New York: Doubleday, 2001), 55-90을 보라.

60_ 2008년 11월 19일에 있었던 베네딕토 16세의 일반알현 내용임(www.vatican.va/holy_father/.../

이것이 얼마나 슈라이너의 견해와 비슷하게 들리는지는 정말 놀라울 뿐이다.

칭의, 행위 그리고 양자됨

슈라이너는 행위가 구원에 필수적이라고 주장하지만, 이것이 어떤 특정 본문에서도 그러한지를 설명하는 과정에서는 상당한 어려움을 겪는다. 특히 야고보서 2장은 그에게 많은 어려움을 준다. 야고보는 "이로 보건대 사람이 행함으로 의롭다 하심을 받고 믿음으로만은 아니니라"(약 2:24)라고 말한다. 슈라이너는 "야고보[가] 선한 행위가 칭의에 필수적이라는 사실을 분명하게 가르친다"는 사실을 인정한다(133쪽). 그러나 슈라이너는 야고보가 실제로 의미하는 바는 "구원하는 믿음"이 사람을 의롭게 하고, 그런 믿음은 반드시 선한 행위를 수반하며, 그렇기 때문에 믿음만으로는 의롭다 함을 얻을 수 없다고 주장한다.

물론 이렇게 하면 우리는 야고보와 바울을 서로 조화시킬 수 있다. 하지만 그것은 절대 야고보가 말하고자 하는 바가 **아니다**. 야고보의 관점에서는 **행위 자체**가 의롭게 하는 가치를 갖고 있다. 바로 이어서 나오는 기생 라합에 관한 진술이 이 사실을 분명히 해준다. 즉 사자들을 접대하고 그들을 다른 길로 나가게 한 것이 그녀를 의롭게 한 것이다(약 2:25). 여기서 중요한 것은 단순히 믿음이 아니라 행위의 **도구성**이다.

야고보와 바울은 결코 서로 조화를 이룰 수 없는 것일까? 나는 그렇다고 생각하지 않는다. 가톨릭교회의 견해는 우리 앞에 놓인 모든 자료를

hf_ben-xvi_aud_20081119_en.html).

잘 설명해준다. 칭의는 아들 됨, 구체적으로 말하자면 그리스도의 아들 됨에 참여하는 것이다. 의롭다 함을 얻은 이들은 "그 아들의 형상을 본받는" 자들이다(롬 8:29). 우리는 세례를 통해 칭의의 은혜를 받는데, 이 은혜는 구원하는 믿음을 베풀어주며, 이는 또한 "하나님[이 행하시는] 일"이다(요 6:29). 따라서 우리는 애초부터 행위와 **상관없이** 의롭다 함을 얻는다!

그런데 일단 믿음으로 의롭다 함을 얻으면 그 사람은 선한 행위를 통해 영화롭게 되고 아들의 형상을 본받게 된다. 내가 내 논문에서 설명했듯이, 칭의는 구원과 마찬가지로 단순히 어떤 한 순간에 일어나는 일이라기보다는 지속적으로 이루어지는 어떤 과정이다. 왜냐하면 칭의는 바로 아들 됨이기 때문이다. 아들 됨은 성장을 수반한다. 구원은 단순히 "진노"로부터의 구원이 아니라 "사망의 능력"으로부터의 구원을 의미한다. 우리는 그리스도 안에서 "양자의 영"으로 힘입는다(롬 8:15; 참조. 갈 4:5). 우리는 "하나님의 가족에서 제외되는" 것으로부터 구원을 받았다. 따라서 세례를 통해 받는 칭의의 선물은 구원을 얻는 데 충분하다. 우리가 세례 시 구원을 얻듯이(벧후 3:21) 우리는 세례와 동시에 의롭다 함을 얻는다(고전 6:11). 왜냐하면 세례는 아들 됨과 연계되어 있기 때문이다(참조. 갈 3:26-27).

그러나 하나님의 자녀들도 성숙해간다. 그들은 자기들 안에서 역사하는 하나님의 은혜와 협력하여 지속적으로 선한 일을 행하고, 이로써 하나님의 아들의 형상을 본받는다. 따라서 그들의 행위는 그리스도가 그들 안에 거하심으로써 나타나는 결과이므로(갈 2:20) 그들을 구원에 이르게 하는 공로가 된다. 따라서 바울은 이렇게 말한다. "너희 구원을 이루라. 너희 안에서 행하시는 이는 하나님이시[기 때문이다]"(빌 2:12-13).

결론

나는 슈라이너와 내가 많은 부분에서 서로 의견을 같이한다는 말로 내 논평을 끝맺고자 한다. 사실 슈라이너의 견해는 가톨릭교회 전통의 대표적인 신학자와도 같은 토마스 아퀴나스의 견해와 상당히 유사하다. 로마서 4장을 주석하면서 아퀴나스는 다음과 같이 말한다.

> 사람의 행위는 이러한 의의 습관을 **유발하는** 것과 비례하지 않는다. 오히려 사람의 마음이 먼저 **하나님에 의해** 내적으로 의롭게 되는 것이 필요하다. 그럴 때에야 비로소 그는 하나님의 영광에 비례하는 행위를 실천할 수 있게 된다.[61]

61_Thomas Aquinas, *Lectures on the Letter to the Romans* (trans. Fabian Larcher, O.P., 온라인 웹사이트 *Nova et Vetera: The English Edition of the International Theological Journal, http://nvjournal.net/files/Aquinas_on_Romans.pdf*에서 입수 가능), 4, lect. 1.

3

바울이 이신칭의와 행위 심판을 동시에 믿을 수 있었다면, 그것이 왜 우리에게 문제가 되어야 할까?

제임스 D. G. 던

우리가 신약성서의 신학에 관해 저술하거나 또는 특정 주제나 이슈에 대한 가르침에 관해 저술할 때 가장 난해한 문제 중 하나는 우리가 그 안에서 하나의 통일된 또는 일관된 신학을 쉽게 발견하지 못한다는 것이다. 물론 그 안에는 몇 가지 필수적인 요소—예컨대 그리스도의 중심성, 즉 그에 대한 믿음/신뢰 촉구 등—가 들어 있다. 그러나 이러한 필수적인 요소가 더욱 구체화되거나 또는 다양한 정황에서 언급되면 이와 같이 다양한 형태의 가르침을 하나로 묶는 작업은 점점 더 어려워질 수밖에 없다. 나는 이 사실을 『신약성서의 통일성과 다양성』[1]에서 이미 다룬 바 있다. 사실 나는 거기서 서로 다른 신약성서 저자들의 글에서 하나의 핵심적인 케리그마 혹은 복음, 즉 신약성서 저자들이 모두 동의하는 핵심 메시지를 추출해내는 것이 분명 가능하지만, 일단 이 핵심 메시지가 서로 다른 글에서 설명되고 다른 특정 정황과 관련되어 표출되는 순간, 이 메시지는 금방 다양한 색채를 띠게 된다.[2] 한 가지 분명한 예는 바로 갈라디아서 2:9에서 합의된 이방인을 위한 복음과 할례자를 위한 복음이다. 물론 이 둘은 같은 복음이지만, 바로 이어지는 다음 단락(갈 2:11-16)을 보면 이 복음이 어떻게 이해되고 실행되었는지에 대해서는 전혀 합의된 바가 없다.

나는 『사도 바울의 신학』에서도 바울의 다양한 "구원의 은유들"과 관

1_James D. G. Dunn, *Unity and Diversity in the New Testament* (3rd ed.; London: SCM, 2006).

2_ 2장, 특히 §7; 그리고 3판 xxviii-xxx과 개정판 §76.

련하여 이와 비슷한 내용을 다루었다.[3] 바울이 이 은유들을 통해 다양한 경험을 언급했다는 사실은 하나의 은유를 가지고 다양한 범주의 경험을 모두 포착하거나 어떤 특정 경험을 심도 있게 표현하기에는 역부족이라는 사실을 보여준다. "해방"이나 "화목"과 같은 은유는 당연히 구원의 시작이나 과정의 한 면은 표현할 수 있지만, 그 과정 전체를 모두 표현할 수는 없다. 바울은 자신의 경험을 "만삭되지 못하여 난" 것으로(고전 15:8), 복음을 통해 고린도 교회 교인들의 아버지가 된 것으로(고전 4:15), 또 갈라디아 교회 교인들을 낳은 것으로(갈 4:19) 표현하기도 한다. 그는 몇 구절 안에서 "입양"의 이미지를 두 차례—첫 번째는 그리스도인이 되는 경험의 시작과 관련하여, 두 번째는 육체의 부활이라는 절정적인 경험과 관련하여(롬 8:15, 23)—사용한다. 그리스도인이 되는 것은 그리스도와 약혼하는 것으로(고후 11:2), 그리스도와 혼인하는 것으로(고전 6:17), 또는 그리스도와 함께 죽는 것으로(롬 6:3-6) 비유된다. 우리는 이 여러 비유를 어떻게 하나로 통일할 수 있을까? 우리는 이 비유들을 어떻게 하나의 일관된 내러티브 안에 집어넣을 수 있을까?

물론 여기서 가장 근본적인 것은 언어의 문제다. 즉 인간의 경험을 표현하는 일상적인 언어는 하나님과 부활하시고 높임을 받으신 예수, 그리고 성령의 인격과 사역에 관한 언어와 이미지 등을 포함하여 무형의 영적 실재를 표현하기에는 기본적으로 부적합하다. 이 모든 경우, 만약 우리가 이에 관해 논하고자 한다면, 우리가 사용하는 이미지는 유비적이며, 우리가 사용하는 언어는 은유적이라는 사실을 인정하지 않으면 안 된다. 또한 여기에는 우리가 사용하는 언어가 문자적인 것이 **아니**라는 것과 이것을 문자적인 의미를 담은 명제적 진술로 이해하는 것은 이를 오해하고 남

3_James D. G. Dunn, *The Theology of Paul the Apostle* (Grand Rapids: Eerdmans, 1998), 328-333.

용하는 것임을 인정하는 것도 포함된다.

우리가 확실히 믿을 수 있는 이러한 언어는 실재를 가리킨다. 하지만 이 언어는 무언가를 직설적이기보다는 암시적이며 단편적으로 묘사한다. 이러한 은유들을 일종의 '오르도 살루티스'(*ordo salutis*, 구원의 서정)에 끼워 맞추려는 시도는 이 은유들이 불가피하게 쉽게 들어맞지 않는 합리적 사고 모델을 사용한다. 수많은 바울 주석가들은 그동안 바울이 칭의와 "그리스도에게로의" 참여를 설명하기 위해 사용한 언어를 서로 조화시키려는 데 엄청난 에너지를 쏟아 부었다. 그런데 놀랍게도 이러한 엄청난 노력이 바로 이러한 노력이 지닌 맹점을 잘 보여준다는 것이다.[4] 왜냐하면 바울 자신은 자기가 전한 이 복음 안에서 서로 다른 두 가지의 구원 과정 모델을 하나로 묶어서 생각하는 데 전혀 어려움이 없었던 것으로 보이기 때문이다.

이 모든 것에도 불구하고, 기독교 역사는 일관된 **구원의 서정**을 도출해내려는 시도, 다시 말하면 다른 모든 은유의 열쇠나 규범이 되는 어떤 특정 명제 또는 은유(또는 구조)를 찾아내려는 시도를 지속적으로 목격해왔다. 예를 들어 주류 기독교 역사를 보면, 신약의 교회들이 보여준 다양한 교회 질서에도 불구하고, 교회의 중심에 주교를 세우고 다른 대안적 질서는 무조건 도외시하는 것이 정상적인 것처럼 되어버렸음을 알 수 있다. 또는 요한복음 3:8과 같은 구절이나 기독교 초기에 나타난 성령의 무제한적인 역사에도 불구하고, 성령의 사역은 비교적 쉽게 통제 가능한 성례와 성서로 한정되었다. 즉 성령의 기능은 선한 질서를 위해 제약을 받게 된 것이다.

4_D. A. Campbell, *The Deliverance of God: An Apocalyptic Rereading of Justification in Paul* (Grand Rapids: Eerdmans, 2009)은 이 맹점을 잘 보여준다.

이와 마찬가지로 루터교회에서도 "칭의" 은유는 루터교회의 존립 여부와 직결된 조항으로 부상하게 되었고, 다른 모든 은유는 이에 종속되었다. 오늘날에는 중생("거듭남")의 은유가 많은 그리스도인들이 그리스도인이 되는 것이 무엇인지를 판단하는 지배적인 기준이 되었다. "스콜라주의"는 일차적으로 중세 시대의 신학적 논의를 가리킬 수 있지만, 이 단어는 합리적인 일관성을 가장 결정적인 요소로 간주하고 루터나 칼뱅의 은사적인 통찰을 형식적이고 일관된 구조에 일치시키려는 시도를 가리키는 어구이기도 하다.

신약성서의 다양한 자료를 아주 질서정연하게 체계화하려는 노력을 완전히 수포로 돌아가게 만드는 가장 절망적인 예는 최후의 심판에 대한 신약성서 저자들의 생각이다. (내가 여기서 "절망적"이라고 말하는 이유는 이러한 체계화 작업을 단순히 명제적인 차원에서 이야기하고, 이러한 분명한 범주에서 벗어나는 자들을 파악하고 분리하는 일은 차라리 훨씬 수월하다는 생각이 들기 때문이다.) 이는 특히 바울이 말하는 (율법의) **행위에 의한 것이 아닌** 믿음에 의한 심판과 **행위에 따른** 심판을 서로 어떻게 조화시킬 것인지와 관련이 있다. 과연 우리는 로마서 8:31-39[5]에 담긴 놀라운 확신과 고린도후서 5:10의 냉정한 경고를—아주 절묘할 정도로 잘 어울리는 사례를 하나 들자면—서로 어떻게 조화시킬 것인가? 물론 이 문제는 바울 서신에만 국한된 문제는 아니다. 하지만 바울의 경우, 행위에 따른 심판의 문제, 특히 이 심판이 행위가 아닌 믿음에 의한 칭의를 강조하는 그의 가르침과 어떻게 연관되는지의 문제가 너무나 절박한 문제일뿐더러 그의 신학과 복음을 올바르게 이해하는 데 너무나 중요한 문제이기 때문에, 나는 여기서

5_P. Stuhlmacher, "Christus Jesus ist hier, der gestorben ist, ja vielmehr, der auch auferweckt ist, der zur Rechten Gottes ist und uns vertritt," in *Auferstehung-Resurrection* (ed. F. Avemarie and H. Lichtenberger; WUNT 135 [Tübingen: Mohr Siebeck, 2001]), 351-361.

이 문제에 관한 바울의 가르침을 핵심적으로 다루고자 한다.[6]

본 논문의 서론에서 어느 정도 암시했듯이, 우리는 바울의 가르침이 서로 다른 상황 속에 있던 서로 다른 교회에 보낸 편지에 담겨 있었다는 사실을 기억할 필요가 있다. 이 문제는 과연 우리가 바울신학에 관해 논할 수 있는지 혹은 그의 개별 서신 수준에서만 신학을 논해야 하는지의 문제로까지 확대된다. 나는 우리가 바울신학에 관해 논할 수 있다고 확신하지만,[7] 심지어 그렇다고 해도 각 서신 및 개별적 진술의 특수성은 결코 무시될 수 없다고 생각한다.

"행위에 따른 심판"은 아래와 같이 여러 소제목으로 나누어 논할 수 있다.

두 가지 칭의

우리는 바울이 칭의의 은유를 법정의 이미지로부터 유추해냈다는 점 – 재판관이 피고인에게 무죄를 선고한다는 의미의 칭의 – 과 바울에게 있어 법정의 이미지의 일차적인 지시 대상은 최후의 심판이라는 사실을 쉽게 망각한다.[8] 바울에게 있어 그의 복음이 놀랍도록 "좋은 소식"일 수밖에 없었던 두 가지 특징은 바로 율법 없는 이방인들을 포함해 **하나님이 경건하지 아니한 자들을 의롭다고 선언하신 것**과 이러한 칭의 판결이 **이제는**

6_ 나는 특히 나의 저서 *Theology of Paul* §§14, 18; *The New Perspective on Paul* (Tübingen: Mohr Siebeck, 2005; rev. Grand Rapids: Eerdmans, 2008, 『바울에 관한 새 관점』 에클레시아북스 역간), 1장에 의존하는데, 여기서 나는 여러 각주를 인용한다.

7_ Dunn, *Theology of Paul*, esp. 13-26을 보라.

8_ 또한 롬 2:5; 3:3-6을 비롯해 8:31-39와 같은 본문에도 암시되어 있다.

그의 복음을 받아들이고 예수 그리스도를 믿은 이들에게 지금 선언될 수 있다는 것이었다.

물론 하나님이 "경건하지 아니한 자를 의롭다 하시는" 하나님이라는 이 확신(롬 4:5)은 사실 법정 은유를 초월한다(이것은 은유를 너무 논리적으로 풀어서는 안 된다는 또 하나의 경고다). 왜냐하면 악인의 칭의/무죄 선언은 유대교 정의 개념의 가장 기본적인 준칙에 크게 어긋났기 때문이다.[9] 또한 이것은 하나님이 이스라엘과 맺으신 언약에도 반하는 것처럼 보인다. 어쨌든 정의상 경건하지 아니한 자는 율법을 어긴 자, 즉 이스라엘의 조상들에게 주신 약속에 신실하시고 자기 백성을 이집트의 종노릇으로부터 해방시키신 하나님께 신실하지 못한 자였다. 율법을 어긴 자는 스스로 자신을 율법 밖으로, 언약 밖으로, 하나님의 구원하시는 의의 범주 밖으로 나간 자다. 그리고 정의상 이것은 그 누구보다도 율법이 없고 율법 밖에 있던 죄인인 이방인에게 적용되었던 것이다.

그러나 바울은 하나님이 자신의 약속을 아브라함에게 무조건적으로 주시고 아브라함이 아직 불경건한 자였을 때 그와 언약을 맺으셨다는 사실에서부터 시작한다.[10] 바울은 창세기 15:6이 하나님의 칭의의 성격과 조건을 분명히 밝혀주었다고 말한다. "아브람이 여호와를[여호와의 약속을] 믿으니 여호와께서 이를 그의 의로 여기[셨다]." 그는 하나님 앞에서 무죄 선언을 받았고 하나님에게 의로운 자로 여겨졌다. 따라서 경건하지 아니한 자를 의롭게 하시는/올바르게 하시는 이러한 초기 행위, 즉 죄인을 의롭게 하는 이 결정적인 행위는 순전히 은혜의 행위였다. 그뿐만이

9_ 출 23:7; 잠 17:15; 24:24; 사 5:23; CD 1.19.

10_ 유대 문헌을 보면 아브라함은 우상숭배를 버리고 참된 한 분 하나님께로 돌아선 이방인 개종자의 모형으로 간주되었다(희년서 12.1-21; 요세푸스의 유대고대사 1. 155; 아브라함의 묵시 1-8, Strack-Billerbeck, 3. 195).

아니다. 하나님은 자신의 약속을 받아들인 아브라함의 자손들이 심지어 신실하지 못한 모습을 보일 때에도 여전히 신실함을 나타내셨고(롬 3:3-6), 이로써 이스라엘에 대한 하나님의 의가 구원하는 의로, 정당성을 입증하는 의로 나타났다.[11] 그리고 바울은 이방인과 유대인을 막론하고 모든 믿는 자를 구원하시는 하나님의 의를 선포하는 자신의 복음에 관해 말할 때에도 이 사실을 그대로 활용한다(롬 1:16-17).[12] 따라서 죄인을 받아들이고 의롭다고 여기는 하나님의 행위는 바울의 복음의 핵심이며, 이스라엘의 구원 역사를 수정하는 것이 아니라 그 역사를 확대하고 보다 폭넓게 적용하는 것이다.

바울의 칭의 복음이 지닌 또 하나의 특이할 만한 요소는 바로 이 칭의가 지금 당장 경험할 수 있는 것이라는 점이다. 아마도 승리에 찬 부정과거 시제로 시작하는 로마서 5장보다 이 사실을 더 확실하게 천명하는 본문은 없을 것이다. "그러므로 우리가 믿음으로 의롭다 하심을 받았으니…"(롬 5:1).[13] 그러나 바울은 또한 동시에 "의롭게 하다"(디카이오오)라는 동일한 동사를 최후의 심판을 내다보는 의미로 사용하면서 최후의 심판 때 내려질 무죄 선언이라는 보다 더 기초적인 칭의 개념을 그대로 유지한다(롬 2:13; 3:20, 30).[14] 바울의 실제 용법보다는 덜 전형적이지만 그

11_ 특히 시편(예. 51:14; 65:5; 71:15)과 제2이사야서(사 46:13; 51:5-8; 62:1-2)를 보라. NRSV는 시 51:14와 65:5에서 '체데크/체다카'('의'를 "구출"(deliverance, 해방)로 번역하고, 다른 본문들에서는 하나님의 "의"가 하나님의 "구원"과 평행을 이룬다. 그리고 NRSV는 사 62:2에서 '체데크'를 "신원(伸冤)"(vindication, 억울함을 풀어줌)으로 번역한다. NRSV는 또 다른 곳(예. 미 6:5; 7:9)에서 하나님의 '체다카'를 하나님의 "구원 행위"와 그의 "신원"로 번역한다. 또한 BDB, *ṣědāqâ* 2와 6a도 보라.

12_ 롬 1:16-17의 "하나님의 의"가 하나님의 **징벌적** 의가 아닌 그의 **구원하시는** 의를 가리킨다는 루터의 발견이 종교개혁의 기초이자 출발점이 되었다.

13_ 또한 롬 4:2; 5:9; 고전 6:11; 딛 3:7도 보라.

14_ 그러나 이는 롬 3:24, 26, 28; 4:5; 8:33; 갈 2:16; 3:8, 11; 5:4의 현재 진행형과 롬 3:4; 8:30; 갈 2:16, 17; 3:24의 부정과거형에서도 암시된다.

의 신학보다는 더 전형적이라고 할 수 있는 것이 바로 "의의 소망"(또는 의를 바라는 것)을 무언가 "간절히 기다리는" 것(갈 5:5)으로 보는 그의 견해다. 이와 같이 바울이 이신칭의의 "아직" 측면을 인정한다는 사실은 '시물 페카토르 에트 유스투스'(동시에 죄인이자 의인)라는 루터의 사상에 힘을 실어준다.

그러나 여기서 제기되는 문제는 이 두 칭의가 서로 어떻게 연관되느냐는 것이다. 첫 번째 칭의가 두 번째 칭의를 보장해주는가? 그리고 최초의 칭의가 경건하지 아니한 자에 대한 칭의이므로, 최종적 칭의도 이와 유사하다는 것인가? 그리고 만일 하나님의 주도권과 은혜에 의해 의롭다 함을 받는 자가 오직 경건하지 아니한 자라면, 칭의 교리와 선택 교리가 서로 연계되어 있다는 말인가? 즉 칭의는 하나님이 무조건적으로 은혜를 베푸시겠다고 약속하심으로써 최후의 심판에서 무죄 선언을 받게 될 자들에게만 적용되는 것인가? 이제부터는 구원에 관한 바울의 복음 중에서 "아직"에 해당하는 측면을 좀 더 자세히 살펴보도록 하자.

시작과 완성

바울은 두 곳에서 그리스도인의 삶의 시작과 완성에 관해 언급한다. 빌립보서 1:6은 확신을 주는 말이다. "너희 안에서 착한 일을 시작하신 이가 그리스도 예수의 날까지 이루실 줄을 우리는 확신하노라." 그러나 갈라디아서 3:3에는 경고의 의미가 담겨 있다. "너희가 이같이 어리석으냐? 성령으로 시작하였다가 이제는 육체로 마치겠느냐?" 여기엔 분명히 이미 시작되었지만 아직 완성되지 않은 과정이 들어 있다.

또한 우리는 성령을 선물로 받는 사건(롬 8:9, 14; 바울의 관점에서 보면 이것은 그리스도인의 삶의 시작이다)은 하나의 긴 과정의 첫 단계라는 것을 기억할 필요가 있다. 성령은 '아르라본' 곧 전 과정의 "첫 납입금"이자 이 전 과정의 완성에 대한 "보증"이다(고후 1:22). 성령은 하나님의 온전한 기업에 대한 "보증"이다(엡 1:13-14). 고린도후서 5:5에서 성령은 4:16-5:4에서 묘사하는 과정, 즉 부활한 몸으로의 변화/이전이라는 절정에 이르게 하는 외적 쇠약 및 내적 갱신 과정의 '아르라본'(보증)이다.

이에 상응하는 이미지인 '아파르케'(첫 열매)는 추수 때 처음으로 거두어들인 첫 다발을 가리키는데, 여기서 성령은 "몸의 속량"이라는 정점에 도달하게 하는 과정의 시작이다(롬 8:23). 예수의 부활이 죽었다가 다시 부활한 자들에 대한 추수의 '아파르케'였던 것과 마찬가지로 성령의 선물도 육체의 부활로 정점에 도달하게 될 과정의 시작이며(롬 8:11), 이는 곧 그리스도의 부활로 형성된 부활한/신령한 몸의 종말론적 추수의 '아파르케'다(고전 15:44-49).

그런데 우리는 바울에게 있어 "구원"은 하나의 과정이라는 사실을 쉽게 망각한다. 사실 바울은 "구원"이라는 단어 자체를 그 과정의 최종 결과를 가리키는 데 사용하고(특히 롬 13:11; 살전 5:8-9), "구원하다"라는 동사의 미래 시제는 아직 소망하는 것을 가리키는 데 사용한다(롬 5:9-10, 10:9, 13; 11:26; 고전 3:15; 5:5). 그리스도인들은 가장 전형적인 의미에서 "구원받는(과정에 있는) 자"다(고전 1:18; 15:2; 고후 2:15).

그런데 문제는 "이미" 시작된 것과 "아직" 완성되지 않은 것을 가리키는 이 두 시제가 바울의 사고에서 서로 어떻게 연관되어 있느냐는 것이다. 시작이 완성을 보장한다는 말인가? 빌립보서 1:6을 읽어보면 그렇다고 말하는 것처럼 보인다. 즉 자기 자신이 시작하신 일을 그리스도께서 이루실 것이라고 말한다. 그런데 갈라디아서 3:3을 읽어보면 훨씬 더 조심스럽게 말한다는 것을 알 수 있다. 다시 말하면 성령으로 시작했던 자들이 다시 육체로 돌아가는 것—그래서 완성하는 데 실패하는 것—이 가능한가? 이 보증이 실패하는 이유는 이 보증 자체 때문인가, 아니면 이 보증을 받은 자의 실패 때문인가? 이 갱신의 과정이 의도된 목표에 도달하지 못할 수도 있는 것인가? 이러한 질문은 구원의 과정에 관한 바울의 가르침의 또 다른 측면을 검토하게 한다.

구원의 조건부적 성격

구원의 과정을 말하는 바울의 신학이 우리를 난감하게 만드는 이유는 바울 또한 자신의 구원 과정이 끝까지 완성되지 못할 수도 있다는 얼마간의 망설임과 우려감을 나타냈기 때문이다. (이러한 사실은 나처럼 칼뱅주의 신학 전통에서 자라서 성도의 견인이 핵심 교리로 자리 잡은 이들에게는 상당히 난감하지 않을 수 없다.) 우리를 난감하게 만드는 이유는 바울이 신자들의 배교 가능성, 즉 그들이 끝까지 인내하지 못할 가능성을 현실에서 **실제적으로** 일어날 수 있는 위험 요소로 간주했기 때문이다.[15]

- 로마서 8:13-"너희가 육신대로 살면 반드시 죽을 것이로되 영으로써 몸의 행실을 죽이면 살리니." 바울은 분명히 신자들이 "육신을 따라"('카타 사르카') 살 실제적 가능성을 염두에 두었고, 만일 그렇게 산다면 그들은 죽을 것이다. 이는 다시 말하자면, 만약 그들이 영과

15_J. M. Gundry Volf, *Paul and Perseverance: Staying in and Falling Away* (WUNT 2. 37, Mohr Siebeck, 1990)는 이 점에 대한 바울의 반복적인 경고의 심각성을 약화시키는 다소 극단적인 해석을 제시한다. I. H. Marshall, *Kept by the Power of God: A Study of Perseverance and Falling Away* (London: Epworth, 1969, 3rd ed.; Carlisle: Paternoster, 1995), 99-125가 바울의 전반적인 논의에 담긴 "종말론적 신중성"을 훨씬 더 잘 나타낸다.

육의 싸움을 포기하고 완전히 육신을 따라 산다면, 그들은 온전함을 향한 일상적인 갱신을 경험하지 못하고, 그저 육신의 타락에 빠져 날마다 육신의 멸망을 향해 달려가게 될 것이다.

- 갈라디아서 6:8-"성령을 위하여 심는 자는 성령으로부터 영생을 거두[는 반면]" "자기의 육체를 위하여 심는 자는 육체로부터 썩어질 것을 거[둘 것이다]." 여기서 언급된 "썩어질 것"은 "영생"의 정반대 개념이다.

따라서 우리가 다른 본문에서 이에 상응하는 경고를 접하게 되는 것은 결코 놀랍지 않다.

- 바울은 한 사람 안에서 이루어지고 있는 구원 사역을 "망하게 할" 가능성을 염두에 두고 있다(롬 14:15, 20; 고전 3:17; 8:11; 10:9-11).
- 바울은 자신의 복음 전도 사역이 헛되지 않도록 하는 데 관심을 두고 있다(고후 6:1; 갈 2:2; 4:11; 빌 2:16; 살전 3:5).
- 바울은 회심한 자들이 "그리스도에게서 끊어지거나" "은혜에서 떨어지지" 않도록 하는 데 관심을 두고 있다(갈 5:4).
- 바울은 자기 자신이 "버림을 당하지" 않으려고 온갖 노력을 한다(고전 9:27).
- 바울은 자주 도덕적 실패의 위험성에 관해 경고한다(고전 3:17; 10:12; 11:27-29; 고후 12:21; 13:5; 갈 5:4; 골 1:22-23).
- 바울은 로마에 있는 이방인 그리스도인들에게, 이스라엘의 믿지 않던 자들처럼, 자신들도 이스라엘의 감람나무에서 잘려나갈 수 있다는 사실을 경고한다(롬 11:20-22).

우리는 바울 서신 여러 곳에 나타나 있는 조건부성 진술에도 주목할 필요가 있다.

- "우리가 그와 함께 영광을 받기 위하여 고난도 함께 **받는다면** 우리는 그리스도와 함께 한 상속자다"(롬 8:17).
- "너희가 **만일** 내가 전한 그 말[복음]을 굳게 지키고 헛되이 믿지 아니하였으면 그로 말미암아 구원을 받으리라"(고전 15:2).
- "너희를 거룩하고 흠 없고 책망할 것이 없는 자로 그 앞에 세우고자 하셨으니, **만일** 너희가 믿음에 거하고 터 위에 굳게 서서 너희 들은 바 복음의 소망에서 흔들리지 **아니하면** 그리하리라"(골 1:22-23).[16]
- 아울러 바울은 주의하고 경계 태세를 갖출 것(고전 3:10; 8:9; 10:12; 갈 5:15)과 자기 자신을 살필 것(고전 11:29-30; 고후 13:5)을 권면하고, 경주를 마치려면 여전히 훈련이 필수적이라고 말한다(고전 9:27; 빌 3:12-14).

이러한 바울의 염려를 놓고 보면 믿음도 또다시 타협하고 순수한 믿음으로부터 멀어질 수 있다는 것과 주님을 향한 헌신과 집념조차도 느슨해지고 크게 약화될 수 있다는 것에 대한 우려가 바울의 목회신학 안에서 큰 부분을 차지하고 있었다는 사실이 명백해진다. 그리고 그 결과로 그들은 그리스도에게서 멀어지고, 은혜에서 떨어져나가며, 오로지 "육신을 따라" 사는 인생으로 변질되고, **부활한 생명에 대한 기대를 상실한** 삶을 살게 된다.

16_F. F. Bruce, *The Epistle of Paul to the Romans* (Grand Rapids: Eerdmans, 1963), 219. "신약성서 전반에 걸쳐 나타나는 지속성은 매우 중요하다."

여기서 이것이 이스라엘 안에서 그리고 제2성전기 유대교 안에서 이해한 구원 역사와 유사하다는 점이 우리를 다소 불편하게 만든다. 왜냐하면 샌더스의 주장이 타당하고, 또 이스라엘의 구원 패턴이 "언약적 율법주의"로 요약될 수 있다면,[17] 유대교가 말하는 구원과 기독교가 말하는 구원이 서로 대조적이란 것을 당연하게 받아들이는 이들에게는 바로 이 이스라엘의 구원 패턴과 바울의 복음이 제시하는 구원 패턴 간의 유사성이 불편하게 느껴지기 시작할 수밖에 없기 때문이다.

전통적으로 바울이 이스라엘의 "종교 패턴"에 반대한 데에는 이스라엘이 토라 준수를 통해 구원받을 만한 가치를 입증해야 한다는 주장에 그가 반대했다는 전제가 깔려 있었다. 다시 말하자면, 바울은 이스라엘의 구원이 율법 준수에 의해 좌우된다는 결론에 부정적으로 반응했다는 것이다. "언약적 율법주의"의 택정/언약 측면을 강조한 샌더스의 주장에 대해 거부 반응이 크게 일어난 것은 결과적으로 구원에 대한 이스라엘의 소망을 하나님이 이미 보잘것없는 이스라엘을 자신의 특별한 백성으로 선

17_E. P. Sanders, *Paul and Palestinian Judaism* (London: SCM, 1977), 75. "언약적 율법주의는 하나님의 계획 속에서 사람의 위치는 언약을 기초하여 정해지고, 그 언약은 그 사람의 적절한 반응으로서 그 언약의 명령에 순종할 것을 요구함과 동시에 불순종에 대한 속죄의 수단을 제공해준다는 견해를 가리킨다"(또한 236, 420, 544도 보라). "The New Perspectiveon Paul," in *Jesus, Paul and the Law* (Louisville: Westminster, 1990), 183-214에서 나는 J. Neusner가 비록 Sanders의 방법론을 비판하긴 하지만, 랍비 유대교에 대한 Sanders의 묘사를 "전적으로 건전하고…자명한 주장"으로 받아들였다는 사실을 지적한다(204, 각주 16). Sanders가 자신의 주장을 전개하는 방법에 대해 일부 비판이 제기되었음에도 불구하고, 독일 신학계에서 Sanders의 기본적인 주장은 받아들여졌다. 예컨대 C. Strecker, "Paulus aus einer 'neuen Perspektive': Der Paradigmenwechsel in der jüngeren Paulusforschung," *Kirche und Israel* 11 (1996), 3-18 (note p. 7); F. Avemarie, "Bund als Gabe und Recht: Semantische Uberlegeungen zu berit in der rabbinischen Literatur," in *Bund und Tora: Zur theologischen Begriffsgeschichte in alttestamsntlicher, frühjüdischer und urchristlicher Tradition* (ed. F. Avemarie, H. Lichtenberger, Tübingen: Mohr Siebeck, 1996), 163-216 (note pp. 213-215); R. Bergmeier, "Das Gesetz im Römerbrief," *Das Gesetz im Römerbrief und andere Studien zum Neuen Testament* (WUNT 121; Tübingen: Mohr Siebeck, 2000), 31-90 (note pp. 44-48).

택하신 것에 부당하리만큼 지나치게 의존하도록 만든 샌더스의 불편한 주장 때문이었다.

어쨌든 샌더스가 "언약적 율법주의"에서 율법주의적 측면—이스라엘이 언약 안에 남아 있을 수 있는 것은 토라 준수에 달려 있다는 것—을 강조한 것은 사실이다. 하지만 그는, 이스라엘의 구원이 이 토라 준수에 달려 있다는 구원의 조건부적 성격을 강조하는 것이 훨씬 더 중요하다고 생각한 이들이 볼 때에는 이 율법주의적 측면을 충분히 강조하지 못했다.[18] 그런데 이제 와서 보니 바울도 자신의 복음이 약속하는 구원이, 적어도 어느 정도는, 회심한 자들의 "믿음의 순종"(롬 1:5)에 달려 있다고 본 것으로 보인다. 모나 후커(Morna Hooker)도 샌더스가 팔레스타인 유대교에서 발견한 구원의 패턴이 바울이 말하는 그리스도인의 경험 패턴과 정확히 일치하는 것을 보고 놀랐다. "하나님의 구원하시는 은혜는 인간으로부터 순종의 반응을 불러일으킨다."[19] 그러나 많은 이들을 정말 놀라게 한 것은 **바울의** 구원 신학이 **유대교의** "언약적 율법주의"와 너무나도 잘 부합한다는 것이다!

부여된 신분인가, 아니면 변화된 인격인가?

내가 이 단락에서 다루고자 하는 이슈는 사실 개혁신학과 가톨릭신학

18_D. A. Carson et al., *Justification and Variegated Nomism I: The Complexities of Second Temple Judaism* (WUNT 2.140; Tübingen: Mohr Siebeck, 2001); S. J. Gathercole, *Where Is Boasting? Early Jewish Soteriology and Paul's Response in Romans* 1-5 (Grand Rapids: Eerdmans, 2002).

19_M. D. Hooker, "Paul and 'Covenantal Nomism,'" in *From Adam to Christ: Essays on Paul* (Cambridge: Cambridge University Press, 1990), 155-164 (여기서는 p. 157).

사이에 벌어진 뿌리 깊은 논쟁이다. 이 논쟁은 곧 성경이 말하는 의가 "전가"(imputed)된 것인지, 아니면 "주입"(infused)된 것인지의 문제와 직결되어 있다. 그리스도인의 의는 그리스도인 자신이 단 한 번도 "소유"해본 적이 없는 "외적인 의"인가? "의인"이라는 이 신분은 오직 결코 받을 만한 자격이 없는 죄인에게만 주어질 수밖에 없는 것인가?[20] 또는 믿음을 가진 죄인은 반드시 의롭게 **될** 것이라는 복음의 약속인가, 아니면 믿음을 가진 죄인은 반드시 의롭게 행할 것이라는 복음의 의무인가? 개혁신학의 경우, 개혁교회의 우려는 믿음을 가진 죄인을 "의인"이라고 강조하면 구원을 무언가에 대한 대가로 얻은 것으로 여기는 공로 교리를 부추기는 계기가 된다는 것이다. 한편 가톨릭신학의 경우는 그리스도인의 삶이 믿음으로 시작해서 언제나 믿음에 의존하지만, 하나님이 의도하시는 바는 믿음이 신실함으로('피스티스'는 믿음과 신실함의 의미를 모두 갖고 있다) 표현되어야 한다는 것이며,[21] 바울도 언제나 믿음은 "사랑으로써 역사해야" 한다고 말했고(갈 5:6), 야고보도 "행함이 없는 믿음은 그 자체가 죽은 것이라"(약 2:17)고 천명했다는 것이다.

20_A. McGrath, *Iustitia Dei: A History of the Christian Doctrine of Justification* (Cambridge: Cambridge University, 1986, 2nd ed.; 1998), 189는 "개신교 칭의 교리의 주된 특징"을 다음과 같이 요약한다. "1. 칭의는 신자가 의롭게 **되는** 과정이라기보다는 신자가 의롭다는 것에 대한 법정적 선언으로 정의되며, 이는 그의 **본성**보다는 그의 **신분**의 변화를 수반한다. 2. **칭의**(하나님이 죄인을 의롭다고 선언하시는 외적 행위)와 **성화** 또는 **거듭남**(사람 속에서 진행되는 갱신이라는 내적 과정) 사이에는 의도적이며 체계적인 구분이 존재한다. 3. 의롭게 하는 의는…사람 안에 위치하거나 내재되어 있는 고유한 의 또는 그 사람 자신에게 속한 의라기보다는 그 사람 밖에 있고 그에게 전가된 그리스도의 이질적인 의로 정의된다."

21_K. Kertelge, "Rechtferigung" bei Paulus: Studien zur Struktur und zum Bedeutungsgehalt des paulinischen *Rechtfertigungsbegriffs* (Münster: Aschendorff, 1967)가 제시한 종교개혁의 '솔라 피데'(오직 믿음) 사상에 대한 그의 견해는 전형적인 가톨릭교회 입장을 대변한다. 그는 "믿음과 칭의"에 대한 논의를 다음과 같이 요약한다. "바울 서신에서 믿음은 항상 하나님의 구원 계획에 대한 순종을 의미하며, 따라서 믿음은 하나님의 뜻을 따르고자 하는 그 사람의 능동적인 요소(의지)를 담고 있다"(225).

여기서 우리는 도입 부분에서 언급한 것과 동일한 딜레마에 빠진다. 즉 바울 서신에는 종교개혁 이후 그의 추종자들이 하나로 통합하기 어려워했던 서로 다른 두 가지 강조점이 들어 있다는 것이다. 한편으로는 바울이 "의롭게 하다"라는 동사를 하나님이 죄인을 의롭게 하시고, 경건하지 아니한 자의 억울함을 풀어주시고, 피의자에게 무죄를 선언하시는 것을 가리키는 데 사용한다는 사실에 조금도 의심의 여지가 없다. 바울에게 복음이란 하나님의 구원하시는 의가 이방인이나 유대인을 막론하고 모든 이에게 이르렀으며 모두를 끌어안았다는 것인데, 이는 그들이 무언가를 행하거나 공로를 쌓아서가 아니라 단순히 하나님을 신뢰하고 그분을 의지한 것에 기초한다는 것이다(롬 4:5; 16-22). 그리고 죄인이 이 구원하시는 하나님의 의에 참여하는 것을 가능케 한 것도 바로 믿음이었고, 항상 인간의 편에 서서 하나님의 은혜를 받고 또 이에 반응할 수 있게 한 것도 바로 믿음이었다는 것이다. "믿음을 따라 하지 아니하는 것은 다 죄니라"(롬 14:23).

그러나 또한 우리는 바울이 사람을 변화시키는 하나님의 은혜의 특성도 동일하게 강조한다는 사실을 결코 간과할 수 없다. 나는 이 부분이 본 논의에서 보다 더 명확하게 다루어져야 한다고 생각한다. 칭의는 구원 과정의 시작과 끝을 묘사하는 데 있어 가장 중요한 이미지일 수 있다. 그러나 일반적으로 "성화"로 분류되는 이 구원 과정의 중간 단계도 칭의만큼 중요하게 다루어져야 한다. 바울은 자신을 통해 회심한 자들이 의인으로 여겨질 뿐만 아니라 이전보다 더 나은 사람으로 변화될 것도 확실히 기대했다.

- 바울은 그리스도인들에게 일어난 일과 또 지속적으로 일어날 일에 관해 변화(transformation) 또는 변형(metamorphosis)이라는 언어를 사용한다(롬 12:2; 고후 3:18).

- 그리스도인들은 마지막 때에 그리스도의 영광스러운 몸으로 변화될 예정이듯이 지금은 그리스도의 형상을 따라 "변화되어가고" 있다(롬 8:29; 빌 3:10, 21). 성화는 그리스도를 닮아가는 과정이다.
- 그리스도인이 되는 것은 옛 자아와 옛 습관을 벗어버리고 새 자아로 옷 입는 것, 즉 마지막 때 부활할 몸을 향해 지속적으로 변화되어 가는 과정으로서 창조자의 형상을 따라 내적 자아가 새롭게 갱신되는 것을 의미한다(고후 4:16; 골 3:9-10).
- 따라서 바울은 자연히 이러한 구원 과정이 테스트를 거쳐 검증받은 성품('도키메')을 만들어낼 것을 기대했다(롬 5:4; 고후 2:9). 그는 그리스도께서 재림하실 때 자신을 통해 회심한 자들이 "정결하고"('하그노스, 에일리크리네스'), "허물없고"('아모모스, 아프로스코포스'), "흠이 없고"('아멤프토스'), "책망할 것이 없고"('아넹클레토스'), "성숙한/온전한"('텔레이오스') 자로 나타나기를 원했다(고전 1:8; 고후 11:2; 빌 1:6, 10; 골 1:22, 28; 살전 3:13; 5:23).[22]

따라서 우리는 바울이 믿음의 필요성을 강조했던 것만큼 회심한 자들이 자신들의 삶의 질(quality)을 통해 자신들의 믿음을 증명해야 한다고 주장했다는 결론을 피할 수 없게 되었다.

- 바울은 회심한 자들에게 순종을 기대했고(롬 1:5; 6:16, 19; 15:18), 또한 그들이 "주께 합당하게/하나님께 합당하게 행하는 삶을 살기"를

22_E. Petrenko, *Created in Christ Jesus for Good Works: The Integration of Soteriology and Ethics in Ephesians* (Milton Keynes, UK: Paternoster, 2011)는 에베소서에 나타난 신자 및 그가 속한 공동체의 변화가 "구원"에 필수적인 요소라는 사실을 잘 보여준다. "에베소서 저자에게 있어 구원은 자아와 공동체의 변화를 의미한다. 이 변화는 구원 또는 구원의 효력에 덧붙여진 부산물이라기보다는 구원의 실천적 의미다"(219).

기대했다(골 1:10; 살전 2:12).

- 바울은 그들의 삶 속에서 "의의 추수 또는 열매"가 나타나기를 원했다(고후 9:9-10; 빌 1:11). 여기서 "의"는 그들에게 전가된 무언가가 아니라 긍휼히 여기는 행위를 가리키는 구약성서의 의미로 사용되었다(시 112:9).
- 바울은 신자들이 율법을 "이루고", "선한 일"을 행하기를 기대했다(고후 9:8; 골 1:10).
- 율법을 이루는 사랑에 관해 언급하면서 바울은 분명히 어떤 구체적인 행실을 염두에 두고 있었다(롬 12:9-13:10; 갈 5:13-15).[23]
- 바울에게 있어 율법의 요구를 "지키는 것"은 늘 중요한 일이었다(롬 2:26-27; 고전 7:19).

앞에서 열거한 본문에 비추어 생각해보면 우리는 바울이 의를 전가된 혹은 귀속된 신분으로만 아니라 회심한 자들의 삶에서 나타나기를 기대했던 성품으로도 보았다는 결론을 피하기 어렵다.[24] 우리가 이것을 "주

23_J. M. G Barclay, *Obeying the Truth: A Study of Paul's Ethics in Galatians* (Edinburgh: T&T Clark, 1988), 94. "아브라함의 참된 가족은, 비록 율법의 멍에에서 벗어나긴 했지만, **행함**에 대한 의무, 즉 자신들의 믿음을 사랑의 행위로 바꾸는 의무로부터 벗어난 것은 아니다."

24_P. Stuhlmacher는 바울에 관해 논의할 때 이 부분에서 가장 전형적인 루터교회 사상을 보여준다. 그의 가장 최근 연구는 P. Stuhlmacher, *Revisiting Paul's Doctrine of Justification: A Challenge to the New Perspective* (Downers Grove, IL: InterVarsity Press, 2001)다. 따라서 Stuhlmacher의 과거 입장에 대한 Mark Seifrid, "Paul's Use of Righteousness Language Against Its Hellenistic Background," *Justification and Variegated Nomism II: The Paradoxes of Paul* (ed. D. A. Carson et al., Tübingen: Mohr Siebeck, 2004), 39-74의 비판은 주목할 만하다. "그가 좀 더 명확성을 기했으면 하는 바람을 갖게 하는 단 한 가지는 '전가된' 의와 '실질적' 의 사이의 **내재적 연계성**에 대한 그의 주장이다"(73-74). Karl Donfried, "Justification and Last Judgment in Paul," *ZNW 67* (1976), 90-110, reprinted in his *Paul, Thessalonica and Early Christianity* (London: T&T Clark, 2002), 253-278(여기서는 pp. 257-260)에서 초기의 Stuhlmacher에 대한 비판도 참조하라. 자기 자신이 종교개혁의 결정적인 통찰력이라고 생각하는 것에 충실하고자 하는 Stuhlmacher의 노력에 대해

입된 의"로 분류하든지 혹은 "성화"로 분류하든지 사실상 그것은 그리 중요하지 않다. 오히려 이보다 더 중요한 것은 이 강조점 역시 바울의 복음과 신학에서 결코 없어서는 안 될 필수불가결한 요소였다는 점을 인정하는 것이다. 후대의 주석가들은 이 두 강조점을 하나로 통합하는 것이 어려웠을지 모르지만, 바울 자신은 분명히 그렇게 생각하지 않았다. 그리고 우리는 바울이 실제로 글로 쓰고 가르친 것을 존중하는 것보다 일관성을 더 중히 여기는 이들에 의해 만들어진 틀에 이 두 강조점을 끼어 맞추려고 하기보다는, 제아무리 바울의 정황에서 나온 내용이 바울의 서신들에서 나온 내용과 많이 어긋난다고 하더라도, 서로 하나로 묶어야 한다.

이 사실은 이 문제(이 두 강조점)에 대한 바울의 가르침이 구약성서의 가르침 및 당대의 유대교 가르침과 전혀 다르지 않다는 것을 다시 한번 우리에게 상기시킨다. 이 문제는 "신인 협력설"(synergism)과 "신 단동설"(monergism) 간의 대립으로도 볼 수 있다. 바울이 행위에 따른 심판을 강조한 것을 약화시키려는 이들은 바울이 유대교의 구원 패턴을 반대한 이유가 바로 "신인 협력설" 즉 인간과 하나님이 서로 협력한다는 사상 때문이었다고 주장한다. 이와는 대조적으로 바울은 "신 단동설" 즉 오로지 그리고 전적으로 하나님의 행동에만 의존하는 구원 패턴을 전개한다는 것이다.[25]

Donfried는 비판의 화살을 날린다. "중요한 것은 종교개혁이 아니라 바울을 정확히 이해하는 것이다"(260).

25_D. A. Hagner, "Paul and Judaism: Testing the New Perspective," in Stuhlmacher, *Revisiting,* 75-105. "바울은 유대교 구원론의 신인 협력설을 포기하고 그리스도 안에 있는 하나님의 은혜에 전적으로 의존하는 신 단동설을 붙잡았다"(92). M. A. Seifrid, *Justification by Faith: The Origin and Development of a Central Pauline Theme* (NovTSup 68, Leiden: Brill, 1992), 255도 마찬가지다. 바울은 "하나님을 더 이상 이스라엘과의 언약 관계 안에서 인간의 노력과 협력하시는 분으로 보지 않았다. 바울은 이제 그리스도 안에서 이루어진 하나님의 행위 자체가 구원을 이루셨다고 보았다."

하지만 이제는 바울이 신 단동설보다는 신인 협력설에 훨씬 더 가까운 언어를 사용해 회심한 자들에게도 책임을 지웠다는 사실을 분명히 할 필요가 있다. 빌립보서 2:12-13은 이 사실을 다음과 같이 간결하게 표현한다. "두렵고 떨림으로 너희 구원을 이루라. 너희 안에서 행하시는 이는 하나님이시니, 자기의 기쁘신 뜻을 위하여 너희에게 소원을 두고 행하게 하시나니." 바울이 이 두 절을 같은 문장에 집어넣었다는 것이 왜 그리 문제가 되는가?[26]

행위에 따른 심판에 대한 바울 서신의 핵심 가르침으로 넘어가기 전에 먼저 우리는 본 논의의 또 다른 한 측면을 검토할 필요가 있다.

성령의 열매는 그리스도인의 노력을 전혀 요구하지 않는가?

바울의 복음이 신인 협력설을 지지한다는 견해에 동의하지 않는 이들은 성령의 열매(갈 5:22-23)가 성령 받은 것에 대한 자연적/영적 결과이며, 따라서 신자는 이에 대해 어떤 공로도 내세울 수 없다고 주장한다. 그렇다면 과연 이 주장은 성령의 열매가 필연적으로 모든 신자에게 맺혀질 수밖에 없다는 의미인가? 모든 신자는 누구를 막론하고 사랑, 희락, 화평, 오래 참음 등 최소한 어느 정도의 열매는 맺게 되는 것인가? 그들의 주장은 옛 언약이 율법의 요구를 충족시키지 못한 것과는 달리, 새 언약의 일원들은 성령으로 말미암아 "율법의 요구[를 충족시킬 수 있도록]"(롬 8:4) 힘입거나 능력을 받는다고 말한다. "성령을 소유한 자는 실제로 율법을 지

26_Seifrid는 고전 7:19을 적절하게 주석한다. 바울이 "'율법의 행위'를 거부했음에도 불구하고, 우리는 바울이 '언약적 율법주의'와 잘 부합한다고 볼 수 있다"("Paul's Use of Righteousness Language," 65).

킨다."[27] 그렇다면 이 말은 과연 율법 준수는 필연적이며, 신자에게는 어떤 노력도 필요하지 않다는 것을 의미하는가? 바울에게 신인 협력설을 조금이라도 허용하기를 주저하는 이들은 자연히 빌립보서 2:12-13의 후반부(13절: "너희 안에서 행하시는 이는 하나님이시니, 자기의 기쁘신 뜻을 위하여 너희에게 소원을 두고 행하게 하시나니")를 강조하고 싶어 한다.

페터 슈툴마허(Peter Stuhlmacher)는 로마서 2:7-10을 주석하면서 "의라는 새로운 본성과 옳은 일을 할 수 있는 영적 능력"을 부여받은 이들에 관해 언급한다.[28] 롤란드 베르그마이어(Roland Bergmeier)는 이렇게 주석한다. "율법은 먼저 성령의 차원에서 진실로 성취된다.…바울의 사고에 관해 우리는 새로운 순종(*nova obedientia*)이 아니라 이제야 비로소 처음으로 가능해진 순종에 관해 말해야 한다."[29] 또한 사이몬 게더콜(Simon Gathercole)은 "그리스도인들에게 주어지는 신적 능력에 대한 바울의 신학"("성령은 새 언약 체제하에서는 토라를 지킬 수 있는 능력을 주신다")에 관해 말하면서 스스럼없이 다음과 같이 결론짓는다. "바울에게 신적 행동이란 그리스도인의 순종의 원천이자 지속적 원인이며" 따라서 "순종에 기초한 긍

27_T. R. Schreiner, *Romans* (BECNT; Grand Rapids: Baker, 1998), 404-407; *The Law and Its Fulfillment: A Pauline Theology of Law* (Grand Rapids: Baker, 1993). "본인의 노력이 아니라 성령이 순종을 유발한다." "사람 속에서 역사하시는 성령의 사역이 율법에 대한 순종을 유발한다(롬 2:26-29).…구원에 필수적인 행위는…이미 주어진 구원에 대한 증거다"(187-188, 203. 추가적으로 6장도 보라). 또한 *Paul, Apostle of God's Glory in Christ: A Pauline Theology* (Downers Grove, IL: InterVarsity Press, 2001), 281-282도 참조하라(추가적으로 12장을 보라).

28_P. Stuhlmacher, *Paul's Letter to the Romans* (Louisville: Westminster John Knox, 1994), 47.

29_Bergmeier, "Das Gesetz," 75-76(E. Reinmuth, *Geist und Gesetz* [Theologische Arbeiten 44; Berlin: Evangelische Verlagsanstalt, 1985]를 인용함). "성령의 기능은 율법의 요구를 충족시켜야 한다는 사실을 깨닫게 하는 것이며, 이로써 죄를 정죄하는 것이 가능해졌다"(70). 또한 O. Hofius, "Gesetz und Evangelium nach 2. Korinther 3," *Paulusstudien* (2nd ed.; WUNT 51; Tübingen: Mohr Siebeck, 1994), 75-120도 보라. "토라의 사망 선고로부터의 해방은 곧 하나님의 영에 의해 결정된 새 삶을 위한 해방이며, 하나님의 거룩하신 뜻은 그 무엇보다도 겔 36:26-27에서 주어진 약속에 따라 성취될 수 있고, 또 성취된다"(120).

정적인 최종 판결에 대한 믿음"은 바울에게서도 발견된다.[30] 이와 마찬가지로 스티븐 웨스터홈(Stephen Westerholm)도 자신들의 삶에 힘을 불어넣어주는 하나님의 영을 부여받은 자는 "새로운 삶의 실재를 적절한 행동으로 보여주어야 한다"는 데 동의한다. 하나님의 영은 "그들이 하나님을 새로운 방식으로 섬기도록 힘을 불어넣어 주신다.…율법 아래에 있지 않은 신자들은 실제로 사랑으로써 역사하는 믿음으로 율법이 요구하는 의를 이룰 수 있다."[31]

그러나 과연 빌립보서 2:12-13 전반부(12절: "두렵고 떨림으로 너희 구원을 이루라")가 후반부(13절: "너희 안에서 행하시는 이는 하나님이시니, 자기의 기쁘신 뜻을 위하여 너희에게 소원을 두고 행하게 하시나니")에 완전히 흡수될 수 있는가? 바울이 다른 본문에서 "성령을 따라 행하라" 또는 "성령의 인도하심을 받으라"고 말하는 것을 보면[32] 분명히 그렇게 행하고 또 그렇게 인도하심을 받을 책임을 신자에게 부여한다는 사실을 알 수 있다. 바울이 또 말했듯이, 하나님이 그렇게 행할 수 있는 힘을 주신다는 말은 과연 그 책임을 면제해줄 수 있을까? 우리가 이미 확인한 바와 같이(롬 8:13; 갈 6:8), 바울은 분명히 단호한 어조로, 그리고 동일한 문맥에서 이 책임을 강조하는 데 전혀 어려움을 느끼지 않는다. 그렇다면 바울이 중요하게 여겼던 강조

30_ Gathercole, *Where Is Boasting?* 132, 223, 264.

31_ S. Westerholm, *Perspectives Old and New on Paul: The "Lutheran" Paul and His Critics* (Grand Rapids: Eerdmans, 2004), 431-434; "Paul and the Law in Romans 9-11," in *Paul and the Mosaic Law* (ed. J. D. G. Dunn; WUNT 89; Tübingen: J. C. B. Mohr, 1996, Grand Rapids: Eerdmans, 2001), 215-237도 보라. "바울이 배제하는 '행위'는 구속받지 못한 '육체'에 속한 행위이며, 그가 요구하는 의로운 행위는 하나님이 보여주신 의에 대해 믿음으로 반응한 자들이 맺은 성령의 '열매'다"(236). 또한 M. A. Seifrid, "Unrighteous by Faith: Apostolic Proclamation in Romans 1:18-3:20," in *Justification and Variegated Nomism II,* 106-145도 보라. 바울은 "복음이 믿는 이들 안에서 참된 율법 순종을 일으킨다고 본다"(124-125). "성령, 오직 성령만이 참된 순종을 일으키고…성령의 역사의 결과는 칭의(최초 및 최종적)로 나타난다"(사적 교신).

32_ 롬 8:4, 14; 갈 5:16, 18, 25.

점을 우리가 교묘하게 사라지게 만들 위험성은 없는가? 갈라디아서 2:20을 제시하면서 신자가 행한 선한 일은 모두 그 안에 내주하시는 그리스도가 하신 일이라며 선한 행위에 대한 모든 책임을 면해주는 것은[33] 책임 있는 인격으로서의 '나'를 완전히 제거해버리는 것과 같다.

그런데 여기서 문제가 되는 것은 바울의 독자들이 나름 책임감 있는 자들로서 (성령의 능력에 힘입어) 올바르게 살려고 노력해야 하는 사람들이었음에도 불구하고 바울의 윤리적 가르침은 성령을 따라 행하고 성령의 인도하심을 받아야 할 책임이 그들에게 있다는 사실과 그렇게 하지 못할 경우에는 매우 심각하고, 더 나아가서는 **치명적인** 결과를 초래할 것이라는 사실을 일관되게 전제한다는 것이다. 그렇다면 바울은 그리스도인들이 이 책임을 어떻게 감당했는지에 따라 마지막 때에 각자에게 내려질 최후의 판결이 달라질 것이라고 생각하지 않았을까? 바울은 과연 신자들이 각자 뼈를 깎는 자기 훈련과 노력 없이도 그리스도인으로 살 수 있다는 생각에 동의했을까? 그리고 바울이 만약 그런 것을 기대했다면, 당연히 이런 노력과 수고도 주의 날에 심판의 대상이 될 행위로 간주될 것을 충분히 기대하지 않았을까?

앞에서 논의된 내용은 이제 우리가 이 책의 핵심 주제로 나아갈 수 있도록 하는 발판이 된다.

33_B. Byrne, "Living out the Righteousness of God: The Contribution of Rom 6:1-8:13 to an Understanding of Paul's Ethical Presuppositions," *CBQ* 43 (1981), 557-581. "영생은 그리스도가 그 사람 안에서 이 의를 삶으로 구현해내시도록 허용으로써 얻게 된다"(558). Stuhlmacher, *Romans* 120; T. Laato, *Paulus und das Judentum: Anthropologische Erwägungen* (Åbo: Åbo Akademis, 1991). "그리스도는 그리스도인들의 선한 행위를 행하신다"(203). M. A. Seifrid, *Christ, our Righteousness: Paul's Theology of Justification* (Downers Grove, IL: IVP Apollos, 2000). "그리스도—새 사람—는 믿음 안에 임재하시며, 거기서 자신의 사역을 수행하신다"(149). D. B. Garlington, *Faith, Obedience and Perseverance* (WUNT 79; Tübingen: Mohr Siebeck, 1994), 44-71. "사람은 **그리스도 안에서** '율법을 행하는 자'가 되고, 그리스도인의 하나님을 향한 사랑의 순종은 **그리스도 자신**의 사랑이 담긴 의를 그 사람에게 확대하는 것에 불과하다"(71).

행위에 따른 심판

최후의 심판의 본질에 대한 바울의 가르침은 매우 분명하다.

- 로마서 2:6-11: 하나님께서 "각 사람에게 그 행한 대로 보응하시되 [시 62:12; 잠 24:12], 참고 선을 행하여 영광과 존귀와 썩지 아니함을 구하는 자에게는 영생으로 하시고, 오직 당을 지어 진리를 따르지 아니하고 불의를 따르는 자에게는 진노와 분노로 하시리라. 악을 행하는 각 사람의 영에는 환난과 곤고가 있으리니, 먼저는 유대인에게요 그리고 헬라인에게며, 선을 행하는 각 사람에게는 영광과 존귀와 평강이 있으리니 먼저는 유대인에게요 그리고 헬라인에게라. 이는 하나님께서 외모로 사람을 취하지 아니하심이라."
- 로마서 2:13: "하나님 앞에서는 율법을 듣는 자가 의인이 아니요, 오직 율법을 행하는 자라야 의롭다 하심을 얻으리니"-단순히 믿는 것이 아니라(또는 단순히 들은 것을 믿기만 하는 것이 아니라) 행하는 것이 심판의 대상이라는 점을 주목하라.
- 로마서 14:10-12: "우리가 다 하나님의 심판대 앞에 서리라.…이러므로 우리 각 사람이 자기 일을 하나님께 직고하리라."
- 고린도전서 3:8: "각각 자기가 일한 대로 자기의 상을 받으리라."
- 고린도후서 5:10: "이는 우리가 다 반드시 그리스도의 심판대 앞에 나타나게 되어 각각 선악 간에 그 몸으로 행한 것을 따라 받으려 함이라."
- 골로새서 3:25: "불의를 행하는 자는 불의의 보응을 받으리니, 주는 사람을 외모로 취하심이 없느니라."[34]

34_ 더 자세한 논의는 K. L. Yinger, *Paul, Judaism and Judgment according to Deeds* (SNTSMS 105,

바울이 이 행함의 중요성을 강조하는 방식은 가히 주목할 만하다. 그리스도인들도 결코 심판을 면치 **못할** 것이다. 그리고 이 심판은 "행위에 따라"—그리스도의 행위가 아니라 **그리스도인들**의 행위—이루어질 것이다. 여기서 말하는 행위는 물론 성령의 능력에 힘입어 행한 행위이긴 하지만, 여전히 **그리스도인들의** 행위를 가리킨다. 따라서 이것은 그들이 책임을 져야 하는 행위이며, 심판의 대상이 될 수 있는 행위다. 바울은 그리스도의 행위가 최후의 심판에서 심판의 대상이 되리라는 생각을 결코 하지 않았을 것이다. 그리스도에 대한 심판은 그리스도의 부활과 승귀 때 이미 일어난 사건이다!

더 나아가 바울은 결코 회피할 수 없는 이 심판에 대한 자각이 회심한 자들이 특히 타인에게 어떻게 행동해야 할지를 판단하는 주된 요소가 되기를 원했다. 최후의 심판에 대한 인식은 악한 행위를 예방하는 데 도움을 준다. 바울은 선한 행위를 장려하기 위한 차원에서 상에 대해 언급하는 것을 전혀 망설이지 않는다(고전 3:14; 9:24-25; 빌 3:14; 골 3:24; 딤후 4:8).

로마서 2:6-11에서 주목할 사항은 바울이 오로지 선을 행하는 것과 악을 행하는 것의 관점에서 논의를 전개해나간다는 것이다. 믿음이나 그러한 선한 행위가 성령에 의해 좌우될 가능성에 대해서는 전혀 언급이 없다. 바울은 차후의 논의에서도 이 문제를 다루지 않는다. 로마서 8:31-39(아무것도 "우리를 우리 주 그리스도 예수 안에 있는 하나님의 사랑에서 끊을 수 없으리라")이 2:6-11(하나님께서 "각 사람에게 그 행한 대로 보응하시되")을 통제하므로 2:6-11은 더 이상 그의 서신을 받는 수신자들에게 적용되지 않

Cambridge: Cambridge University Press, 1999), 207-215, 277-278을 보라. 거기서 그는 고전 3:14-15에 언급된 "상"은 구원과 구별될 수 있지만, 골 3:24에서 상은 "기업"이라는 사실을 지적한다(234-235).

는가?[35] 바울이 하나님의 공평하심, 즉 하나님은 심판하실 때 편애하지 않는다는 사실(골 3:25에서 반복됨)을 강조하는 데 심혈을 기울인다는 사실은 그가 로마서 2:6-11이 복음을 이미 받아들인 이들에게도 여전히 적용된다고 생각하지 않았을 리가 없음을 잘 보여준다.

여기서 우리는 또다시 한편으로는 토라 준수에 실패한 이스라엘에 대한 심판을 강조하는 언약적 율법주의와 다른 한편으로는 그리스도인들도 그들의 행위에 대한 심판을 면할 수 없다는 바울의 주장 사이에서 드러나는 상호 간의 불편한 유사점과 직면할 수밖에 없다. 만일 유대교의 "언약적 율법주의" 안에서도 이러한 불일치가 어느 정도 나타난다면,[36] 과연 바울은 이와 유사한 비판으로부터 자유로울 수 있다고 말할 수 있을까?[37]

따라서 우리는 여기서 다시 출발점으로 되돌아간다. 우리는 바울의 복음/신학의 한 측면이 이미 고정되어 있다고 믿고, 그의 신학의 나머지 부분이 그의 신학의 가장 근본적인 부분과 잘 조화를 이루도록 애쓰기

35_R. H. Bell, *No One Seeks for God: An Exegetical and Theological Study of Romans 1.18-3.20* (WUNT 106; Tübingen: Mohr Siebeck, 1998), 254-256은 단순히 롬 2장에 언급된 심판이 그리스도인들에게 적용된다는 사실을 부인한다. 이와는 대조적으로, K. R. Snodgrass, "Justification by Grace — to the Doers: An Analysis of the Place of Romans 2 in the Theology of Paul'" *NTS* 32 (1986), 72-93은 "바울의 심판 관련 어록 중 대략 4분의 3이 그리스도인들의 심판을 언급한다"는 사실을 지적한다(93, 각주 101). 보다 상세한 논의는 Yinger, *Paul, Judaism and Judgment*를 보라. 그리고 로마서 2장과 고린도후서 5:10에 관해서는 Yinger, *Paul, Justification in Early Judaism and the Apostle Paul* (Peabody: Hendrickson, 2006), 각각 215-232와 199-202를 보라.

36_F. Avemarie, *Tora und Leben: Untersuchungen zur Heilsbedeutung der Tora in der frühen rabbinischen Literatur* (Tübingen: Mohr Siebeck, 1996).

37_이 불평이 H. Räisänen, *Paul and the Law* (WUNT 29, Tübingen: Mohr, 1983), 186의 바울에 대한 비판의 핵심이다. "바울이 실제로 행위로 얻는 구원(또는 최소한 상)을 가르친다고 주장하는 것이 가능할 것이다! 만일 우리가 (매우 충분히) 이런 주장을 삼간다면, 그것을 바울의 유대인 동시대인들에게도 적용하지 않는 것이 지혜로울 것이다. 강조점의 차이가 있고…패턴 자체가 크게 다른지는 분명하지 않다." 또한 Yinger, *Paul, Judaism and Judgment,* 2-4, 286-290; VanLandingham, *Judgment and Justification,* 3장도 보라. 예컨대 "예수 그리스도를 재판장으로 삼는 것 말고, 바울은 최후의 심판에 대하여 유대교에서 믿는 것을 크게 변경시키지 않았다"(240).

보다는, 우리 주제와 관련하여 그가 강조하는 모든 내용을 올바르게 파악하는 데 힘써야 한다. 일단 그 작업이 마무리되면, 즉 바울이 어떤 주제에 관하여 가르친 내용을 충분히 검토했다면, 우리는 그 다채로운 강조점이 서로 어떻게 하나로 통합되는지, 그리고 또 과연 서로 일치하는지 확인하는 작업을 수행해야 한다.

우리에게 이런 과정은 수월하지 않을 수 있다. 바울연구사는 이 작업이 얼마나 어렵다는 것을 잘 보여준다. 우리는 종종 잘 들어맞지 않는 부분을 서로 조화시켜보려고 모서리를 깎아내면서까지 억지로 끼어 맞추려고 애쓴다. 이러한 모습은 바울신학을 조직적으로 체계화하려는 반복적인 시도에서도 흔히 발견된다. 따라서 어쩌면 우리는, 아무리 이러한 현실이 당혹스럽다고 하더라도, 일관성 있고 만족할 만한 설명을 제시하지 못한다는 현실을 단순히 받아들여야 할지 모르겠다. 어쩌면 우리는 수사적인 해결책을 제시하는 것으로 만족해야 할지 모른다. 다시 말하면 바울은 회심한 자들에게 강한 확신을 심어줄 필요가 있다는 판단이 들 때에는 이 강조점을 제시했고, 또 그들에게 경고와 권면이 필요하다고 생각될 때에는 저 강조점을 제시했다. 나는 개인적으로 이 견해가 바울의 전체적인 가르침을 아주 작은 '구두상자'에 마구 쑤셔 넣으려는 시도보다 바울을 훨씬 더 충실하고 신실하게 표현한다고 생각한다.

바울을 넘어

그렇다면 한 가지 분명한 사실은 "행위에 따른 심판" 사상이 "행위가 아닌 믿음으로 얻는 칭의"의 복음과 서로 어떻게 연관되는지에 관한 문제는 특별히 바울이 제기한 문제이며, 바울의 신학 및 복음과 직결된 문제라는 것이다. 바로 그런 이유에서 본 논문은 바울에 관한 논의를 주된 관심사로 다루었다. 그러나 신약성서에서 "행위에 따른 심판"에 관한 문제는, 이 주제에 관한 예수 자신의 가르침을 포함하더라도, 결코 바울에게만 국한된 것은 아니다.[38] 여기서도 우리가 한 가지 분명히 주목해야 할 점은 우리가 만약 예수의 전체적인 가르침을 지나치게 체계화하고 합리화하려고 한다거나 또는 나머지 신약성서와 일관된 패턴을 유지하고 깔끔하게 들어맞도록 끼어 맞추려고 한다면 우리는 또다시 동일한 문제에 봉착할 수밖에 없다는 것이다. 한 가지 예를 들어보자. 만약 바울의 복음이 신약성서에서 말하는 규범적인 복음에 속한다면, 우리는 그의 복음을 구속자에 대한 언급도 없고 그럴 필요조차 없는 탕자의 비유와 어떻게 조화를 시킬 수 있을까? 이 문제(행위에 따른 심판)와 관련하여 우리는 사복음서가 최후의 심판이 "행위에 따라" 이루어질 것이라는 취지의 가르침을 분명히 제시하고 있다는 사실을 간과하기 어려울 것이다.

예수는 인자가 올 때 "각 사람이 행한 대로 갚으리라"고 명시적으로 경고하신다(마 16:27; 특히 마 25:31-46을 보라).[39] 요한복음의 예수에 의하면, 그때에 "선한 일을 행한 자는 생명의 부활로, 악한 일을 행한 자는 심판의 부활로 (무덤에서) 나[올 것이다]"(요 5:28-29). 이런 경고는 바울 서신의 독자들만큼이나 복음서를 읽는 (그리스도인) 독자들에게도 동일하게 무시하기 힘든 것이다. 마태는 아버지의 뜻은 순종하지 않으면서 단지 예수를

38_ 특히 A. P. Stanley, *Did Jesus Teach Salvation by Works? The Role of Works in Salvation in the Synoptic Gospels* (ed. David W. Baker; ETSMS 4; Eugene, OR: Pickwick, 2006)을 보라.

39_ Gathercole, *Where Is Boasting?* 113-19, 124-31도 이를 인정한다. 거기서 그는 누가복음 10:28에서 예수는 영생이 "행함"에 달려 있다고 말씀하시는 것처럼 보인다고 말한다(121-124). 그의 단행본이 제시하는 주된 주장에 따르면, 바울의 칭의 교리가 제2성전기 유대교의 구원론을 대항한 만큼 **신약성서의 다른 저자들**(심지어 예수까지도?!)**을 대항**했다는 추론이 가능함에도 불구하고, Gathercole은 이 모든 것에 대단하리만큼 거의 개의치 않는다(이 내용을 다루는 장은 "신약성서에 나타난 유대교 구원론"이란 제목이 달림).

"주"로 시인하는 이들에게 예수는 "불법을 행하는 자들아, 내게서 떠나가라"고 말씀하실 것이라고 경고한다(마 7:21-23). 예수도 바울과 마찬가지로(롬 2:13) 최종적 칭의에는 각 사람이 맺은 열매에 대한 평가가 수반될 것이라고 경고하신다(마 12:33-37). 따라서 업적이나 선한 행위에 따라 주어지는 상에 대한 이미지도 당연히 많이 등장한다(예. 마 6:1-6; 10:41-42; 25:34-40). 또한 구원(영생)도 신실하게 끝까지 인내한 삶에 따라 어느 정도 조건부적으로 주어진다고 가르친다(예. 막 13:13).[40]

다른 신약성서의 책을 읽어보아도 그 메시지는 전혀 다르지 않다. 히브리서는 한 번 성령의 빛을 받고 그 빛에 참여한바 되고, 또 하나님의 선한 말씀과 내세의 능력을 맛본 이들도 타락할 수 있다는 사실을 바울보다도 더 강력하게 경고한다. 그 위에 자주 내리는 비를 흡수한 땅이라도, 만일 가시와 엉겅퀴를 내면, "버림을 당하고 저주함에 가까워 그 마지막은 불사름이 [될 것이다]"(히 6:4-8). 따라서 우리가 "진리를 아는 지식을 받은 후 짐짓 죄를 범[하면], 다시 속죄하는 제사가 없고, 오직 무서운 마음으로 심판을 기다리는 것과 대적하는 자를 태울 맹렬한 불만 있으리라"(히 10:26-27). "하물며 하나님의 아들을 짓밟고, 자기를 거룩하게 한 언약의 피를 부정한 것으로 여기고, 은혜의 성령을 욕되게 하는 자가 당연히 받을 형벌은 얼마나 더 무겁겠느냐?…주께서 그의 백성을 심판하리라"(히 10:29-30). "우리는 뒤로 물러가 멸망할 자가 아니요, 오직 영혼을 구원함에 이르는 믿음을 가진 자니라"(히 10:39). 따라서 히브리서 저자는 그리스도와의 관계에는 조건부적 성격—"우리가 시작할 때에 확신한 것을 끝까지 견고히 잡고 있으면"(히 3:6, 14)—이 존재한다고 경고한다. 또한 그는 독자들에게 "하나님의 은혜에 이르지 못하는 자가 없도록 하라"(히 12:15)

40_Stanley, *Did Jesus Teach Salvation by Works?* 248-249도 마찬가지다.

고 독려한다.

행함이 없는 믿음은 죽은 믿음이며, 최후의 심판에서의 칭의/무죄 선언은 믿음만이 아니라 행위로 이루어질 것(약 2:12-26)이라고 경고할 때 야고보는 이신칭의 교리를 수정했다는 이유로 야고보서를 지푸라기 취급했던 루터를 추종하던 이들이 생각했던 바울과 크게 다르지 않다.[41]

베드로전서가 바울에 가깝다고 볼 수 있는 부분은 "외모로 보시지 않고 각 사람의 행위대로 심판하시는 이를 아버지라 부[르는]" 이들은 결국 경건한 두려움을 갖고 살아야 한다는 사실을 독자들에게 상기시키는 베드로의 권면이다(벧전 1:17). 베드로후서 1:5-11에서 "우리 주 곧 구주 예수 그리스도의 영원한 나라에 들어가는 것"은 적어도 어느 정도는 수신자들의 절제, 인내, 경건, 형제 우애, 사랑에 달려 있는 것으로 보인다.

요한일서 4:17에서 수신자들로 하여금 "심판 날에 담대함"을 갖게 만드는 것은 믿음(또는 심지어 하나님 안에 거하는 것이나 하나님의 영을 소유하는 것)이 아니라 사랑이다. 그리고 이 사랑도 하나님으로부터 받는 사랑이 아니라 서로 사랑하는 것이다(요일 4:7-12).

후기에 기록된 신약성서 본문 중에는 유일하게 단 한 본문만(계 20:11-15)이 고린도전서 3:10-15에 나타난 바울의 가르침에 가깝다. 고린도전서 3장은 그리스도인들에 대한 심판이 예수 그리스도의 터 위에 건축물로 세워지는 공적(행위)을 시험하는(불태우는) 것이 될 것이라고 말한다. 부실한 건축 자재를 사용한 건축자는 "구원을 받되 불 가운데서 받은 것 같으리라"(고전 3:15). 그러나 바울은 곧이어 "누구든지 하나님의 성전['너희(복수형)가 하나님의 성전인 것과', 고전 3:17]을 더럽히면[멸하면], 하나

41_Ibid., 308-311; Gathercole, *Where Is Boasting?* 116-118; P. A. Rainbow, *The Way of Salvation: The Role of Christian Obedience in Justification* (Milton Keynes, UK: Paternoster, 2005)을 보라.

님이 그 사람을 멸하시리라"는 사실을 덧붙인다. 이는 고린도전서 3:15이 결코 심판에 대한 내용 전부가 아님을 시사한다. 요한계시록 끝 부분에 나오는 크고 흰 보좌 심판은 요한계시록에서 가장 두려운 환상 중 하나인데, 거기 보면 "죽은 자들[은] 자기 행위를 따라 책들에 기록된 대로 심판을 받[고]…[모든 이들은] 각 사람이 자기의 행위대로 심판을 받[는다]"라고 되어 있다(계 20:11-13). "누구든지 생명책에 기록되지 못한 자는 불 못에 던져지더라"(계 20:15). 그러나 생명책에 기록된 이들에 대한 심판은 생명책에 기록된 대로 그들이 행한 행위에 따라 이루어질 것이다. 따라서 여기서도 우리는 동일한 주제를 다룬 다른 여러 진술과 쉽게 조화를 이룰 수 없는 상황을 재차 접하게 된다.

결론

그렇다면 우리는 바울(그리고 예수와 다른 신약성서 저자들)이 제시하는 서로 다른 강조점을 어떻게 하나로 통합할 수 있을까? 과연 우리는 실제로 "행위가 아니라 믿음으로 얻는 칭의"와 "행위에 따른 심판"을 서로 조화시킬 수 있을까? 물론 우리는 신자가 행하는 선은 전적으로 하나님의 은혜로부터 나오며, 오직 성령의 능력으로 말미암아 나타난다고 확신 있게 주장할 수 있다. 또한 우리는 신자가 현재 또는 미래에 전적으로 하나님의 은혜에 의존하는 죄인이 아니고서는 결코 은혜의 보좌로 나아갈 수 없다고 주장할 수 있다. 나아가 우리는 바울과 함께 하나님의 영광과 은혜 없이 오직 우리 자신의 행위만으로는 그분 앞에서 자랑할 만한 것이 아무것도 없다고도 말할 수 있다(롬 4:2; 5:11; 고전 1:29, 31; 고후 10:17. 그러나 롬 15:17; 고후 1:14; 7:4; 빌 2:6도 주목하라).

그렇다고 해서 과연 우리는 바울이 신자들이 "그리스도 안에" 거했고 성령을 따라 행했기(행해야 하기) 때문에 이제는 그들이 더 나은 사람이 되기를 기대했다는 사실까지도 부인할 수 있을까? 과연 우리는 바울이 이제 신자들은 하나님 앞에서 자신들이 행한 행위에 책임을 져야 한다고 말한다는 사실을 부인할 수 있을까? 과연 우리는 바울의 말대로 그리스도인들 역시 각자의 행위에 따라 심판받게 되리라는 사실을 부인할 수 있을까? 그리고 이와 같은 질문은 다른 신약성서 저자들에게도 동일하게 던져져야 한다.

그렇다면 우리는 바울을 비롯한 다른 신약성서 저자들에게 구원이 적어도 어느 정도는 신자가 행한 (선한) 행위에 달려 있다고 말해야 하나? 물론 구원은 우리 자신의 노력에 의해 또는 그 노력이 결여되었기 때문에 잃어버릴 수도 있다고 말할 수 있다. 하지만 또한 동시에 우리가 실제로 얻은 구원은 전적으로 그리스도와 그의 영에 달려 있다고도 말할 수 있다. 하지만 본 논문에서 살펴본 바울의 가르침에 비추어 볼 때 과연 이것이 우리가 전적으로 만족할 만한 해결책을 제공해준다고 할 수 있을까?

우리가 바울과 다른 저자들의 가르침에 나타난 이 두 가지 강조점을 단 하나의 일관된 교리 문답서 안에 집어넣을 수 있을는지 여부는 알 수 없지만, 어쨌든 우리는 둘 중 하나를 더 중시하거나, 둘을 서로 결합시킴으로써 그중 하나의 중요성을 약화시키거나, 또는 어느 한 쪽에 주안점을 두고 다른 한 쪽을 무시해버리는 오류를 범해서는 안 된다. 과연 이 두 강조점의 차이는 우리가 하나의 일관된 명제로 집약할 수 없을 정도로 심각한 것인가? 오히려 우리가 이 두 강조점에 귀를 기울이고 우리의 상황과 믿음의 순종 여부에 따라 이 두 강조점에 반응하는 것이 더 중요하지 않을까?

논평

로버트 N. 윌킨

제임스 D. G. 던은 사람들이 구원의 확신에 대한 바울의 가르침과 끝까지 인내하지 못하면 영원히 정죄 받을 수 있다고 경고하는 본문들을 왜 서로 조화시켜야 한다고 느끼는지 의아해한다. **확실하게 드러난** 던의 결론은 바울 서신에 나타난 이 두 주제를 **동등하게 강조**하자는 것이다. 경고 본문은 불순종하는 이들을 겨냥한 반면, 칭의 본문은 신실한 이들을 겨냥한 것이라는 의미다. 그리고 이 모든 것은 전적으로 목회 상황에 따라 좌우된다. "우리가 이 두 강조점에 귀를 기울이고 우리의 상황과 믿음의 순종 여부에 따라 이 두 강조점에 반응하는 것이 더 중요하지 않을까?"(214쪽)

그러나 던의 **궁극적인** 결론은 다르다. 던은 구원의 모든 측면을 단 하나의 지배적인 규범에 인위적으로 종속시키는 '오르도 살루티스'(구원의 서정/순서)를 채택하는 것에 반대한다. 하지만 그는 자신의 이러한 입장에도 불구하고 바울의 신학이 제2성전기 유대교의 "언약적 율법주의"의 관점에서 가장 잘 이해된다고 주장한다. 이 언약적 율법주의에 따르면 우리가 처음에는 행위와 상관없이 믿음으로 잠정적으로(probationary) 의롭다 함을 얻지만, 우리의 종말론적인 구원은 **궁극적으로** 우리의 신실한 순종에 달려 있다는 것이다.

다시 말하면 던은 사실상 경고가 확신보다 우위를 차지한다고 믿는다. 우리가 아무리 큰 확신을 갖고 있다 할지라도, 그 확신은 환상에 지나지 않는다는 것이다. 그런데 여기서 한 가지 중요한 사실은 신자가 갖고 있는 이 "구원"이 과연 상실될 수 있느냐는 것이다. 따라서 최종적으로 의롭다 함을 받지 못할 가능성에 대한 경고가 시험적 칭의에 대한 확신을 언급하는 본문들보다 실제적으로 훨씬 더 중요하다는 것이다.

던이 이와 같은 결론에 도달하는 이유는 그가 온갖 다양한 "구원의 은유"를 모두 고려하는 것이 얼마나 중요한지를 강조했음에도 불구하고 **구원** 자체가 여러 가지 의미를 지닐 가능성을 전혀 염두에 두지 않았기 때문이다. 즉 그는 그동안 전통적으로 지옥의 형벌로부터의 구원 여부에 관해 언급한 것으로 여겨졌던 다수의 바울 본문(그리고 다른 여러 신약성서의 책)이 실제로는 현세적 고난으로부터의 구원에 관해 말한다는 점을 전혀 고려하지 않는다. (내가 주장한 바와 같이) 신약성서가 다양한 종류의 구원과 각기 고유한 조건, 주제, 확신, 경고 등이 담긴 다양한 하나님의 심판을 언급하는 것은 과연 불가능한가?

실제로 중요한 칭의의 유일한 형태는 여전히 미래에 속해 있다

신자들이 장차 얻게 될 최종적 칭의에 대한 개념은 과연 어디서 유래했을까? 던은 이 개념이 바울 서신에서 발견된다고 생각한다. 그는 "두 가지 칭의"라는 단락에서(187-190쪽) 바울이 "이 칭의[는] 지금 당장 경험할 수 있는 것"(189쪽)이라고 믿었다는 사실은 매우 **특이할 만한** 것으로 여긴다. 그에게 이것이 이토록 특이할 만한 이유는 바로 유일하게 **영생을 좌우할** 칭의가 아직 미래에 속해 있기 때문이다. 던은 로마서 5:1을 인용한 후 이렇게 말한다.

> 그러나 바울은 또한 동시에 "의롭게 하다"(디카이오오)라는 동일한 동사를 최후의 심판을 내다보는 의미로 사용하면서 최후의 심판 때 내려질 무죄 선언이라는 보다 더 기초적인 칭의 개념을 그대로 유지한다(롬 2:13; 3:20, 30)(189쪽).

던에게 기초적인 칭의 개념이란 하나님이 의롭다고 선언하심으로써 현재 단번에 주어진 신분을 가리키지 않는다는 점을 주목하라. 현재 경험하는 칭의는 미래에 경험할 최종적 칭의를 보장해주지 않는다. 신자가 **끝까지 인내하는** 경우에 한해서만 그의 현재적 칭의가 "최후의 심판…때에…무죄 선언"으로 나타나게 될 것이다.

던의 견해는 마치 마라톤 대회에 참가하기 위해 등록하는 것과도 같다. 여러분은 선수 등록을 하고, 가슴에 다는 번호와 시간을 재는 칩까지 다 받고, 심지어는 마라톤 경주를 시작할 수도 있지만, 마라톤을 완주할지는 확신할 수 없다는 것이다. 여러분은 완주한 자에게 수여되는 메달을 받을 기회는 있지만, 결코 그 결과에 대한 확신은 가질 수 없다.

이런 경우 현재적 칭의는 과연 어떤 실제적 가치가 있는 것일까? 현재적 칭의의 주된 가치는 여러분이 최소한 최종적 칭의를 얻기 위해 **경주하는 가운데** 있다는 것을 아는 것에 불과하다.

그러나 안타까운 것은 신자들에게도 최후의 심판이 기다리고 있음을 지적하기 위해 던이 제시하는 본문들은 정작 이렇게 가르치지 않는다. 그는 로마서 2:5; 3:3-6; 8:31-39을 "바울에게 있어 법정 이미지의 일차적인 지시 대상은 최후의 심판이라는 사실"을 암시하는 본문으로 인용한다. 그러나 이 본문에는 **최후의 심판**이라는 표현이 전혀 나타나지 않는다.

예를 들어 로마서 2:5은 "진노의 날 곧 하나님의 의로우신 심판이 나타나는 그날에 임할 진노를 [스스로] 쌓는" 율법주의적인 유대인 비신자들을 언급한다. 여기서는 신자들을 염두에 두고 있지 않으며, 로마서 2:6-7(여기서는 가상적으로 죄 없는 삶을 사는 이들을 가리킴)도 마찬가지다.

로마서 3:6은 **신자들**이 아니라 **세상**에 대한 하나님의 심판을 언급한다. 오히려 이 구절은 바울 서신에서 유일하게 세상에 대한 심판을 언급하는 또 다른 구절이 암시하듯이 천년왕국 기간에 일어날 **비신자들**에 대한 심판을 가리킨다. 고린도전서 6:2에서 바울은 "성도가 세상을 판단할 것을 너희가 알지 못하느냐?"라고 반문한다. 천년왕국 기간에 그리스도와 함께 다스릴 신자들은 세상에 대한 그리스도의 심판에 참여할 것이다.[42]

마지막으로 로마서 8:31-39은 심판을 전혀 언급하지 않는다. 오히려 이 구절은 박해받고 있는 신자들의 현재적 경험을 언급하며(35-36절), 결코 이러한 박해는 그들을 하나님의 사랑에서 끊을 수 없다는 확신을 심어준다. 33-34절에서 바울은 그 누구도 하나님이 택하신 자들을 고발할 수 없다고 주장한다. 왜 그러겠는가? 그 이유는 당연히 의롭다 함을 받은 자는 안전하기 때문이다. 던도 "로마서 8:31-39에 담긴 놀라운 확신"에 관해 말할 때에는 이 사실을 인정한다(186쪽). 그러나 그의 견해를 감안한다면, 던은 어떻게 이렇게 말할 수 있을까? 만일 **지금** 의롭다 함을 받은 사람이 앞으로 **미래의** 심판에서 그 칭의를 도로 잃어버릴 수 있다면 분명히 하나님이 택하신 자들을 고발하는 것도 역시 **가능하다.** 즉 모든 것은 그들이 끝까지 인내하느냐 그렇지 못하느냐에 달려 있는 것이다. 그렇다면 바울이 가지고 있는 확신은 전혀 경이로운 것이 아니다. 오히려 그것은 **잔인하리만큼 기만적인** 것이다.

42_ 예컨대 Dwight Hunt, "First Corinthians," in *The Grace New Testament Commentary* (Denton, TX: Grace Evangelical Society, 2010), 2:728.

구원은 조건부적인가?

던의 논문 중에는 한 단락 전체가 "구원의 조건부적 성격"이라는 제목 하에 다루어진다(192-196쪽). 던은 이 단락에서 자신의 견해를 지지하기 위해 다수의 본문을 인용하지만, 사실 지옥의 형벌로부터의 구원을 가리키는 본문은 단 하나도 없다. 오히려 이 본문들은 현세에서 발생하는 육체적 죽음 또는 영적 파탄(신자들에게 실제로 가능한)을 가리킨다.

던이 논의한 본문은 로마서 8:13(사실은 **육체적** 죽음 대비 **육체적** 생명을 가리킴), 갈라디아서 6:8(내 논문에서 다룸), 로마서 14:15, 20과 고린도전서 8:11(영적으로 그리스도인 형제의 사기를 저하시키거나 그를 파멸시키는 것을 가리킴), 고린도전서 3:17(지역 교회를 파괴하는 신자들이 일시적으로 심판을 받고, 어쩌면 죽임까지 당하는 것을 가리킴), 고린도전서 10:9-11(민 21장에서 많은 유대인이 광야에서 경험한 육체적 죽음을 가리킴) 등이다. 나는 내 논문에서 그가 인용한 일부 다른 본문을 이미 다루었다(예. 롬 8:17; 고전 9:27; 골 1:21-23).

일시적인 고난으로부터의 구원은 분명히 조건부적이다. 그러나 **영원한 구원**은 이와는 전혀 다른 문제다.

왜 요한계시록 20:11-15을 대충 언급하고 넘어가는가?

성서에는 크고 흰 보좌 심판을 비롯해 거기서 벌어질 일에 관해 명시적으로 언급하는 곳이 딱 한 군데 있는데 바로 요한계시록 20:11-15이다. (마 7:21-23에서도 이 심판에 관해 추론할 수는 있지만, 이에 대해 거의 말하지 않는다.) 나는 최후의 심판에 관해 저술하는 학자라면 누구나 요한계시록 20:11-15을 세밀하게 다룰 것이라고 생각했다. 그런데 아쉽게도 던은 그의 논문 말미에서 이 본문을 지나가면서 잠깐 언급한다. 더 나아가 이에 대한 그의 결론 또한 나를 매우 당혹스럽게 만든다. "따라서 여기서도 우리는 동일한 주제를 다룬 다른 여러 진술과 쉽게 조화를 이룰 수 없는 상황을 재차 접하게 된다"(213쪽). 던은 요한계시록 20:11-15이 어떤 의미인지 전혀 말해주지 않은 채 그냥 자신의 결론으로 넘어간다.

이 본문을 자세히 읽어보면 두 유형의 책이 있다는 매우 중요한 사실이 밝혀진다. 즉 행위의 책들(복수형)과 생명책(단수형)이 있다. 그런데 사람들이 불 못에 던져지는 이유는 행위의 책들에 그들의 이름이 적혀 있기 때문이 아니라 **그들의 이름이 생명책에 기록되어 있지 않기 때문이다**(계 20:15). 이 사실은 영원한 정죄와 관련하여 크고 흰 보좌 심판에서는 행위가 전혀 중요하지 않다는 것을 암시한다. 오히려 여기서 중요한 것은 우리의 이름이 생명책에 기록되어 있느냐의 여부다. 보다 상세한 논의는 요한계시록 20:11-5을 다루는 내 논문의 관련 단락을 보라.

확신과 경고?

던은 다음과 같은 탁월한 질문을 던진다. "과연 우리는 로마서 8:31-39에 담긴 놀라운 확신과 고린도후서 5:10의 냉정한 경고를—아주 절묘할 정도로 잘 어울리는 사례를 하나 들자면—서로 어떻게 조화시킬 것인가?"(186쪽). 하지만 던은 자신의 논문 어느 곳에서도 이 질문에 전혀 답을 주지 않고, 이러한 불가능한 긴장을 받아들이는 데에도 전혀 어려움을 느끼지 않아 보인다. 신자들은 자신들의 영원한 운명에 대해 확신을 갖고 있으면서도 동시에 최후의 심판에서 내려질 무죄 선언에 대해서는 확신을 갖지 못한다. 다시 말하면 이것은 우리가 주님의 나라에서 그와 함께 거할지 말지 **오락가락** 한다는 의미다. 이것은 전혀 타당성이 없고, 영적으로는 파멸에 가깝다.

그런데 문제는 고린도후서 5:10이 비신자들을 위한 크고 흰 보좌 심판(계 20:11-15)을 가리키지 않는다는 것이다. 오히려 이 구절은 그리스도의 심판대를 가리키며, 거기서 **우리**(즉 신자들)는 하나님 나라에서 받게 될 상의 등급을 결정하는 심판을 받게 될 것이다(참조. 롬 14:10-12; 고전 3:10-15; 9:24-27; 요일 2:28; 4:17-19). 사실 고린도후서 5:9-11 바로 앞에 나오면서 같은 단락(즉 1-8절)의 일부분을 차지하는 이 구절들은 우리가 언젠가 영광스러운 몸을 받게 될 것에 대한 **확실성**을 언급한다. "만일 땅에 있는 우리의 장막 집이 무너지면, 하나님께서 지으신 집 곧…하늘에 있는 영원한 집이 우리에게 있는 줄 **아느니라**"(1절, 강조는 덧붙여진 것임). 바울은 계속해서 "…**보증으로** 성령을 우리에게 주신 이는 하나님"(5절, 강조는 덧붙여진 것임)이시라고 말한다. 바울이 9-11절에서 말하고자 하는 바는, 그것이 무엇이든지 간에, 그가 1-8절에서 방금 전에 언급한 확신의 말과 절대 모순을 일으킬 수 없다.[43]

현세적 구원은 과정이지만, 종말론적 구원은 그렇지 않다

앞에서 이미 지적한 바와 같이, 던은 편파적인 구원 개념을 갖고 있어서 신약(또는 구약)에 나타난 구원의 다양성을 제대로 다루지 못한다. 이 책의 다른 기고자들과 마찬가지로, 던 역시 **구원**을 일률적으로 **영원한 정죄로**

43_ 예컨대 Dwight Hunt, "First Corinthians," in *The Grace New Testament Commentary* (Denton, TX: Grace Evangelical Society, 2010), 2:728.

부터의 해방으로 이해한다. 그러나 구원은 언제나 그것만을 의미하지 않는다.

던은 여러 차례에 걸쳐 구원을 언급하는데, 그때마다 그는 구원을 영원한 정죄로부터 빠져나오는 하나의 **과정**으로 본다. "그런데 우리는 바울에게 있어 "구원"이 하나의 과정이라는 사실을 쉽게 망각한다"(191쪽). "구원의 과정을 말하는 바울의 신학이 우리를 난감하게 만드는 이유는 바울 또한 자신의 구원 과정이 끝까지 완성되지 못할 수도 있다는 얼마간의 망설임과 우려감을 나타냈기 때문이다.…우리를 난감하게 만드는 이유는 바울이 신자들의 배교 가능성, 즉 그들이 끝까지 인내하지 못할 가능성을 현실에서 **실제적으로** 일어날 수 있는 위험 요소로 간주했기 때문이다"(192쪽; 강조는 원저자의 것임).

나는 바울이 끝까지 인내하는 데 실패하는 것을 실제적 가능성으로 여겼다는 데 전적으로 동의할 뿐 아니라 **임시적인 곤경으로부터**의 구원이 하나의 과정이라는 것도 인정한다. 하지만 나는 바울이 **종말론적 구원**을 다시 뒤집혀 영원히 정죄받는 것으로 끝날 수 있는 어떤 과정으로 보았다는 데에는 결코 동의할 수 없다. 바울은 우리가 그리스도를 믿는 순간 아버지 하나님에 의해 의롭다 하심을 받았고 성령 하나님에 의해 다시 거듭남을 받았기 때문에 그 어떤 것도 우리의 칭의나 거듭남을 취소시킬 수 없다고 보았다(참조. 롬 4:4-5; 8:31-39; 11:6, 29; 고전 6:19-20; 고후 5:8; 엡 2:8-9; 빌 1:21-24; 3:20-21; 4:3; 골 3:3-4). 그리고 바울의 이신칭의 교리는 요한복음에 나타난 영생 교리에 의해 보완되는데, 이 또한 오직 믿음으로만 가능하다(요 3:16, 36; 5:24; 6:35, 39-40, 47; 11:25-26).

던이 종말론적 구원은 끝까지 인내하지 못하면 취소될 수도 있는 하나의 과정이라고 생각하는 이유는 바로 그가 거듭남의 조건(즉 오직 믿음으로)과 하나님과의 풍성한 교제 및 장차 메시아의 나라에서 영원한 상을 받는 조건(즉 신실한 행위)을 서로 구분하지 못하기 때문이다.

요컨대 신자가 끝까지 인내하는 것을 가능케 하시는 하나님의 은혜로 우신 능력을 강조함에도 불구하고(예컨대 "물론 우리는 신자가 행하는 선은 전적으로 하나님의 은혜로부터 나오며, 오직 성령의 능력으로 말미암아 일어난다고 확신 있게 주장할 수 있다"), 던은 사람이 일단 주 예수를 믿으면 "영생을 얻었고 심판에 이르지 아니하나니, 사망에서 생명으로 옮겼[다]"(요 5:24)는 사실을 깨닫지 못한다. 하지만 이것이 바로 거듭남/중생에 관해 우리 주님이 가르치신 교훈의 본질이다. 만약 종말론적 구원이 가장 중요한 핵심이라면, **한 번 받은 구원은 영원한 구원**이라는 침례교의 주장은 옳다.

논평

토머스 R. 슈라이너

동의하는 부분

제임스 던의 탁월한 학문은 이미 잘 알려져 있고, 이번에 그가 기고한 논문에는 그의 주석 능력이 돋보인다. 그는 바울이 가르치는 부분에만 국한하지 않고 바울의 증언 전체에 귀를 기울인다. 그는 바울이 경건하지 않은 자에게 주어지는 칭의와 최종 구원을 위한 행위의 필요성을 가르친다고 올바르게 지적한다.

던과 나는 선한 행위가 영생과 최종적 칭의에 필수적이라고 생각하기 때문에 상당히 많은 부분에서 서로 의견을 같이한다. 하지만 우리 둘 사이에는 여전히 의견 차이가 있고, 추가적인 설명이 필요한 부분도 역시 남아 있다. 던은 믿음으로 얻는 칭의와 행위에 따른 심판 사이의 긴장을 강조한다. 또한 그는 하나님께서 시작하신 선한 일을 계속해나가실 것이라는 그분의 약속도 언급한다(빌 1:6; 참조. 롬 8:35-39). 하지만 바울 서신에는 독자들을 향해 끝까지 인내하지 못하면 최후의 심판과 파멸이 기다리고 있다고 말하는 경고도 수없이 등장한다. 던은 교의학적 체계화가 바울의 의도를 제대로 전달하지 못한다고 판단하고 바울의 사상을 단순한 방식으로 체계화하려는 시도에 제동을 건다. 따라서 그는 깔끔하게 정리된 논리 체계에 모든 것을 집어넣으려 하기보다는 그냥 긴장과 함께 동거하는 편이 더 낫다고 말한다. 우리는 성서가 성서의 역할을 다 하도록 내버려두어야 하며, 바울을 비롯한 다른 성서의 증언에도 일종의 모순이 존재할 수 있음을 인정해야 한다.

나 역시 성경의 일부 증언을 제거해버리는 것보다는 긴장과 함께 동거하는 것이 더 나은 방법론이라고 생각한다. 우리는 던의 말을 경청할 필요가 있다. 우리는 구원이 값없이 주시는 선물이라고 가르치는 본문들을 지나치게 강조한 나머지 선한 행위가 최종적 구원에 필수적임을 부인하지 않도록 유의해야 한다. 윌킨은 사실 그의 논문에서 바로 이러한 오류를 범한다. 던이 지적한 바와 같이 선한 행위가 최종적 구원에 필수적이라고 말하는 성서 본문은 수없이 많다. 성서는 우리가 우리의 삶을 통해 그리스도를 부인하고 그의 복음을 거부하면 반드시 멸망할 것이라는 사실을 반복적으로 경고한다. 은혜로 얻는 구원과 행위의 필요성 중 어느 하나만을 받아들이는 것보다 이 두 교훈을 모두 수용하는 것이 훨씬 더 낫다. 심지어 우리가 이 두 교훈이 서로 어떻게 조화를 이루는지를 제대로 파악하지 못한다 하더라도, 우리 마음대로 성서의 증언을 재단할 만한 권리는 우리에게 없다.

던은 샌더스가 고안한 "언약적 율법주의"라는 어구를 언급하면서 제2성전기 유대교와 바울의 신학에서도 이와 유사한 구원론적인 패턴이 발견된다고 주장한다. 나는 여기서 이 문제를 좀 더 깊이 다루고 싶지만, 이 주제는 너무나도 복잡하기에 여기서 충분히 다루어지기는 불가능하다. 나는 제2성전기 유대교의 종교 패턴은 정말로 각기각색이었다고 생각한다. 그러기에 나는 그중에는 은혜를 더 강조한 분파도 있었을 것이고,

또 인간의 순종을 더 강조한 분파도 있었을 것이라고 제안하고 싶다.[44] 따라서 제2성전기 유대교와 바울 사이에는 연속성과 불연속성이 동시에 존재한다.

동의하지 않는 부분

던은 긴장 관계를 스스로 깬다

던이 바울과 다른 성서 저자 간에 나타나는 긴장 관계에 대해 언급한 내용들은 어느 정도 수정하거나 한정할 필요가 있다. 사실은 던 자신도 이 긴장 관계에 온전히 대처하지 못한다. 어떤 본문은 신자들은 절대 구원에서 탈락하지 않을 것이며 하나님은 택하신 자들을 반드시 보전하실 것이라고 약속한다(예. 요 6:37-40; 10:28-30; 롬 8:28-39; 빌 1:6; 살전 5:24). 그러나 또 다른 본문들은 신자들이 복음에서 떠난다면 종말론적인 파멸에 직면할 것이라고 경고한다. 결국 이런 신자들은 결코 천국에 들어가지 못한다(예. 요 15:6; 롬 11:19-22; 갈 6:8; 히 6:4-8; 10:26-31; 벧후 1:5-11).

던도 여기서 이 긴장 관계를 인정한다. 하지만 던 자신도 이 긴장 관계를 깨뜨린다는 사실은 놀라울 뿐 아니라 시사하는 바가 크다. 던은 성서가 서로 어떻게 조화를 이루는지를 우리가 합리적으로 설명하지 못할 수도 있음을 그대로 시인한다. 하지만 또한 그는 경고와 약속에 관한 본문을 접할 때에는 이 긴장 관계 중에서 어느 한 쪽을 택한다. 왜냐하면 그는 신자들이 구원에서 탈락할 수 없다면 경고의 메시지는 아무런 의미가

44_*Justification and Variegated Nomism: The Complexities of Second Temple Judaism* (ed. D. A. Carson, Peter O' Brien, Mark A. Seifrid; Grand Rapids: Baker, 2001), 1권을 보라.

없다고 주장하기 때문이다. 따라서 신자들은 하나님이 보존하시기 때문에 그들의 구원은 확실하다는 약속의 말씀은 경고의 메시지로 한정되고 수정된다. 던의 관점에서 볼 때 경고의 메시지는 약속의 말씀을 한정하는 역할을 한다. 왜냐하면 신자들이 미래에 받을 구원에 대한 약속은 결국 성취되지 않을 수도 있기 때문이다. 사실 던은 이러한 긴장 관계를 그대로 보존하겠다는 자신의 약속을 지키지 않는다. 그 대신 그는 약속의 말씀과 경고의 메시지 사이에서 나타나는 긴장 관계를 해소하기 위한 합리적인 해결 방안을 제시한다. 약속의 말씀은 경고의 메시지에 의해 제약을 받고, 이로 인해 경고의 메시지는 약속의 말씀보다 더 우선시된다.

경고와 약속의 관계

지면 관계상 이 문제를 충분히 다룰 수는 없지만, 나는 여기서 한 가지 대안을 제시하고자 한다.[45] 던은 신자들이 구원받기 위해서는 끝까지 인내해야 하고, 선한 행위는 최후의 심판에서 호의적인 판결을 받기 위해 반드시 필요하다고 주장하는데, 나는 그의 주장에 동의한다. 하지만 약속의 말씀은 경고의 메시지에 의해 제약을 받지 않는다. 오히려 경고의 메시지와 약속의 말씀은 상호보완적이다. 약속과 경고는 필연적인 관계일 뿐, 서로 경쟁하는 관계는 아니다. 경고는 약속을 보장하는 역할을 담당한다. 다시 말하면 경고는 택함을 받은 자와 의롭다 함을 받은 자에게 항상 실효적이다. 하지만 즉각적으로 반론도 제기된다. 택함을 받은 자들은 항상 경고의 메시지에 귀를 기울이기 때문에 이러한 견해는 경고를 불필요한 것

45_ 여기서 논의되고 있는 것에 대한 추가적인 설명은 Thomas R. Schreiner and Ardel B. Caneday, *The Race Set before Us: A Biblical Theology of Perseverance and Assurance* (Downers Grove: InterVarsity Press, 2001); Thomas R. Schreiner, *Run to Win the Prize: Perseverance in the New Testament* (Wheaton: Crossway, 2010)를 보라.

으로 만든다는 것이다. 하지만 이러한 반론은 설득력이 없다. 왜냐하면 이러한 반론은 경고를 추상적으로 이해하기 때문이다. 마치 약속은 경고 없이도 보장되는 것처럼 말이다!

그렇다면 성서의 경고를 이런 식으로 해석하는 것은 과연 성서적일까? 나는 두 가지 실례를 들어 이에 대한 답변을 대신하고자 한다. 사도행전 27장에서 바울은 광풍을 만나 좌초 위기에 빠진 배에 타고 있던 사람 전원이 살아남을 것이라는 약속의 말씀을 받는다. 단 한 사람도 죽지 않을 것이다(27:22-26). 바울은 단 한 사람도 예외가 없을 것임을 강조한다. 이 약속은 단순히 **대다수**의 사람이 아니라 **모든** 사람이 구조를 받을 것이라는 의미다. 그럼에도 불구하고 이 약속은 여전히 경고의 필요성을 무시하지 않는다. 이 약속을 받은 바울은 만약에 선원들이 작은 배를 타고 도주한다면 한 사람도 살아남지 못할 것이라고 즉각적으로 경고한다(행 27:31). 바울은 왜 전원이 구조될 것이라는 약속을 받았음에도 불구하고 이러한 경고를 하는 것일까? 분명히 바울은(그리고 누가도!) 이 약속이 선원들에 대한 경고의 필요성을 배제하지 않는다고 믿었다. 사실 경고의 메시지는 약속의 말씀을 보장하는 여러 수단 중 하나였던 것이다.

사실은 이미 앞에서 살펴본 본문의 약속의 말씀과 경고의 메시지는 모두 물리적 구원을 가리킨다. 하지만 마가복음 13장의 상황은 전혀 다르다. 예수는 제자들에게 깨어있을 것을 반복해서 경고하신다. 거짓 그리스도들과 거짓 예언자들이 일어나 제자들을 미혹할 것이다. 그러므로 제자들은 단단히 주의해야 한다(막 13:21-23, 33-37). 만일 누구든지 거짓 그리스도를 받아들인다면 그들은 영생을 얻지 못할 것이다. 예수는 제자들에게 가장 강력한 어조로 미혹을 받지 않도록 조심할 것을 경고하신다. 하지만 예수가 택함 받은 자는 결코 미혹 받지 않을 것이라고 말씀하시는 13:22을 주목하라! 그들은 결코 거짓 그리스도를 받아들이지 않을 것이다. 택함 받은 자에게는 그럴 가능성이 전혀 없다. 그럼에도 불구하고 예수는 그들이 미혹 받지 말 것을 경고하신다. 마가는 택함 받은 자들은 거짓 그리스도를 믿을 가능성이 없기 때문에 그들에게는 경고가 필요 없다고 말하지 않는다. 나는 마가가 예수의 경고를 택함 받은 자들에게 주신 약속을 보장하는 수단으로 이해했다고 제안한다. 경고와 약속은 모두 하나님의 택함을 받은 자의 삶 속에서는 결코 서로 모순되지 않으며 오히려 상호보완적인 역할을 담당한다.

그렇다면 믿음에서 탈락하는 이들의 경우는 어떤가? 어떤 이들이 주님으로부터 등을 돌리는 사례가 실제로 있지 않는가? 따라서 이것이 배교의 가능성을 보여주는 것은 아닌가? 물론 어떤 이들은 믿음에서 떨어져나간다. 하지만 신약성서는 믿음에서 탈락한 이들을 회고적으로 평가하면서 그들은 참된 그리스도인이 아니었다고 말한다는 사실에 주목하라. 여기서 요한일서 2:19를 고려해보자. "그들이 우리에게서 나갔으나 우리에게 속하지 아니하였나니, 만일 우리에게 속하였더라면 우리와 함께 거하였으려니와, 그들이 나간 것은 다 우리에게 속하지 아니함을 나타내려 함이니라." 요한은 떨어져나간 이들은 사실 공동체의 일원이 결코 아니었다는 사실을 분명히 한다. 인내는 진정한 그리스도인의 표지이며, 참된 신자는 경고에 주의를 기울이며 끝까지 인내한다.

마태복음 7:21-23에 기록된 예수의 말씀은 지금까지 논의한 내용을 뒷받침해준다. 우리는 예수의 이름으로 이적을 행하고, 귀신을 쫓아내며, 예언을 하다가 마침내 악을 행한 이들이 이전에 소유했던 구원을 상실했을 것이라고 생각할 수 있다. 하지만 예수가 "내가 너희를 도무지 알지 못하니"(마 7:23)라고 말씀하신다는 것을 주목하라. 예수는 자신이 이전에는 그들을 알았으나 지금은 더 이상 알지 못한다고 말씀하시지 않는다. 오히려 그 정반대다. 그들은 비록 예수에게 속한 이들처럼 보였지만, 단 한 번도 하나님의 백성의 일원이었던 적이 없었다(참조. 고전 11:19; 딤후 2:18-21).

던과 나는 선한 행위와 인내가 구원에 필수적이라는 데 동의하며, 이는 상당히 중요한 의미를 담고 있다. 하지만 우리는 참된 신자가 과연 배교를 할 수 있는지에 관해서는 서로 의견을 달리한다. 나는 택함 받은 자에게 주어진 약속은 결코 폐지될 수 없고, 진실로 하나님께 속한 자는 절대로 믿음에서 떨어져나가지 않을 것이라고 주장한다. 경고의 중요성은 결코 사라지지 않는다. 왜냐하면 오직 경고에 귀를 기울이는 자만이 끝까지 인내할 것이기 때문이다. 그런데 우리가 정작 성서에서 발견하는 사실은 택함 받은 자는 언제나 경고에 귀를 기울이고, 경고에 귀를 기울이지 않는 자는 애초부터 하나님께 속하지 않았다는 사실을 드러낸다는 것이다.

모순이 있는가?

던은 성서의 약속과 경고 사이에 존재하는 긴장과 관련하여 또 다른 사실 하나를 지적한다. 그는 성서가 실제로 모순적이라는 사실을 우리가 받아들여야 할 수도 있다고 말한다. 우리가 믿음으로 얻는 칭의와 행위에 따른 심판 사이의 긴장을 온전히 설명하지 못하는 이유가 어쩌면 해결될 수 없는 모순 때문일 수도 있다는 것이다.

던은 성서의 매끄럽지 못한 부분들을 일률적으로 다루는 교의신학에 우려를 표한다. 나도 어떤 면에서는 이에 동의한다. 성서의 증언 가운데 어떤 한 측면을 제거하는 것보다는 긴장을 그대로 유지하는 것이 더 낫다. 그러나 우리 중에 조직신학과 철학으로부터 자유로운 사람은 아무도 없다. 성서가 모순이 있다고 말하는 것 역시 철학적 세계관과 신학적 세계관을 모두 드러내는 것이기 때문이다. 이 "게임"에서는 중립적이거나 객관적인 플레이어라는 것은 없다. 나는 (이 문제를 합리적으로 해결할 수 없다면) 모순이라고 말하기보다는 신비라고 말하는 것이 정통적 기독교 전통과 성서의 증언에 더 잘 부합한다고 생각한다. 그리스도인들은 기독교 역사 전반에 걸쳐 예수의 인성과 신성에 대한 가르침, 삼위일체 교리, 영혼과 육체의 관계는 우리의 이성을 초월하는 신비라는 사실을 인정했다. 많은 이들은 하나님의 주권과 인간의 책임에 관해서도 이와 동일한 입장을 취했다.

물론 나는 경고와 약속이 서로 어떻게 모순이 되지 않는지를 앞에서 설명한 바 있다. 또한 나는 내 논문에서도 행위는 하나님과 우리 사이의 올바른 관계의 기초가 아니라 증거라고 제안했다. 따라서 나는 현 시점에서 신비에 호소하지 않는다. 하지만 만약 이 해결 방안을 거부한다면, 모순보다 신비를 택하는 것이 성서의 증언과 기독교신학의 전통에 더 잘 부합한다고 생각한다. 기독교 전통의 증언은 너무 쉽게 묵살되어서는 안 된다. 성서에 모순이 있다는 개념은 역사비평 연구(자체적으로 나름 철학적·신학적 관점을 갖고 있는)의 산물이며, 또한 나는 기독교 신앙은 역사비평적 방법론이 주류를 형성했던 문화에서 활성화되지 않았다고 말하는 것이 옳다고 생각하기 때문이다.[46]

몇 가지 마지막 논평

나는 던이 제기한 몇 가지 문제에 관해 매우 간략하게 답변하는 것으로 내 논평을 마치고자 한다. 나는 성경이 말하는 의는 변혁적인 의라기보다는 법정적인 의라고 주장한다. 하지만 던의 핵심 주장 역시 분명히 타당하다. 우리가 바울의 신학을 하나로 통합하려고 한다면 우리는, 제아무리

46_ 나는 여기서 성서 본문 안에 모순이 실제로 존재한다는 견해를 취하는 역사비평 연구에 대하여 말하는 것이다. 나는 내가 기독교 세계관이라고 부르는 것에 따라 이루어지는 역사비평 연구에는 반대하지 않는다.

법정적인 의가 변혁적인 의의 기초가 된다 할지라도, 이 둘 사이에 쐐기를 박아서는 안 된다.

또한 던은 개혁신학에서 주로 신(神) 단동설로 불리는 개념에 대해 오해가 있는 듯하다. 그는 빌립보서 2:12-13은 신 단동설이라기보다는 신인 협력설을 지지한다고 말하는데, 이는 아마도 그 본문이 신자들에게 자신들의 구원을 이루라고 촉구하기 때문일 것이다. 하지만 개혁교회 전통 안에서 신 단동설은 인간의 선택권과 행동권을 결코 부인한 적이 없다. 또한 그는 신 단동설을 지지하는 이들은 성령을 통해 율법이 준수되기 때문에 신자들에게는 그 어떤 노력도 필요 없다고 믿는다. 여기서도 던은 신 단동설을 잘못 해석한다. 오히려 빌립보서 2:12-13은 신 단동설 지지자들이 믿는 바를 완벽하게 포착한다. 인간은 행동하고 선택해야 할 의무가 있지만, 인간의 선택과 행동은 모두 궁극적으로 하나님께로 귀속된다. 하나님은 자기의 기쁘신 뜻을 위하여 인간이 의지를 행사하고 행동하도록 이끄신다.

다시 말하면 하나님의 사역의 궁극적인 목적은 인간의 직접적 의지 또는 인간의 선택 및 결정의 진정성과 실재성을 배제하지 않는다. 하나님의 사역은 던이 주장하듯이 인간이 행하는 행위의 실재성을 폐지하지도 않고 인간의 책임을 면제해주지도 않는다. 어쩌면 던의 글은 개혁교회 전통에서 자라면서 축적한 그의 경험을 반영할지는 몰라도, 장 칼뱅이나 존 오웬 또는 J. I. 패커의 신학적 가르침을 반영하지는 않는다. 하나님의 주권과 인간의 책임 간의 긴장은 개혁신학이 지닌 특성 중 하나다. 칼뱅으로부터 시작하여 수많은 개혁파 사상가들은 하나님의 주권과 인간의 책임의 관계는 결국 신비적이라는 사실을 인정한다. 이 둘은, 던이 주장하듯이, "신자들이 선을 행해야 할 의무를 모두 거두어가지" 않는다.

던은 로마서 2:6-11을 언급하면서 행위에 따른 심판을 올바르게 주장한다. 하지만 그는 또한 이 본문에 성령에 대한 언급이 없다는 사실은 매우 의미심장하다고 본다. 하지만 그의 이러한 결론은 로마서 2:6-11 단락을 로마서의 나머지 부분은 물론, 심지어 로마서 2장에서 바울이 전개하는 나머지 논증과의 연결을 단절시킨다. 로마서 2:26-29에서 바울은 이방인의 순종은 성령의 사역에 기인한다고 설명한다. 2:6-11에서 묘사한 순종은 2:26-29에서 성령에 의해 유발된 순종과 절대 분리될 수 없다.

결론

나는 던의 논문에 대해 몇 가지 이의를 제기했지만, 사실상 그의 논문의 근본적인 주장은 타당하다. 영생과 최후의 심판은 행위에 따라 이루어진다. 이 주제는 신약성서에서 결코 빠질 수 없다. 은혜는 신자의 삶에서 (비록 완벽하지는 않더라도) 변화를 이끌어낸다. 선한 행위는 구원에 필수적이다. 물론 그것이 구원의 기초가 아닌 새로운 삶에서 드러나야 할 필수적인 증거이자 열매이지만 말이다.

논평

마이클 P. 바버

아우구스티누스는 그의 저명한 「기독교 교리」라는 책에서 독자들에게 성서의 모호한 본문들을 인위적으로 설명하는 것에 대해 경고한다. 그는 이렇게 말한다. "성서 본문을 잘못 해석함으로써 소의 목을 속박의 멍에로부터 풀어주려다가 오류의 소용돌이 속으로 집어넣고 마는 것보다 아예 뭔지 잘 모르지만 그래도 유용한 표지판에 속박되는 것이 더 낫다."[47] 제임스 던도 그의 논문에서 이와 비슷한 논증을 펼친다. 바울 서신에서 외관상 서로 모순된 가르침들과 마주하자 던은 다음과 같이 주장한다. "우리는 둘 중 하나를 더 중시하거나, 둘을 서로 결합시킴으로써 그중 하나의 중요성을 약화시키거나, 또는 어느 한 쪽에 주안점을 두고 다른 한 쪽을 무시해버리는 오류를 범해서는 안 된다"(214쪽). 나도 이에 전적으로 동의한다.

제임스 던은 내가 오랫동안 존경해왔고 또 그의 저서를 통해 수많은 것을 배울 수 있었던 학자인데, 이번에 그의 논문에 대해 논평할 기회를 갖게 된 것을 특별한 영예로 생각한다. 비록 그의 논문 전체에 관해 논평할 수는 없지만, 행위의 역할에 관한 바울의 가르침 중에서 나는 던이 지적하

47_Augustine, *On Christian Doctrine,* 3.9.13 (NPNF1 2:560).

는 긴장에 더 초점을 맞추고자 한다. 던의 분석을 종합해보면 바울 서신은 외관상 서로 상충되는 두 가지 개념을 동시에 제시한다. 즉 (1) 칭의는 행위와 상관없이 믿음으로 얻는다(예. 롬 4:4-5; 엡 2:8)는 것과, (2) 하나님은 신자들을 행위에 기초하여 심판하실 것(예. 롬 2:6-11, 13; 고후 5:10-11)이다.

나는 분명히 우리가 성서에서 드러나는 불일치를 다 해결할 수 없다는 데 동의하지만, 또한 나는 행위의 역할에 관한 바울의 가르침의 이 두 측면이 전혀 해결할 수 없을 정도로 서로 상반된 관계에 있지 않다는 입장을 겸손하게 내놓는다. 나는 내 논평을 통해 바울에 대한 가톨릭교회의 설명을 제시하고자 한다. 또한 나는 가톨릭교회의 해석이 실제로 어떻게 던의 해석을 보완해주고, 또 던이 경계하는 함정에 빠지는 것을 막을 수 있는지를 설명하고자 한다.

나는 내 논문이 신약성서 본문을 두루 다룬다는 이유에서 신약성서의 개별 저자가 말하고자 하는 독특한 신학적 메시지를 제대로 드러내지 못한다는 반론을 불러일으킬 수 있다는 것을 인정한다. 나는 바울에 초점을 맞춘 던의 주해에 집중함으로써 이러한 우려를 조금이나마 불식시킬 수 있기를 바란다.

능력을 부여하는 은혜

던은 자신의 논문에서 선한 행위에 대한 바울의 견해를 이해하는 데 결정적으로 중요한 빌립보서 2:12-13으로 시선을 돌린다. "그러므로 나의 사랑하는 자들아, 너희가 나 있을 때뿐 아니라 더욱 지금 나 없을 때에도 **항상 복종하여 두렵고 떨림으로 너희 구원을 이루라. 너희 안에서 행하시는 이는 하나님이시니**"(강조는 덧붙여진 것임).

던이 지적하듯이, 일부 학자는 갈라디아서 2:20("이제는 내가 사는 것이 아니요, 오직 내 안에 그리스도께서 사시는 것이라")과 같은 본문을 언급하면서 바울을 인간의 노력의 중요성을 약화시키는 신 단동설적 관점에서 이해할 것을 강조해왔다. 하지만 바울은, 던이 보여주듯이, 신 단동설적 관점을 지지하지 **않는다**. 던은 이렇게 말한다. "갈라디아서 2:20을 제시하면서 신자가 행한 선한 일들을 그 안에 내주하시는 그리스도가 하신 일이라며 선한 행위에 대한 모든 책임을 면해주는 것은 책임 있는 인격으로서의 '나'를 제거해버리는 것과 같다"(205쪽). 나는 내가 이 책에서 갈라디아서 2장을 다룰 때 내가 이러한 경향의 희생제물로 오해받지 않기를 바란다. 던은 여기서 매우 중요한 문제를 제기한다. 그가 지적하듯이 빌립보서 2장에 담긴 바울의 가르침에는 **두** 행위자가 등장하는데, 바로 하나님("너희 안에서 행하시는")과 신자("너희 구원을 이루라")다.

더 나아가 던이 언급하듯이, 이제는 하나님과 인간의 행위를 구약성서와 제2성전기 문헌에서 발견되는 경쟁적인 관계로 간주해온 과거의 오랜 전통에 점점 더 많은 학자들이 이의를 제기하고 있다.[48] 구약의 예언서는 이 두 개념을 하나로 통합하여 "하나님의 구원 행위는 새롭게 창조된 도덕적 행위자 안에서 끊임없이 역사한다"고 말한다(예. 렘 32:39를 참조하라).[49] 예를 들면 에스겔서에서 하나님은 다음과 같이 말씀하신다. "내 영을 너희 속에 두어 **너희로 내 율례를 행하게 하리니, 너희가 내 규례를 지켜 행할지라**"(겔 36:27; 강조는 덧붙여진 것임). 이와 같은 본문들은 이스라

48_ 예컨대 Simon Gathercole, *Where Is Boasting? Early Jewish Soteriology and Paul's Response in Romans* 1-5 (Grand Rapids: Eerdmans, 2002), 263-264; Kyle B. Wells, "Grace, Obedience, and the Hermeneutics of Agency: Paul and His Jewish Contemporaries on the Transformation of the Heart" (PhD diss., Durham University, 2010)를 보라.

49_ Wells, "Grace," 41.

엘이 오직 야웨의 도움을 통해서만 그의 길을 따라 사는 법을 배우게 될 것임을 계시한다. 따라서 바울 서신에 나타나 있는 신인 협력설적인 언어는 사실 그리 놀랄 만한 것은 아니다.

요약하자면, 바울이 신자들에게 "너희 구원을 이루라"고 말하는 이유는 그가 신자들이 스스로의 힘으로 구원을 얻을 수 있다고 생각했기 때문이 아니다. 바울은 신자들이 구원에 이르게 하는 행위를 진정으로 행할 수 있다고 생각했다. 하지만 이것은 펠라기우스적인 사고가 아니다. 신자들은 오로지 하나님의 은혜를 힘입었기 때문에 이러한 능력을 소유하고 있는 것이다. 따라서 존 바클레이(John M. G. Barclay)는 은혜에 대한 바울의 관점을 "능력 부여"(empowerment)[50]와 "정력주의"(energism, 精力主義)[51]의 견지에서 설명한다.

이러한 사실은 로마서 2장에서 바울이 행위가 구원에 필수적이라는 점을 강조한다는 점을 잘 설명해준다. 사실 바울은 행위가 심지어 칭의와도 연계되어 있다고 주장한다. "오직 율법을 행하는 자라야 의롭다 하심을 얻으리니"(롬 2:13). 키너(Keener)가 이미 입증했듯이 로마서 2장의 언어는 서신서 후반부에서 그리스도인들은 그리스도로 말미암아 선을 행할 수 있는 능력을 부여받는다는 사실을 서술하기 위해 사용된 언어와도 연계되어 있다.[52]

50_John M. G. Barclay, "Grace and the Transformation of Agency," in *Redefining First-Century Jewish and Christian Identities* (eds. Fabian E. Udoh et al.; South Bend, IN: University of Notre Dame Press, 2008), 384 [372-389].

51_Ibid., 388 n. 38.

52_Craig S. Keener, *Romans* (Eugene, OR: Wipf and Stock, 2009), 44-45.

행위와 상관없는 칭의

로마서 4장에서 바울은 칭의는 믿음이 있는 자에게 "삯/대가"('미스토스')로가 아닌 선물로 주어지는 것이라고 주장한다. 그럼에도 로마서 앞부분에서 바울은 하나님께서 각 사람에게 그 행한 대로 "보응하시는"('아포디도미', 2:6) 것에 관해 언급하는데, 거기서도 역시 보상의 언어를 사용한다.[53] 이 두 본문 사이에 드러난 긴장을 해소하기 위해 어떤 이들은 로마서 2장이 가상적 또는 수사적 전략을 구사하고 있으며, 따라서 바울의 신학을 온전히 반영하지 않는다고 주장한다.[54]

하지만 이러한 해석은 개연성도 없을 뿐만 아니라[55] 불필요하다. 빌립보서 2장에서 이미 확인한 바와 같이, 바울은 선한 행위가 한 사람의 구원에 결정적인 역할을 담당하고(빌 2:12; 참조. 고후 5:10; 골 3:23-25), 구원에 이르게 하는 행위는 오직 성령의 내주하심을 통해서만 가능하다고 가르친다(빌 2:13). 따라서 우리는 로마서 4장과 로마서 2장을 서로 대립하는 관계로 이해해서는 안 된다.

이와 마찬가지로 "오직 율법을 행하는 자라야 의롭다 하심을 얻으리니"(롬 2:13)라는 바울의 가르침은 얼핏 보면 사람이 "의롭다 하심을 얻는 것은 율법의 행위에 있지 않고 믿음으로"(롬 3:28) 된다는 주장과 결코 조화될 수 없는 것처럼 보일 수 있다. 하지만 던은 가능한 해결 방안이 있다

53_ Nathan Eubank는 "The Wages of Righteousness: The Economy of Heaven in the Gospel According to Matthew" (PhD diss., Duke University, 2012), 74에서, BDAG를 사용하여 이 언어의 경제적 배경을 설명한다.

54_ 가장 최근의 논증으로는 Douglas A. Campbell, *The Deliverance of God: An Apocalyptic Rereading of Justification in Paul* (Grand Rapids: Eerdmans, 2009)을 보라.

55_ 예컨대 Michael J. Gorman, "Douglas Campbell's *The Deliverance of God: A Review by* a Friendly Critic," *JSPL* 1/1 (2011), 99-107을 보라.

고 말한다.

던은 바울이 구원을 단순히 하나의 분리된 사건이 아닌 하나의 "과정"으로 묘사한다는 사실을 밝히 드러내면서 그의 탁월한 주해 능력을 뽐낸다(190-192쪽의 "시작과 완성" 단락을 보라). 나는 이 통찰은 우리로 하여금 행위의 역할에 대한 바울의 가르침을 제대로 이해하도록 돕는다고 말하고 싶다.

바울이 사람은 "율법의 행위"가 아니라 믿음으로 의롭다 함을 얻게 된다고 말할 때(예. 롬 3:28; 갈 3:10) 나는 그가 여기서 칭의의 **초기** 은혜에 관해 이야기한다고 생각한다. 바울이 사용한 "율법의 행위"('에르가 노무') 라는 구체적인 용어는 사실 언약 속으로 들어가는 **진입점**이라고 할 수 있는 할례의 가치에 관한 논쟁을 다루는 문맥에 들어 있다(참조. 갈 5:3; 또한 집회서 44:19-20). 할례는 하나님의 백성이라는 공동체 "안에" 누가 들어 있는지를 확인해준다.[56] 바울은 할례와 같은 것들은 칭의를 얻을 만한 가치가 없다고 주장한다. 따라서 바울은 로마서에서 아브라함이 창세기 17장에서 할례를 받기 **이전에** 믿음으로 의롭다 함을 받았다는 사실을 적시하기 위해 창세기 15:6로 시선을 돌린다(롬 4:10). 따라서 바울의 반대자들은 하나님의 복이 오직 할례를 받은 이들에게만 주어진다고 주장하는 반면(롬 3:9), 바울이 말하고자 한 핵심 요지는 그 축복의 삶(즉 칭의)으로 들어가는 길은 오직 믿음으로만 열린다는 것이다.

나는 다음 단계로 넘어가기 이전에 여기서 중요한 요점 하나를 제시하고자 한다. 어떤 이들은 내가 "율법의 행위"와 할례를 동일시함으로써 전자의 의미를 너무 협소하게 정의한다는 불만을 표출할 수도 있다. 분명

56_ 예컨대 James D. G. Dunn, *The Theology of Paul the Apostle* (Grand Rapids: Eerdmans, 1998), 356, 360; Thomas R. Schreiner, *The Law and Its Fulfillment* (Grand Rapids: Baker, 1993), 99를 보라.

히 이 용어는 할례 그 **이상의** 의미를 함축하고 있다.[57] 그럼에도 불구하고—그리고 이것이 열쇠다—이 용어가 내포하는 광범위한 의미가 무엇인지에 관한 논쟁은 사실 나의 핵심 주장과는 궁극적으로 무관하다. 로마서와 갈라디아서에 나타난 바울의 요점은 칭의의 초기 은혜는 믿음을 통해 주어진다는 것이다.[58] 다만 나는 오직 한 가지 사실만을 강조하기 위해 "율법의 행위"와 할례의 연관성을 부각시킨다. 즉 "율법의 행위"와는 아무런 상관없이 오직 믿음으로 얻는 칭의를 언급하는 바울의 진술은 축복의 삶(=칭의)으로 들어가게 하는 것이 과연 무엇인지를 묻는 여러 질문이 제기되는 문맥에 들어 있다는 것이다.

우리 안에서 역사하는 능력

따라서 칭의의 초기 은혜는 행위에 좌우되지 않는 선물이다(롬 4:4-5; 9:32 등). 그리스도인은 이 선물을 통해 자신 안에서 역사하는 하나님의 능력의 결과로 나타나는 행위를 행할 수 있게 된다. 이 행위들은 그 원천이 하나님 안에 있기 때문에 놀라운 가치를 지닌다. 에베소서 2:8-10은 바울의 이러한 사상을 가장 잘 보여준다.

57_ 적어도 갈라디아서에 나타난 이 용어의 의미에 관해 특별히 유용한 저서는 Scott W. Hahn, *Kinship by Covenant* (AYBRL; New Haven, CT: Yale University Press, 2009), 238-277이다. 그는 이 용어가 신명기적인 의미를 갖고 있음을 보여준다.

58_ Thomas Aquinas, *Commentary on Saint Paul's Epistle to the Galatians* (trans. F. R. Larcher, O. P.; Albany: Magi, 1966), 80. 특별히 그는 자신의 갈라디아서 주석서에서 "율법의 행위"는 율법 전체를 가리키는 것으로 해석될 수 있는데, "그 이유는 율법의 행위로는 죄가 지워지거나 하나님 앞에서 의롭다 함을 받을 자가 아무도 없고, 오직 사랑으로 역사하는 믿음의 습관을 통해서만 가능하기 때문"이라고 주장한다.

너희는 그 은혜에 의하여 믿음으로 말미암아 구원을 받았으니, 이것은 너희에게서 난 것이 아니요, 하나님의 선물이라. 행위에서 난 것이 아니니, 이는 누구든지 자랑하지 못하게 함이라. 우리는 그가 만드신 바라. 그리스도 예수 안에서 선한 일을 위하여 지으심을 받은 자니, 이 일은 하나님이 전에 예비하사 우리로 그 가운데서 행하게 하려 하심이니라.

사람은 **먼저** 오직 은혜로 구원을 받는다. 하지만 동시에 신자들에게는 인간의 노력만으로는 할 수 없는 선을 행할 수 있도록 하나님의 은혜가 주어진다. 따라서 바울은 바로 다음 장에서 "**우리 가운데서 역사하시는 능력대로 우리가 구하거나 생각하는 모든 것에 더 넘치도록** 능히 하실 이에게" 영광을 돌린다(엡 3:20, 강조는 덧붙여진 것임). 따라서 신자들이 그리스도와 연합하여 행하는 행위는 우리가 구하거나 생각하는 **모든 것**보다 훨씬 더 뛰어나며, 심지어는 구원에 이르게 하는 가치를 지니고 있다! 바로 이 이유 때문에 바울은 빌립보 교회 교인들에게 "너희 구원을 이루라"고 말할 수 있었던 것이다.

나는 이렇게 서로 상충되는 듯 보이는 바울의 진술의 문제점을 해소하기 위해 내가 제시한 해결책이 그의 가르침의 양면성을 가장 잘 유지하고 반영한다고 생각한다. 던은 바울을 해석하는 데 있어서 그의 메시지의 한 측면을 부각시키기 위해 다른 측면을 침묵시키는 방식을 통해 겉으로 드러난 갈등을 해소해서는 안 된다고 조언하는데, 그의 조언은 극히 타당하다. 가톨릭교회는 그러한 입장을 취하지 않는다. 오히려 가톨릭교회의 입장은 바울이 갖고 있는 은혜에 대해 풍성한 이해를 충실히 반영한다. 즉 바울이 말하는 은혜는 우리에게 구원을 가져다주는 값없는 선물이며(롬 11:6; 엡 2:8-9) "하나님의 동역자"가 되게 하는 하나님의 능력이다(고전 3:9; 참조. 고후 6:1).

4

가톨릭교회의 관점

우리는 은혜로 그리스도와 연합되었기 때문에 우리의 행위는 최후의 심판 때 공로로 인정받는다

마이클 P. 바버

그리스도의 사랑은 하나님 앞에서 우리가 내세울 수 있는, **우리 안에 있는 모든 공로의 원천이다.** 은혜는 능동적인 사랑 안에서 우리를 그리스도와 하나가 되게 함으로써 우리의 행동과 그 결과로 말미암아 하나님과 사람들 앞에서 드러난 그 행위의 공로의 초자연성을 보장한다. **성도들은 자신들의 공로가 순전한 은혜였다는 사실을 항상 생생하게 인식하고 있었다.** 〈가톨릭교회 교리문답〉 2011번.[1]

가톨릭교회의 모든 가르침의 공식 개요서인 〈가톨릭교회 교리문답〉(이후로는 〈교리 문답〉)[2]에서 발췌한 위의 인용 글은 구원 및 최후 심판에서의 행위의 역할에 관한 가톨릭교회 교리를 훌륭하게 요약한다.[3] 나는 이러한 내용이 일부 비가톨릭 신자들을 다소 놀라게 할 것이라고 생각한다.

1_ *Catechism of the Catholic Church* (2nd ed.; Vatican: Libreria Editrice Vaticana, 1997), 487에서 인용함(강조는 덧붙여진 것임). 본 논문에서 이 *Catechism*이 인용될 때 나는 통상적인 표기 방식인 쪽 번호를 사용하기보다는 문단 번호를 사용할 것이다.

2_ 〈교리 문답〉이 처음 발표될 때 요한 바오로 2세는 〈교리 문답〉이 가톨릭교회의 가르침을 충실하면서도 권위 있게 반영한다고 주장했다. "나는 이 〈교리 문답〉이 교리를 가르치는 확실한 규범이며, 따라서 교회의 교제를 위한 타당하면서도 정당한 도구가 될 것을 선언한다." Apostolic Constitution(교황령), *Fidei Depositum*(신앙의 보고), 11 October 1992 (*Catechism of the Catholic Church* [2nd ed.], 5에 헌사로 기재됨).

3_ 가톨릭 신자들은 사람이 죽을 때 심판을 받고("특별한 심판"; 참조. 히 9:27) — 이로써 신자는 하늘의 상을 받고, 즉시 "그리스도와 함께" 거할 수 있게 됨(고후 5:8; 빌 1:23; 히 12:23) — 또 역사의 마지막 때에 심판을 받는다("최후의 심판"; 참조. 마 25:31-46; 요 5:28-29)고 믿는다. 가톨릭교회의 가르침에 따르면 최후의 심판에서 내려진 최종 판결은 특별한 심판에서 내려진 판결과 전혀 다르지 않다. 보다 더 상세한 논의는 *Catechism,* 1021-1022, 1038-1041번을 보라.

왜냐하면 이는 행위에 의한 의, 율법주의적인 관점 등 많은 이들에게 익숙한 가톨릭교회의 구원론과 분명히 잘 어울리지 않기 때문이다. 사실 이러한 비판은 가톨릭교회의 가르침을 심각하게 오해한 것에 불과하다.[4]

물론 이러한 잘못된 오해는 양쪽 모두에게서 발견된다. 나는 이것을 개인적인 경험을 통해 잘 알고 있다. 나는 가톨릭 신자로서 그리스도 안에 있는 나의 갈라진 형제자매들을 좀 더 잘 이해하기 위해 가톨릭 교육기관이 아닌 곳에서 신학을 공부하기로 결심했다. 나는 아주사 퍼시픽 대학교에서 신학 및 철학 학사와 풀러 신학교에서 철학박사 학위를 취득했고 나의 학업의 대부분은 개신교 신자들과 함께 공부하고 그들에게 배우는 시간들이었다.

솔직히 가톨릭 신자로서 내가 이들 기관에서 공부한 것은 매우 긍정적인 경험이었다고 말할 수 있다. 나는 콜린 브라운(Colin Brown), 존 골딩게이(John Goldingay), 김세윤 등과 같은 경건하고 저명한 학자들에게서 배우는 특혜를 누렸다. 그리고 나는 그들이 나에게 가르쳐준 것은 물론, 내 인생에 커다란 영향을 미친 그들의 예수 그리스도에 대한 인격적인 믿음의 증거에 대해서도 지금도 계속해서 하나님께 감사한다.

나는 서로 간에 평화적인 대화를 나눈다는 의미에서 이 논문을 기고한다. 나는 본 논문을 통해 최후의 심판에서의 선한 행위의 역할에 대한 가톨릭교회의 견해가 하나님의 은혜를 우선시하거나 선한 행위의 역할을 부각시키는 본문들 가운데 그 어느 쪽도 약화시키지 않고 성서의 증언을 총체적으로 설명해준다는 점을 보여주기를 원한다. 나는 비록 이 책에

4_ 이 논문은 가톨릭교회의 공식 교리를 해설하는 데 주력한다. 따라서 나는 〈교리 문답〉과 다른 여러 교회 공문을 언급할 것이다. 우리는 가톨릭신도라고 자처하면서도 가톨릭교회 문헌에서 가르치는 것과 다른 입장을 취하는 신학자/저자를 발견할 수도 있다. 하지만 이처럼 다양한 견해를 "가톨릭교회의 견해"로 분류하는 것은 그리 바람직하지 않다. 왜냐하면 이런 저자들과 가톨릭교회 간의 연계성은 그들의 입장을 표명하는 데 극히 미미한 역할을 했다고 볼 수 있기 때문이다.

기고한 모든 학자가 이 견해에 모두 동의하리라고 기대하지는 않지만(사실은 강한 반론을 예상함), 종종 간과되거나 왜곡되는 가톨릭교회의 견해 가운데 한 측면 – 하나님의 은혜의 무한한 능력 – 에 집중하고자 한다. 내가 곧 보여주겠지만, 행위에 대한 가톨릭의 입장은 근본적으로 우리의 행위를 가치 있게 만드실 수 있는 하나님의 능력을 포함하여 "하나님으로서는 [모든 것을] 다 하실 수 있느니라"(마 19:26)[5]는 예수의 가르침을 재확인해 준다.

구원과 최후의 심판

최후의 심판에서의 선한 행위의 역할을 올바르게 이해하려면, 한 걸음 뒤로 물러나 "구원"이란 무엇인가라는 보다 더 포괄적인 질문을 고찰하는 것이 필요하다. 비록 구원에 대한 신약성서의 다양한 용법을 여기서 면밀히 살펴보는 것은 불가능하겠지만,[6] 여기서 한 가지 지적해야 할 점은, 다수의 학자들이 이미 지적한 바와 같이, 그리스도 안에서 누리는 구원은 과거, 현재, 미래적 실재를 포함한다는 것이다.[7] 구원은 신자들이 이미 경험한 것이다. 디도서는 그리스도께서 "우리를 **구원하셨다**['에소센']"라고

5_ 인용된 성서 본문의 강조는 모두 덧붙여진 것임.

6_ 비록 나는 그의 주장에 모두 동의하지는 않지만, Alan P. Stanley, *Did Jesus Teach Salvation by Works?: The Role of Works in Salvation in the Synoptic Gospels* (ETSMS 4; Eugene, OR: Pickwick, 2006), 특히 134-165에 나오는 이 주제에 관한 그의 대단히 유용한 연구를 적극적으로 추천한다.

7_ Ibid., 134-165; idem, *Salvation Is More Complicated Than You Think: A Study On the Teachings of Jesus* (Downers Grove, IL: InterVarsity Press, 2007), 45-57; Thomas R. Schreiner and Ardel B. Caneday, *The Race Set before Us: A Biblical Theology of Perseverance and Assurance* (Downers Grove, IL: InterVarsity Press, 2001), 46-86을 보라.

말한다(딛 3:5; 참조. 롬 8:24).[8] 그럼에도 바울은 또한 구원을 아직 진행 중인 어떤 과정으로 묘사한다. "구원을 **받는**['소조메노이스'] 우리에게는"(고전 1:18). 이와 마찬가지로 사도행전 2:47은 "주께서 구원 **받는**['소조메누스'] 사람을 날마다 더하게 하시니라"고 말한다. 더 나아가 신약성서는 구원을 어떤 미래적 실재로도 묘사한다. 즉 신자들은 "구원을 **받을 것이다**['소테세타이']"(요 10:9; 행 15:11; 롬 10:13; 고전 3:15; 딤전 2:15).

또한 우리는 성서가 구원을 매우 다양한 용어와 어구로 묘사한다는 사실을 인정해야 한다. 구원은 "칭의", "속량/대속", "천국에 들어감", "영생" 등으로 이해된다. 슈라이너와 캐니데이가 탁월하게 입증해보였듯이, 이들 개념 중에 다수는 과거, 현재, 미래적 실재로 묘사된다.[9] 따라서 신약성서에서 분명히 구원론적인 의미를 갖고 있는 개념(예. 롬 5:9; 10:10; 딛 3:5-7)인 "칭의"도 신자의 삶에서 이미 일어났거나(예. 고전 6:11) 미래에 일어날 무언가를 가리킬 수 있다(예. 마 12:36; 롬 2:12-13).

따라서 한 가지 분명한 사실은, 비록 많은 그리스도인들이 구원을 이런 식으로 이해하고 있음에도 불구하고, 구원은 단순히 "과거의 사건"이 아니다. 구원은 무언가 현세에서 지금 경험하는 것이다. 베드로가 설명하듯이, 세례는 "이제[지금] 너희를 구원하는 표"다(벧전 3:21). 바울은 너희는 씻음을 받았고, 거룩하게 되었고 의롭다 하심을 받았다고 말한다(고전 6:11). 그러나 구원은 **또한** 미래에 일어난다. 따라서 일부 개신교 학자는 구원을 순례(스탠리)[10] 혹은 승리를 위한 경주(슈라이너, 케너데이)로 묘사한다.[11] 가톨릭교회의 견해도 이러한 근본적인 관점에 동의하긴 하지만,

8_ 본 논문에서 인용된 성서 본문의 강조 표시는 모두 덧붙여진 것임을 주목하라.

9_ Schreiner and Caneday, *The Race Set before Us,* 46-86.

10_ Stanley, *Did Jesus Teach Salvation by Works?* 326.

11_ Schreiner and Caneday, *The Race Set before Us,* 46-86.

어쩌면 우리의 견해는 영적 성숙 또는 영적 성장이라는 이미지로 요약되는 것이 더 바람직해 보인다. 나는 곧 이 견해를 아래에서 보다 더 상세히 설명할 것이다.

이 논문의 목적에 비추어 볼 때 구원 관련 용어가 하나님의 심판 및 그리스도의 재림과 연관되어 있다는 사실을 파악하는 것은 매우 중요하다.

- "내가 너희에게 이르노니, 사람이 무슨 무익한 말을 하든지 심판 날에 이에 대하여 심문을 받으리니, 네 말로 **의롭다 함을 받고**['디카이오떼세'] 네 말로 정죄함을 받으리라['카타디카스테세']"(마 12:36-37).
- "하나님 앞에서는 율법을 듣는 자가 의인이 아니요, 오직 율법을 행하는 자라야 **의롭다 하심을 얻으리니**['디카이오테손타이']"(롬 2:13).
- "한 번 죽는 것은 사람에게 정해진 것이요 그 후에는 **심판**이 있으리니, 이와 같이 그리스도도 많은 사람의 죄를 담당하시려고 단번에 드리신바 되셨고, **구원에 이르게 하기 위하여**['소테리안'] 죄와 상관없이 자기를 바라는 자들에게 **두 번째 나타나시리라**"(히 9:27-28).

그러므로 최후의 심판에서의 행위의 역할을 이해하기 위해서는 구원의 본질 자체를 이해하는 것이 필요하다.

그리스도 안에 있는 구원

비록 신약성서가 구원의 매우 다양한 측면("칭의", "성화", "구속", "용서" 등)에 관해 언급하지만, 그 중심에 위치한 신약성서의 구원론은 기독론적이다.

즉 구원은 **그리스도 안에서** 임한다.[12] 구원이 무엇이냐는 질문은 우리를 그리스도 자신에게로 인도한다. 우리는 그리스도께서 "우리의 의[의로움]"(고전 1:30)이시기 때문에 우리는 "칭의", 즉 의롭다고 선언되거나 의롭게 된다. 우리는 그분과 연합되었기 때문에 의로운 자들이다. 그분이 구원의 기준이시다. 구원을 받는다는 것은 "[하나님의] 아들의 형상을 본받는" 것이다(롬 8:29).

구원론의 기독론적 중심성은 쉽게 간과될 수 있다. 구원은 종종 최소주의적인 관점에서 이해된다. 많은 이들은 그리스도께서 **무엇을 위하여** 우리를 구원하셨는지를 간과하고, 그리스도께서 **무엇으로부터** 우리를 구원하셨는지의 견지에서만 구원을 묘사한다. 따라서 우리는 그리스도 안에 있는 구원을 단순히 "화재 보험" 정도로, 즉 지옥 불로부터의 구원 정도로 생각하는 대중적인 이해를 어렵지 않게 접한다. 그러나 신약성서가 말하는 구원은 단순히 파멸의 고통으로부터 보호받는 것 그 이상의 의미를 수반한다. 궁극적으로 구원은 그리스도 안에서 하나님과의 교제를 수반한다.

그동안은 바울이 말하는 "칭의"에 많은 관심을 집중한 것이 사실이지만—그리고 그것은 올바른 판단이었다—어쩌면 이제 우리는 바울이 빌립보서에서 자신이 바라보는 궁극적 소망을 어떻게 묘사하고 있는지를 조심스레 반추하는 데 더 많은 시간을 할애해야 할지 모른다. "[내가] 그리스도를 얻[기 위해]"(빌 3:8). 구원의 목적에 대한 베드로후서의 설명에도 주목할 필요가 있다. "신성한 성품에 참여하는 자가 되게 하려 하셨느

12_Pope Benedict XVI, *St. Paul* (San Francisco, CA: Ignatius), 25를 보라. "기독교는 새로운 철학 사상이나 새로운 도덕성이 아니다. 우리는 오직 그리스도를 만날 경우에만 그리스도인이다.…오직 그리스도와의 이러한 인격적인 관계 안에서만, 오직 부활하신 주님과의 이러한 만남 속에서만 우리는 진정으로 그리스도인이 된다."

니라"(벧후 1:4). 사실 에베소서는 하나님의 궁극적인 목적이 "하늘에 있는 것이나 땅에 있는 것이 다 그리스도 안에서 통일되게 하려"는 데 있다는 사실을 우리에게 상기시킨다(엡 1:10).

구원은 다름 아닌 바로 그리스도 안에 있는 삼위일체 하나님과의 연합을 의미한다. 예수가 요한복음에서 설명하시듯이 "사람이 나를 사랑하면 내 말을 지키리니, 내 아버지께서 그를 사랑하실 것이요, 우리가 그에게 가서 거처를 그와 함께 하리라"(요 14:23). 이와 마찬가지로 바울도 "내가 그리스도와 함께 십자가에 못 박혔나니, 그런즉 이제는 내가 사는 것이 아니요, 오직 내 안에 그리스도께서 사시는 것"이라고 설명한다(갈 2:20).

은혜와 구원

가톨릭신학은 그리스도 안에 있는 삼위일체 하나님과의 연합을 하나님이 주신 은혜의 결과로 이해한다. 구원은 우리에게 값없이 주시는 선물이다. 이것이 성서의 분명한 증언이다. "너희는 그 은혜에 의하여 믿음으로 말미암아 구원을 받았으니, 이것은 너희에게서 난 것이 아니요 하나님의 선물이라. 행위에서 난 것이 아니니, 이는 누구든지 자랑하지 못하게 함이라"(엡 2:8-9; 참조. 롬 11:6; 딤후 1:9; 딛 3:5).

나는 가톨릭 교리가 성서의 이러한 증언을 기쁘게 받아들인다는 사실을 반복해서 강조하지 않을 수 없다. 이 논문을 시작하면서 인용한 〈교리문답〉의 내용은 가톨릭교회의 가르침이 행위에 의한 의를 거부한다는 사실을 분명히 한다. "**성도들은 자신들의 공로가 순전한 은혜였다는 사실을 항상 생생하게 인식하고 있었다.**" 〈교리 문답〉은 심지어 리지외의 성녀 데레사의 견해를 가톨릭교회의 공식 교리의 한 표현으로 인용하기도 한다. "**저는 하늘을 위하여 공로를 쌓기를 바라지 않습니다.**…인생의 황

혼이 되면 빈손으로 당신 앞에 나타날 것입니다"(〈교리 문답〉, 2011번).

사실 〈교리 문답〉의 이 단락은 곧이어 이 내용을 강조하는 트리엔트 공의회의 주장을 언급한다.

- "…어른들의 경우에 이 칭의의 시작은 예수 그리스도로 말미암아 미리 주어진 하나님의 은혜로부터, 즉 **그들 편의 어떤 공로가 없이** 그들에게 요구되는 하나님의 부르심으로부터 나오는 것이 틀림없다"(트리엔트 공의회 6차회기, 5장).[13]
- "…그러므로 칭의에 앞서 **행위든 믿음이든 칭의 은혜의 공로가 되는 것은 아무것도 없기** 때문에, 우리는 값없이 의롭다 함을 얻는 것으로 말해진다. 만일 은혜로 된 것이면 **행위로 말미암지 않은 것이고**, 그렇지 않으면 바울이 말하는 것처럼 은혜가 은혜 되지 못하기 때문이다"[참조. 롬 11:6](트리엔트 공의회 6차회기, 8장).[14]

혹 어떤 이들은 은혜의 중요성을 강조하는 〈교리 문답〉의 가르침은 20세기의 교회 일치 운동을 위한 대화의 결과로 나타난 변화를 보여준다고 말할 수도 있다. 그러나 이 트리엔트 공의회 인용문이 잘 보여주듯이 이러한 견해는 역사적 사실을 정확하게 반영하지 못한다. 가톨릭교회의 가르침은 항상 우리는 은혜로 구원받는다고 주장했다. 이 점에 있어서는 가톨릭교회와 개신교가 서로 의견을 같이한다. 〈교리 문답〉에 나오는 다른 한 본문을 인용해보자. "우리의 칭의는 하나님의 은혜로부터 온다. 은혜는 **호의**이며, 이 호의는 하나님의 자녀 곧 하나님의 양자로서 신성한

13_H. J. Schroeder, *The Canons and Decrees of the Council of Trent* (St. Louis: Herder, 1941), 31에서 인용함.

14_Ibid., 35에서 인용함.

성품과 영생에 참여하는 자가 되라는 소명에 반응하도록 하나님께서 우리에게 베푸시는 값없고 과분한 도우심이다."[15]

행위에 따른 심판

가톨릭 신자들은 구원이 하나님이 값없이 주시는 선물의 결과라고 주장한다. 그러나 가톨릭교회는 성서에는 선한 행위를 구원의 기준으로 묘사하는 본문들도 있다는 사실을 인정한다. 특히 성서는 하나님이 각 사람을 그의 행위에 따라 심판하실 것임을 거듭해서 강조한다.

- "인자가 아버지의 영광으로 그 천사들과 함께 오리니, 그때에 각 사람이 **행한 대로** 갚으리라"(마 16:27).
- "하나님께서 각 사람에게 **그 행한 대로** 보응하시되"(롬 2:6).
- "이는 우리가 다 반드시 그리스도의 심판대 앞에 나타나게 되어 각각 선악 간에 **그 몸으로 행한 것을 따라** 받으려 함이라"(고후 5:10).
- "외모로 보시지 않고 **각 사람의 행위대로** 심판하시는 이를 너희가 아버지라 부른즉 너희가 나그네로 있을 때를 두려움으로 지내라"(벧전 1:17).
- "모든 교회가 나는 사람의 뜻과 마음을 살피는 자인 줄 알지라. 내가 **너희 각 사람의 행위대로** 갚아 주리라"(계 2:23).
- "죽은 자들이 **자기 행위를 따라** 책들에 기록된 대로 심판을 받으니"(계 20:12).
- "보라! 내가 속히 오리니, 내가 줄 상이 내게 있어 각 사람에게 **그가 행한 대로** 갚아 주리라"(계 22:12).

15_*Catechism*, 1996번.

이 개념은 심지어 구약성서까지도 거슬러 올라갈 수 있다. 시편 62편은 "주께서 **각 사람이 행한 대로** 갚으심이니이다"(시 62:12; 참조. 잠 24:12)라고 선언한다.[16]

행위가 마지막 날에 있을 심판의 **필수적인 기준**이 될 것이라는 사실은 마태복음 25:34-46에 분명히 나타나 있다.[17]

> 그때에 임금이 그 오른편에 있는 자들에게 이르시되, "내 아버지께 복 받을 자들이여, 나아와 창세로부터 너희를 위하여 예비된 나라를 상속받으라. 내가 주릴 때에 너희가 먹을 것을 주었고, 목마를 때에 마시게 하였고, 나그네 되었을 때에 영접하였고, 헐벗었을 때에 옷을 입혔고, 병들었을 때에 돌보았고, 옥에 갇혔을 때에 와서 보았느니라."…또 왼편에 있는 자들에게 이르시되, "저주를 받은 자들아, 나를 떠나 마귀와 그 사자들을 위하여 예비된 영원한 불에 들어가라. 내가 주릴 때에 너희가 먹을 것을 주지 아니하였고…." 그들은 영벌에, 의인들은 영생에 들어가리라.

천국에서 환영을 받을 자들은 자비로운 행위를 베푼 자들이다. 이러

16_ 이 본문과 이 본문이 아래에서 다루어질 신약성서 본문들에 미친 영향에 관한 상세한 연구는 Kyoung-Shik Kim, *God Will Judge Each One according to Works: Judgment according to Works and Psalm* 62 *in Early Judaism and the New Testament* (BZNW 178; ed. James D. G. Dunn et al.; Berlin: de Gruyter, 2011)를 보라.

17_ 일부 세대주의 학자들은 이 장면이 최후의 심판이 아닌 천년왕국 이전에 있을 이방민족들에 대한 심판을 묘사한다고 주장했다. 예컨대 Stanley D. Toussaint, *Behold the King: A Study of Matthew* (Portland, OR: Multnomah, 1980), 288-289; John F. Walvoord, *Matthew: Thy Kingdom Come* (Chicago: Moody Press, 1974), 202를 보라. 하지만 이러한 해석은 분명히 본문을 초월한다. 사실 이 이미지는 종말론적 심판의 한 장면을 가리키는 것이 분명하다. D. A. Carson, "Matthew," *EBC* (ed. Tremper Longman III and David E. Garland; Grand Rapids: Zondervan, 2010), 585-587; David L. Turner, *Matthew* (BECNT; eds. Robert W. Yarbrough and Robert H. Stein; Grand Rapids: Baker, 2008), 604-605를 보라.

한 행위를 베풀지 않은 자들은 "영벌에 들어간다." 행위의 존재 여부가 한 사람의 미래의 운명을 결정한다.

해석자들은 이러한 결론을 피하는 방법을 찾아내려고 애썼다. 어떤 이들은 이러한 본문들은 구원과 전혀 다른 혜택을 가리킨다며 구원과 상은 서로 다른 것이라고 주장했다.[18] 나는 여기서 내가 로버트 윌킨의 논문에 대해 논평한 것 외에 더 이상 덧붙일 것이 없다.[19] 다만 마태복음의 다른 곳에서 "상" 개념이 천국에 들어가는 것과 동의적으로 사용되고 있다는 사실을 지적하는 것만으로도 충분하다고 생각한다(마 5:46-47과 5:20을 참조하라).[20] 여기서 후자의 개념은 의심의 여지없이 최종적 구원을 가리킨다. 데일 앨리슨(Dale Allison)이 이미 입증한 바와 같이, 사복음서에서 "하나님 나라"와 "영생"에 들어감에 관한 예수의 가르침은 의인의 궁극적인 상태에 대한 유대인들의 소망을 표현한 것으로 이해하는 것이 가장 바람직하다.[21] 따라서 상의 이미지는 구원 자체에 관한 것으로 이해하는 것이 가장 좋다.

다른 이들은 의인의 행위는 믿음의 열매일 뿐, 그들의 구원을 결정지을 근거는 아니라고 주장한다(이 책에 기고한 토머스 슈라이너의 논문을 참조하라).[22] 또 다른 이들은 이보다 한 걸음 더 나아간다(제임스 던의 논문을 참조하

18_ 예컨대 Joseph C. Dillow, *The Reign of the Servant Kings: A Study of Eternal Security and the Final Significance of Man* (Miami: Schoettle, 1992); Robert N. Wilkin, *The Road to Reward: Living Today in Light of Tomorrow* (Irving, TX: Grace Evangelical Society, 2003)를 보라.

19 또한 Craig L. Blomberg, "Degrees of Reward in the Kingdom of Heaven?" *JETS* 35 (1992), 159-172도 보라.

20_ Stanley, *Did Jesus Salvation by Works?* 273-277의 탁월한 논의를 보라.

21_ Dale Allison, *Constructing Jesus: Memory, Imagination, and History* (Grand Rapids: Baker, 2010), 188-199를 보라. "천국"을 천상의 영역을 가리키는 독특한 용법으로 이해하는 입장은 Jonathan T. Pennington, *Heaven and Earth in the Gospel of Matthew,* NovTSup 126, Leiden: Brill, 2007)을 보라.

22_ 예컨대 John Calvin, *A Harmony of the Gospels: Matthew, Mark, and Luke* (eds. D. W. Torrance

라). 닉슨(Nixon)은 친절을 베푸는 작은 행동은 "의인이 행한 어떤 공로로 기억되지 않았다(아마도 그 행위는 살아 있는 믿음의 결과이지, 하나님께 인정받을 만한 기초가 되지 못한다)"라고 말한다.[23] 이러한 견해는 개신교 전통과 일치할 수 있을지는 몰라도 본문 자체에서 직접 유래한 해석은 아니다.

이보다 더 정교한 해석은 구원받은 자들이 천국에 들어가는 것은 단순히 그들이 무언가를 행했기 때문이 아니라 그들이 그것을 누구를 위해 행했느냐에 달려 있다는 것이다. "내가 진실로 너희에게 이르노니, '너희가 여기 내 형제 중에 지극히 작은 자 하나에게 한 것이 곧 내게 한 것이니라' 하시고"(마 25:40; 참조. 25:45). 이 견해에 따르면 "내 형제 중에 지극히 작은 자"는 마태복음의 다른 곳에서 예수의 형제와 자매로 간주되는 제자들을 가리킨다(마 12:46-50; 28:10).[24] 더 나아가 마태복음 10장에서는 사람들이 제자들을 어떻게 대하느냐에 따라 그들이 복음을 받아들였는지 아니면 거부했는지의 여부가 드러나고(마 10:11-14), 궁극적으로 "심판 날에" 그들의 운명이 결정된다(마 10:15). 따라서 마태복음 25:31-46에서는

---

and T. F. Torrance; trans. A. W. Morrison and T. H. L. Parker; Grand Rapids: Eerdmans, 1972), 3:115-116을 보라. 그는 "상"은 선한 행위에 대한 공로가 아니라 궁극적으로 하나님이 주신 은혜의 결과라고 주장한다.

23_ R. E. Nixon, "Matthew," in *The New Bible Commentary* (rev. ed.; ed. D. Guthrie and J. A. Motyer; Grand Rapids: Eerdmans, 1970), 846.

24_ 이에 관한 상세한 논의는 T. W. Manson, *The Sayings of Jesus* (London: SCM, 1949), 251; J. R. Michaels, "Apostolic Hardships and Righteous Gentiles: A Study of Matt. 25:31-46," *JBL* 84 (1965) 27-37; George E. Ladd, "The Parable of the Sheep and Goats in Recent Interpretation," in *New Dimensions in New Testament Study* (eds. R. Longenecker and M. Tenney; Grand Rapids: Zondervan, 1974), 191-199를 보라. 이것이 "1800년경까지 가장 널리 인정받은 [해석]이었다." Ulrich Luz, *Matthew 21-28* (Hermeneia; ed. Helmut Koester, trans. James E. Crouch; Minneapolis: Fortress, 2005), 271을 보라. 우리는 이 견해 역시 문제점이 없다고 말할 수 없다. Klyne R. Snodgrass, *Stories with Intent: A Comprehensive Guide to the Parables of Jesus* (Grand Rapids: Eerdmans, 2008), 555-558; W. D. Davies and Dale C. Allison, *Matthew 19-28* (ICC; ed. J. A. Emerton et al.; Edinburgh: T&T Clark, 1997), 428-429를 보라.

자비를 베푼 행위가 궁극적으로 그 사람이 복음을 어떻게 받아들였는지를 표현해준다.[25]

이 견해는 설득력이 있으며, 복음의 여러 다양한 맥락과도 절묘하게 일치한다. 그럼에도 불구하고, 의인이 행한 자비로운 행위가 단순히 그들이 복음을 받아들인 결과일 가능성이 높다는 이유로, 이 행위는 최후의 심판에서 적용할 구원의 기준이 **될 수 없다고** 결론짓는 것은 지나친 해석이다. 그러나 이러한 해석은 만약 예수가 제자들의 자비로운 행위가 실제로 그리고 그 자체로 천국에 들어가는 기준이 된다고 말씀하셨다면 결코 받아들여질 수 없다.

하나님으로서는 다 하실 수 있다

사실 선한 행위가 구원을 결정짓는 기준이 될 것이라는 사실은 마태복음의 다른 본문에서도 나타난다. 예를 들면 이러한 사실이 마태복음 19장에서 예수에게 던진 질문 이면에 암시되어 있다는 것이 널리 알려진 일반적인 추론이다. "선생님이여, 내가 무슨 선한 일을 하여야 영생을 얻으리이까?"(마 19:16; 참조. 막 10:17) 특히 예수는 "행위에 의한 의"를 분명하게 드러내는 이 사람의 태도를 책망하지 않으신다. 오히려 그에게 여러 가지 계명을 언급하신 예수는 "네가 온전하고자 할진대, 가서 네 소유를 팔아 가난한 자들에게 주라. 그리하면 하늘에서 보화가 네게 있으리라. 그리고 와서 나를 따르라"고 말씀하신다(마 19:21).

또 어떤 이들은 여기서 예수가 자신에게 던진 질문에 단순히 유대교의 표준적인 답변을 제시한다고 주장하면서 이 난제를 타개하려고 한다. 이 견해에 따르면, 예수의 가르침은 그리스도인들이 아닌 유대인들을 향

25_Stanley, *Did Jesus Teach Salvation by Works?* 303-305.

한 것이었다.[26] 하지만 이것은 본문의 취지를 완전히 무시하는 해석이다. 지상(至上)명령에서 예수는 제자들에게 모든 민족을 제자로 삼아 "내가 너희에게 분부한 모든 것"을 지키게 하라고 말씀하시는데, 여기에는 유대인과 그리스도인의 구분이 전혀 암시되어 있지 않다(마 28:19-20).

또 다른 대안적 설명은 마태복음 19장에서 예수는 젊은 부자에게 구원에 관해 구체적으로 말씀하신 것이 아니라 구원과는 무관한 무언가(예. 상)에 관해 말씀하신 것이라고 본다. 하지만 이 본문이 단순히 다른 종류의 복이 아닌 바로 구원을 염두에 두고 있다는 사실은 전후 문맥이 밝히 보여준다. 젊은 부자가 자신의 제안을 거부하자 예수는 "부자는 천국에 들어가기가 어[렵다]"고 말씀하신다(19:23-24). 더 나아가 예수가 여기서 구원에 관해 말씀하신다는 사실은 그의 가르침에 대한 제자들의 반응에서도 분명히 드러난다. "그렇다면 누가 **구원을 얻을**['소테나이'] 수 있으리이까?"(19:25) 또한 이 이야기는 예수께서 **"영생**을 상속받는" 것에 관해 말씀하시는 것으로 끝난다(19:29).[27]

마지막으로, 예수가 자신의 가르침에 대한 제자들의 불평에 대해 어떻게 반응하시는지를 살펴보는 것도 중요하다. "사람으로는 할 수 없으나 하나님으로서는 다 하실 수 있느니라"(마 19:26). 여기에는 매우 중요한 두 가지 개념이 들어 있다. 첫째, 신자들은 구원을 받기 위해 불가능한 일을 해야만 한다. 즉 우리는 **온전**해야 한다. 예수는 산상 설교에서 신자들에게 이와 동일한 표준을 요구하신다. **"하늘에 계신 너희 아버지의 온전하심과 같이** 너희도 온전하라"(마 5:48). 여기서 주목할 것은 예수가 말씀하시는

26_Daniel J. Harrington, "The Rich Young Man in Matthew 19:16-22: Another Way to God For Jews?" in *The Four Gospels* (ed. F. Van Sebroeck et al.; Leuven: Leuven University Press, 1992), 1429.

27_〈교리 문답〉은 이 이야기를 308번과 1058번에서 영원한 구원을 제시하는 것으로 해석한다.

온전함이 단순히 인간적인 수준의 온전함이 아니라 **신적인** 온전함("너희 아버지의 온전하심과 같이")이라는 것이다. 이것은 분명히 인간으로서는 도저히 도달할 수 없는 수준의 온전함이다. 둘째, 하나님은 예수가 우리에게 요구하시는 것을 가능하게 하신다. 어쨌든 그분과 함께라면 우리는 어떻게든 **불가능한 것도 가능케 할 수 있다**.

우리의 빚(죄)을 사하여 주옵시고

앞에서 우리는 구원을 "상"으로 묘사하는 본문들을 언급한 바 있다. 여기서 사용된 언어는 기독교의 뿌리가 되는 유대교의 세계관을 배경으로 놓고 볼 때 가장 온전하게 이해할 수 있다. 개리 앤더슨(Gary Anderson)이 증명한 바와 같이, 고대 유대교에서 죄와 선한 행위는 경제 용어와 밀접하게 연관되어 있었다.[28] 최근 듀크 대학교에 제출된 매우 중요한 박사학위 논문에서 네이선 유뱅크(Nathan Eubank)는 이 연구를 마태복음에 적용한다.[29]

이미 오래전부터 학자들에 의해 인정되어온 바와 같이, 죄가 "빚"이라

28_Gary Anderson, *Sin: A History* (New Haven, CT: Yale University Press, 2009); idem, "Redeem Your Sins by the Giving of Alms: Sin, Debt, and the 'Treasury of Merit' in Early Jewish and Christian Tradition," *Letter & Spirit* 3 (2007), 39-69; idem, "From Israel's Burden to Israel's Debt: Towards a Theology of Sin in Biblical and Early Second Temple Sources," in *Reworking the Bible: Apocryphal and Related Texts at Qumran* (ed. E. G. Chazon et al.; Leiden: Brill, 2005), 1-30.

29_Nathan Eubank, "The Wages of Righteousness: The Economy of Heaven in the Gospel According to Matthew" (PhD diss., Duke University, 2012). 이 연구는 Walter de Gruyter를 통해 *Wages of Cross-Bearing and Debt of Sin: The Economy of Heaven in Matthew's Gospel* (BZNW 196; Berlin/Boston: de Gruyter, 2013)라는 제목으로 금년에 출판될 예정이다.

는 개념은 유대 문헌에 널리 퍼져 있다.[30] 신약성서에서 이러한 사실을 가장 잘 반영하는 본문은 주의 기도다. "우리가 **우리에게 빚진 자들**['토이스 오페일레타이스 헤몬']을 사하여 준['아페카멘'] 것 같이 **우리의 빚**['타 오페일레마타 헤몬']을 사하여 주시옵고['아페스']"(마 6:12; 개역개정은 '빚'을 '죄'로 번역한다 — 역자 주). 여기서 죄는, 모든 이들이 보편적으로 인정하듯이, "빚"으로 묘사된다. 이와 동일한 개념은 신약성서 다른 곳에서도 발견된다. 예를 들면 용서할 줄 모르는 종의 비유에서 "빚"을 탕감해주는 이야기가 분명히 죄라는 개념과 관련되어 있다(참조. 18:23-35).

이러한 상업 용어는 신약성서 전체에 널리 퍼져 있다. 예를 들면 예수는 자신의 죽음이 구원에 필요한 몸값, 즉 속량의 대가를 제공하는 것으로 설명하신다(마 20:28//막 10:45). 바울은 모든 죄가 지니고 있는 대가를 이렇게 묘사한다. "죄의 삯은 사망이요"(롬 6:23). 골로새서에서 그리스도는 십자가에서 죽으심으로 우리가 빚진 부채를 청산하심으로써 우리를 구원하셨다(골 2:14).

이러한 종류의 용어는 오직 유대교 문맥에서만 의미가 통한다. 앤더슨은 다음과 같이 말한다. "당대 그리스어에는 '탕감하다'['아피에미']와 '빚'['오페일레마']이라는 단어가 '용서하다'와 '죄'라는 이차적인 의미를 갖고 있지 않았다. 마태복음에 기록된 주의 기도는 그 표현이 그 배후에 있는 셈족 관용어를 반영한다고 추정할 때에만 그 의미가 온전히 통한다."[31] 사실 고대 유대교 문헌을 살펴보면 우리는 실제로 죄가 이런 식

30_ 예컨대 Martin MacNamara, *Targum and Testament* (Grand Rapids: Eerdmans, 1972), 120; Matthew Black, *An Aramaic Approach to the Gospels and Acts* (Oxford: Clarendon, 1967), 140; Joachim Jeremias, *New Testament Thrology* (New York: Charles Scribner's Sons, 1971), 6, fn. 15; 196을 보라.

31_ Anderson, *Sin,* 32.

으로 묘사되고 있음을 발견한다. 예를 들어 사해 사본을 보면 이스라엘의 불성실한 언약 이행이 이러한 언어로 묘사되고 있음을 알 수 있다. "언약을 맺은 [모든] 초기 멤버들이 **빚을 졌다**['하부']. 그들은 칼에 넘겨졌다. 그들은 하나님의 언약을 저버리고 자신들의 뜻을 택했다"(CD 3:10).[32]

하나님이 갚으실 것이다

죄가 빚으로 이해되었다는 점을 감안하면 선한 행위가 "[빚] 상환"으로 간주되었다는 사실은 그리 놀랍지 않다. 가장 오래된 본문 중에 이러한 관점을 반영하는 본문은 잠언 19:17이다. "가난한 자를 불쌍히 여기는 것은 여호와께 꾸어 드리는 것이니, **그의 선행을 그에게 갚아 주시리라**." 여기서 선한 행위는 하나님이 반드시 갚아주실 것임을 시사한다.

토빗서와 집회서는 이러한 개념이 기원후 1세기에 이르러서는 한층 더 발전했음을 보여준다. 이 두 책은 선한 행위로 얻는 "흑자"를 하늘에 쌓아둔 보화라는 이미지를 통해 표현한다.

> … 진리를 실천하는 이는 **무슨 일을 하든지 성공을 거둔다**. 의로운 일을 하는 모든 이에게 네가 가진 것에서 자선을 베풀어라. 그리고 자선을 베풀 때에는 아까워하지 마라. **누구든 가난한 이에게서 얼굴을 돌리지 마라. 그래야 하느님께서도 너에게서 얼굴을 돌리지 않으실 것이다**. 네가 가진 만큼, 많으면 많은 대로 자선을 베풀어라. 네가 가진 것이 적으면 적은 대로 자선을 베풀기를 두려워하지 마라. **네가 곤궁에 빠지게 되는 날을 위하여 좋은 보물을 쌓아 두는 것이다. 자선은 사람을 죽음에서 구해 주고 암흑에 빠져 들지 않게 해준다**. 사실 **자선을 베푸는 모든 이에게는 그 자선이 지극히 높으신 분 앞에**

32_ 번역은 ibid., 34에서 발췌한 것임.

바치는 훌륭한 예물이 된다(토빗서 4:6-11).

계명을 생각해서 빈곤한 이를 도와주고 그가 궁핍할 때 빈손으로 돌려보내지 마라. 형제나 친구를 위해 돈을 내주어 그 돈이 돌 밑에서 녹슬지 않게 하여라. **네 보화를 지극히 높으신 분의 계명에 따라 내놓아라. 그러면 그것이 순금보다 훨씬 이득이 되리라. 네 곳간에 자선을 쌓아 두어라. 그것이 너를 온갖 재앙에서 구해 주리라**. 자선은 튼튼한 방패와 단단한 창 이상으로 너를 위해 원수와 맞서 싸워 주리라(집회서 29:9-13).

더 나아가 집회서는 자선만이 금고에 보화를 채우는 것이 아니라 다른 선한 행위도 그렇다고 말한다.

아버지를 공경하는 이는 죄를 용서받는다. 제 어머니를 영광스럽게 하는 이는 보물을 쌓는 이와 같다.…아버지에 대한 효행은 잊혀지지 않으니 **네 죄를 상쇄할 여지를 마련해 주리라**. 네가 재난을 당할 때 네가 기억되리니 **네 죄가** 따뜻한 날 서리처럼 **녹아내리리라**(집회서 3:3-4, 14-15).

기원후 1세기에 이르러 선한 행위가 "채권"을 발생시킨다는 개념은 분명히 죽음 이후에 하나님과 함께 거하는 삶으로 들어가는 것—즉 궁극적인 죽음으로부터의 구원—과 연계되었다. 이기는 자에게 주어지는 상은 궁극적으로 지상의 삶이 아니라 초자연적인 삶이다. 지혜서 2:22에서는 죽은 자들이 "거룩한 삶에 대한 보상"으로 묘사된 복된 사후의 삶을 경험한다. 이와 마찬가지로 솔로몬의 시편 9:5도 "의를 행하는 자는 스스로 주와 함께 하는 삶을 소중히 여긴다"라고 말한다.

따라서 유대 문헌에서 최후의 심판이 종종 시장을 연상시키는 저울의 이미지로 묘사된다는 사실은 그리 놀랍지 않다. 유대 문헌은 사람의 선한 행위와 악한 행위가 서로 어떻게 상쇄되는지를 묘사한다. 구원은 선한 행위와 악한 행위 중 어느 쪽이 더 무거운지에 따라 좌우된다.[33]

예수의 가르침에 나타난 공로와 "상"의 보고(寶庫)

물론 나는 가톨릭 신자가 아닌 많은 그리스도인들이 토빗서와 집회서를 정경으로 받아들이지 않는다는 사실을 잘 알고 있다. 하지만 예수가 이와 유사한 개념을 사복음서에서도 가르치신다는 사실을 부인하기는 어렵다. 앞에서 인용한 본문에서처럼 자선은 종종 하늘의 보고(寶庫)를 채우는 행위로 간주된다. 예를 들어 우리가 앞에서 살펴본 마태복음 19장의 이야기로 다시 돌아가 보면 거기서 예수는 젊은 부자에게 "…네 소유를 팔아 **가난한 자들에게 주라. 그리하면 하늘에서 보화가 네게 있으리라**"고 말씀하신다(마 19:21). 누가복음에서 예수는 "너희 소유를 팔아 구제하여 낡아지지 아니하는 배낭을 만들라. 곧 **하늘에 둔 바 다함이 없는 보물이니**, 거기는 도둑도 가까이 하는 일이 없고 좀도 먹는 일이 없느니라"고 권면하신다(눅 12:33).

이 모든 것과 긴밀하게 연관되어 있는 또 다른 복음서의 개념은 우리가 이미 언급한 바 있는 구원을 "상"으로 이해하는 개념이다. 유뱅크는 마태복음에 나타난 경제적 이미지에 관한 자신의 탁월한 연구에서 일반 영역본들이 예수가 반복해서 사용하신 상업 용어의 의미를 얼마나 방해하는지를 잘 보여준다. 킹제임스역 이후로 영역본은 일반적으로 그리스어 '미스토스' 단어와 '아포디도미' 동사를 "상"으로 번역한다. 하지만 오

33_ 에녹1서 38:1-2; 41:1; 61:8; 스바냐의 묵시 8:5; 아브라함의 유언 12(12:15의 "상환"['안타포도시스']을 보라); 미쉬나 키두신[결혼] 1:13-14을 보라.

늘날의 용법에서 "상"은 하나님이 베푸시는 "보상"이 고용주/고용인 혹은 채권자/채무자의 관계와는 무관한 의미를 담고 있다. 이것은 오해의 소지가 있다.[34]

마태복음을 주의 깊게 살펴보면 이것이 **바로** 이 단어가 전달하고자 하는 의미임을 알 수 있다. '미스토스'는 거의 대부분 "상"으로 번역되는데, 분명히 "삯"이란 의미를 전달한다. "삯"/"상"이라는 오늘날의 이분법은 단지 영어 단어가 특이하게 발전한 결과에 불과하다. 킹제임스역(KJV)이 번역될 당시에는 "상"(reward)이라는 영어 단어는 "삯"(wage), 즉 노동자에게 주어지는 임금과 유의어로 사용되었다.[35] 사실 마태복음 20장의 포도원 품꾼들 비유에서는 바로 이 '미스토스'라는 단어가 8절에 사용된다. 즉 품꾼들은 그들의 "삯"을 받는다. 여기서 잠시 멈추어 포도원 품꾼들의 이야기를 살펴보자.

포도원 품꾼들의 비유(마 20:1-16)

포도원 품꾼들의 비유에서 포도원 주인은 하루 동안 여러 차례에 걸쳐 품꾼들을 고용한다. 일과를 다 마치자 그는 "품꾼들을 불러 삯['미스토스'] 을 주라"고 말한다(마 20:8). 하루가 시작될 때부터 온종일 일한 품꾼들은 주인이 제11시부터 일을 시작한 품꾼에게도 자기들이 받은 것과 똑같은 액수의 삯을 주자 화를 낸다. 이에 주인은 "내 것을 가지고 내 뜻대로 할 것이 아니냐? 내가 선하므로 네가 악하게 보느냐?"라고 말하며 자신을 변호한다(20:15). 이 비유에 관하여 할 말이 많지만, 다음 두 가지 사실만 짚

34_Eubank, "Wages of Righteousness," 74.

35_Ibid., 76을 보라. Eubank는 옥스퍼드 영어사전이 아담 스미스의 18세기 작품인 『국부론』을 인용한다고 언급한다. "작은 학교는 어린아이들이 심지어 일반 노동자들도 낼 수 있는 아주 적정한 삯을 내고 배울 수 있는 곳이다"(II. v. i. 370).

고 넘어가자. 첫째, 이 비유는 분명히 "천국"에 관한 비유다(20:1). 마태복음에서 "천국" 개념이 사용된 용례를 감안하면 우리는 이 비유가 구원에 관해 가르친다는 사실을 부인하기 어렵다.

둘째, 이 비유는 구원이 "삯"으로 주어진다는 사실을 가르친다. 어떤 이들은 하루가 끝날 무렵에 고용된 품꾼들에게 아침 일찍부터 일을 시작한 품꾼과 똑같은 삯을 준 주인의 예상치 못한 결정에 초점을 맞추면서 이 사실을 모호하게 만들기도 한다. 프란스(France)는 이 사실을 부각시키면서 이 이야기는 "모든 것이 다 은혜로"라는 사실을 드러낸다고 주장한다.[36] 스탠리도 이와 동일한 해석을 따른다. "우리는 우리를 찾아오셔서 자신의 포도원으로 부르시는 너그러운 주인의 은혜와 자비 아래 있다"고 말한다.[37] 나는 구원이, 〈교리 문답〉이 진술하듯이, "순전한 은혜"(위에서 인용된 2011번)라는 사실에 동의하지만, 과연 이 이야기의 목적은 행위의 역할을 최소화하는 데 있을까, 아니면 다른 데 있을까? 유뱅크가 말하듯이, "이 비유의 요점은 결코 '모든 것이 은혜에 달려 있다'는 것일 수 없다. 왜냐하면 비록 마태복음 20:11-15이 더 많은 일을 한 이들이 덜 일한 이들에게 관대함을 베푸신 하나님께 불만을 표하는 것에 대해 분명히 경고하긴 하지만, 일찍 온 품꾼들은 자신들이 일한 것만큼의 삯을 정확하게 받았기 때문이다."[38] 사실 모든 품꾼은 **어느 정도** 자신들이 일한 것에 대한 보수를 받았고, 일도 전혀 **안** 했는데 보수를 받은 사람은 아무도 없었다. 만약 이 이야기의 취지가 구원은 오직 행위와는 무관하게 단지 선물로 주어지는 것을 가르치는 것이었다면, 아마도 우리는 포도원 주인이 마을에

36_ R. T. France, *The Gospel of Matthew* (NICNT; Grand Rapids: Eerdmans, 2007), 752.

37_ Stanley, *Salvation Is More Complicated Than You Think,* 83.

38_ Eubank, "Wages of Righteousness," 108.

들어가 거기서 만나는 이들에게 어떤 협상이나 아무런 기대도 없이 무조건 돈을 나누어주기를 기대했어야 한다.

유뱅크는 이 이야기를 바로 직전 단락—제자들과는 달리 자신의 모든 소유를 버리고 예수를 따르기를 거부한 젊은 부자의 이야기(마 19:16-30)—에 비추어 읽어야 가장 잘 이해된다고 지적한다.[39] 이 이야기는 "그렇다면 누가 구원을 얻을 수 있으리이까?"라고 묻는 제자들의 질문(19:25)에 대한 확대된 답변으로 기능할 개연성이 높다. 예수는 이 청년이 계명을 다 지켰음에도 불구하고 이 사람이 엄격한 의미에서 온전한 자가 될 만큼 충분한 일을 하지 못했음을 지적하신다. 모든 것을 버린 제자들이 이보다 훨씬 더 많은 일을 한 것이다. 그럼에도 불구하고 마태는 포도원 품꾼들의 비유를 젊은 부자의 이야기 바로 다음에 배치함으로써 이 젊은 부자에게도 소망이 있다는 사실, 즉 하나님은 자비로우신 심판자라는 사실을 우리에게 가르쳐준다.

사실 이 개념은 하나님의 심판을 묘사하는 유대 문헌의 개념과 유사하다.[40] 요약하자면, 예수는 구원은 단순히 대변과 차변의 냉정한 계산에 의해 주어지는 것이 아니라고 가르치신다. 삯은 노동과 관련하여 지불되지만, 엄밀하게 말하면 노동과 비례하여 주어지는 것은 아니다. 따라서 이 비유는 번 돈보다 더 많이 지불하시는 하나님의 관대하심과 더불어 행위

39_Ibid., 101-112.

40_ 예컨대 바룩2서 24:1-2를 보라. 또한 아브라함의 유언 14:1-8[A]도 보라. 거기 보면 선한 행위와 악한 행위의 비중이 똑같은 영혼들이 아브라함과 미가엘의 중재로 낙원에 들어간다. 여기서 강조점은 분명히 하나님의 "한량없는" 자비하심에 있다(14:9). 이 본문들에 관한 상세한 분석은 Chris VanLandingham, *Judgment and Justification in Early Judaism and the Apostle Paul* (Peabody, MA: Hendrickson, 2006), 66-174; Simon J. Gathercole, *Where is Boasting: Early Jewish Soteriology and Paul's Response in Romans 1-5* (Grand Rapids: Eerdmans, 2002); Kent Yinger, *Paul, Judaism, and Judgment according to Deeds* (SNTSMS 105; ed. Richard Bauckham; Cambridge University Press, 1999)를 보라.

의 필요성을 강조한다.

한편 마태복음 25:14-30의 달란트 비유에서도 이와 유사한 개념이 발견된다. 우리는 또다시 거기서도 하나님의 심판이 돈과 관련된 이미지로 묘사되는 것을 확인한다. 이번에는 여행에서 돌아온 주인이 종들에게 맡겨두었던 돈을 거두어들이는 이야기다. 여기서 한 가지 주목할 만한 사실은 지혜롭게 장사한 종들이 각기 서로 다른 액수의 돈을 남겼다는 것이다(첫 번째 종은 열 달란트를, 두 번째 종은 네 달란트를 갖게 되었다). 사실 누가복음의 평행 본문에서는 이 사실 때문에 종들의 항의가 쏟아진다(참조. 눅 19:25). 당연히 이 비유는 결국 모든 사람이 동일한 보상을 받는다는 개념을 지지하지 않는다. 아무튼 하나님은 자기 종들을 넉넉하게 보상해주신다는 사실은 주목할 만하다. 유뱅크가 지적하듯이, 마태는 "하늘의 삯은 엄밀한 계산에 의해 지불된 삯을 초월하지만, 그분의 관대함은 받을 만한 자격이 없는 자에 주는 선물이 아니라 행한 일에 대한 관대한 삯이라는 점"을 강조한다.[41]

삯으로서의 구원

바로 이러한 유형의 경제 이미지가 마태복음 16:27에서도 분명하게 드러난다. "인자가 아버지의 영광으로 그 천사들과 함께 오리니, 그때에 각 사람이 행한 대로 갚으리라['아포디도미']." 따라서 예수가 왜 최후의 심판을 "결산하는" 모습으로 그리는지도 전혀 이상하지 않다(참조. 18:23). 또한 마태복음에서는 구원을 삯/상('미스토스')으로 묘사하는 본문도 수없이 많다. 몇 가지만 나열해보자.

41_ Eubank, "Wages of Righteousness," 115.

- "나는 너희에게 이르노니, 너희 원수를 사랑하며 너희를 박해하는 자를 위하여 기도하라. **이같이 한즉 하늘에 계신 너희 아버지의 아들이 되리니**…너희가 너희를 사랑하는 자를 사랑하면 무슨 상['미스또스']이 있으리요? 세리도 이같이 아니하느냐?"(마 5:44-46)
- "사람에게 보이려고 그들 앞에서 너희 의를 행하지 않도록 주의하라. 그리하지 아니하면 하늘에 계신 너희 아버지께 **상['미스토스']을 받지 못하느니라.** 그러므로 구제할 때에 외식하는 자가 사람에게서 영광을 받으려고 회당과 거리에서 하는 것 같이 너희 앞에 나팔을 불지 말라. 진실로 너희에게 이르노니, **그들은 자기 상['미스토스']을 이미 받았느니라.** 너는 구제할 때에 오른손이 하는 것을 왼손이 모르게 하여, 네 구제함을 은밀하게 하라. **은밀한 중에 보시는 너의 아버지께서 갚으시리라['아포디도미']**"(마 6:1-4).
- "또 너희는 기도할 때에 외식하는 자와 같이 하지 말라. 그들은 사람에게 보이려고 회당과 큰 거리 어귀에 서서 기도하기를 좋아하느니라. 내가 진실로 너희에게 이르노니, **그들은 자기 상['미스토스']을 이미 받았느니라.** 너는 기도할 때에 네 골방에 들어가 문을 닫고 은밀한 중에 계신 네 아버지께 기도하라. **은밀한 중에 보시는 네 아버지께서 갚으시리라['아포디도미']**"(마 6:5-6; 참조. 10:41-42).

간단하게 말하면, 구원은 오직 "믿음"의 결과이며, 행위 **자체**는 구원과 함께 보상을 받지 못한다는 주장은 예수의 가르침과 정면으로 충돌한다. 이러한 주장은 이미 형성된 신학적 선입견을 본문에 주입시킴으로써 그 본문이 담고 있고 순수한 의미를 모호하게 만드는 잘못된 해석을 통해서만 성립 가능하다.

야고보와 칭의

우리는 아직까지 구원과 행위가 분명하게 연계된 야고보서 2장을 다루지 않았다. 여기서는 성서 전체에서 유일하게 "칭의"와 "오직 믿음"이 동시에 등장한다. "이로 보건대 사람이 행함으로 의롭다 하심을 받고 믿음으로만은 아니니라"(약 2:24). 어떤 이들은 야고보가 행위를 다른 사람들 앞에서 어떤 사람을 옳다고 여기는 의미로(즉 외부 관찰자의 관점에서 볼 때) 이해한다고 주장하지만,[42] 사실 이러한 해석은 본문에 명시된 내용을 제대로 설명해주지 못한다. 즉 야고보는 명백하게 수사적인 질문을 통해 행위가 실제로 아브라함과 라합이 의롭다 하심을 받게 했다고 주장한다. "우리 조상 아브라함이 그 아들 이삭을 제단에 바칠 때에 행함으로 의롭다 하심을 받은 것이 아니냐?…또 이와 같이 기생 라합이 사자들을 접대하여 다른 길로 나가게 할 때에 행함으로 의롭다 하심을 받은 것이 아니냐?"(2:21, 25) 야고보는 그 어디서도 행위에 의해 이루어진 그들의 칭의가 단순히 외형적인 것에 불과했다는 암시를 전혀 주지 않는다. 또한 그는 선한 행위를 수반하는 믿음이 실제로 사람을 의롭게 한다는 암시도 주지 않는다. 오히려 행위가 신자를 의롭다 함을 받게 한다.[43]

42_John MacArthur, *James* (The MacArthur New Testament Commentary; Chicago: Moody Press, 1998), 137-139를 보라.

43_ 많은 주석가들은 바울은 **최초의** 칭의를, 야고보는 **최후의** 칭의에 관해 말한다고 주장하면서 두 사람의 견해를 서로 조화시키고자 한다. 이런 학자들은 최초의 칭의는 믿음으로 얻지만, 최후의 칭의는 행위를 수반한다고 말한다. 예컨대 Patrick J. Hartin, *James* (SP 14; ed. Daniel J. Harrington; Collegeville, MN: Liturgical, 2003), 165-167을 보라. Hartin(167)은 아우구스티누스를 인용한다. "그러므로 두 사도 곧 바울과 야고보의 견해는, 바울은 사람이 행함이 아닌 믿음으로 의롭다 함을 얻는다고 말하고, 야고보는 행함 없는 믿음은 무익하다고 말할 때, 둘의 의견은 서로 대립하지 않는다. 왜냐하면 전자(바울)는 믿음보다 앞서가는 행위에 관해 말하지만, 후자(야고보)는 믿음을 따라가는 행위에 관해 말하기 때문이다. 이것은 바울이 여러 곳에서 이미 보여준 것과도 같다"(*De diversis quaestionibus LXXXIII Liber Unus* 76).

은혜를 통해 믿음으로 말미암아

그렇다면 우리는 오직 은혜로 구원을 받는가, 아니면 다른 무언가로 구원을 받는가? 개신교 신자들은 물론 우리가 오직 은혜로 구원을 받는다고 주장할 것이다. 대다수 그리스도인에게 이 주장이 의미하는 바는 우리가 오직 믿음을 통해 은혜로 구원을 받는다는 것이다.

많은 개신교 신자들에게 믿음의 행동은 그 자체로는 어떤 "행위"가 아니다. 이것은 은혜의 개념을 보존한다. 구원은 그 어떠한 행위를 수반하지 않는다. 그러나 또한 동시에 개신교 신자들도 우리가 구원을 얻기 위해서는 여전히 무언가를 **해야** 한다는 데(즉 믿어야 한다는 데) 동의하지 않을 수 없다. 구원이 은혜의 결과라는 주장은 인간의 반응의 필요성을 배제하지 않는다. 엄밀히 말해서, 어떤 이는 구원이 하나님의 선물로 주어진 결과이기 때문에, 사람이 구원을 얻기 위해서는 **전혀 아무것도** 할 필요가 없다는 것을 의미한다고 주장할 수도 있다.

하지만 우리가 은혜와 그 은혜에 대한 신자의 반응에 대한 잘못된 이분법에 사로잡혀 있다는 사실을 인정하는 것이 아마도 그 무엇보다도 더 성숙한 해석일 것이다. 성서는 인간의 반응 자체가 은혜의 결과라고 가르친다. 바울은 "성령으로 아니하고는 누구든지 예수를 주시라 할 수 없느니라"고 선언한다(고전 12:3). 이와 마찬가지로 예수도 베드로의 신앙고백에 대해 "이를 네게 알게 한 이는 혈육이 아니요, 하늘에 계신 내 아버지시니라"고 말씀하신다(마 16:17). 이와 연장선상에서 예수는 요한복음에서도 "하나님께서 보내신 이를 **믿는 것이 하나님의 일**이니라"고 말씀하신다(요 6:29). 따라서 가톨릭 신자들도, 헤어진 우리 형제자매들과 함께, 우리는 믿음을 통해 은혜로 구원받고, 또 이 믿음은 신자 안에서 역사하시는 **하나님의 사역**의 결과라는 사실을 인정한다. 〈교리 문답〉을 인용하자면, "**믿음**

은 하나님의 선물, 즉 하나님이 주입하신 초자연적 미덕이다."[44]

그러나 비록 믿음이 하나님의 사역의 결과이긴 하지만, 여전히 신자에 의해 행해진 행위이기도 하다. 이것은 신자가 믿음을 강요받는 것과는 전혀 다른 것이다. 오히려 하나님의 은혜는 신자들이 스스로 자유의지를 행사하도록 이끈다. 비록 하나님의 도우심을 받기는 하지만, 실제로 믿음을 행사하는 이는 바로 신자 자신이다.

너희 구원을 이루라

앞에서 우리는 은혜와 믿음 간의 잘못된 이분법을 내세우는 것에 대한 위험성에 대해 다루었다. 가톨릭 신자들은 선한 행위와 관련하여 자신들도 이와 동일한 이분법을 내세우지 않도록 주의해야 한다고 강조한다. 여기서 우리는 다시 한번 바울이 빌립보 교회 교인들에게 전한 말씀을 상기시킬 필요가 있다. "두렵고 떨림으로 **너희 구원을 이루라. 너희 안에서 행하시는 이는 하나님이시니**, 자기의 기쁘신 뜻을 위하여 너희에게 소원을 두고 행하게 하시나니"(빌 2:12-13). 만일 믿음이 우리 안에서 행하시는 하나님의 사역의 결과라면 우리의 행위 역시 그와 마찬가지다.

구원은 단순히 죄로부터 해방되는 것 그 이상의 의미를 담고 있다는 사실을 기억하는 것은 매우 중요하다. 구원은 그리스도에게 온전히 속하는 것을 의미한다. 따라서 신자는 바울과 함께 "그런즉 이제는 내가 사는 것이 아니요, 오직 내 안에 그리스도께서 사시는 것이라"고 고백할 수 있다(갈 2:20). 그러므로 바울은 빌립보 교회 교인들에게 "너희 구원을 이

44_ 〈교리 문답〉 153번. 또한 Thomas Aquinas, *Summa Theologiae,* I-II. q. 109, art. 6, 9도 보라.

루라"고 말할 수 있는데, 이는 그들의 선한 행위가 궁극적으로 그들 안에서 역사하신 하나님의 사역의 산물이기 때문이다. 이는 아무도 자신의 구원을 자랑할 수 없으며(엡 2:8-9), 이는 또한 이런 선한 행위는 오직 은혜로만 가능하다는 것을 의미한다.

그러나 또한 우리는 선한 일을 실천하기 위하여 구원을 받았다(엡 2:10). 자기 스스로 공적을 쌓을 만한 선한 행위를 할 수 있는 사람은 아무도 없다. 이는 예수가 "나를 떠나서는 너희가 아무것도 할 수 없음이라"(요 15:5)고 말씀하시는 것과도 같다. 즉 예수를 떠나서는 구원에 이르게 할 수 있는 것이 아무것도 없다. 하지만 바울은 이제 우리가 그리스도와 연합되었기 때문에 "우리 가운데서 역사하시는 능력대로 우리가 구하거나 생각하는 모든 것에 더 넘치도록 능히 하실" 수 있는 그분의 능력에 대해 담대히 말할 수 있다(엡 3:20).

개신교 전통 신학은 우리 가운데서 역사하시는 그리스도의 능력이 우리가 구하거나 생각하는 모든 것에 더 넘치도록 능히 하실 수 있다는 것을 인정하지만, 단 한 가지 예외가 있다. 그것은 바로 그리스도가 신자들에게 공로적 행위를 할 수 있는 능력을 부여할 수 없다는 것이다. 그러나 가톨릭교회의 견해는 하나님께는 **공로적 행위를 포함하여** 그 모든 것이 가능하다고 본다. 가톨릭교회의 관점에서 보면, 행위 자체는 "사람으로는 할 수 없으나 하나님으로서는 다 하실 수 있느니라"(마 19:26)는 예수의 말씀에 비추어 이해될 수 있다. 우리가 앞에서 마태복음 19장을 분석하면서 확인한 바와 같이, 이것이 바로 문맥상 드러난 이 구절의 요점이다. 즉 인간은 구원을 얻기 위해 무언가를 해야 하지만, 그것을 행한다는 것은 불가능하다는 것이다. 그럼에도 불구하고 예수는 하나님이 그 불가능한 것, 다시 말하면, 영생을 가져다주는 그 행위를 신자들이 행할 수 있도록 하실 것이라고 말씀하신다.

이를 다르게 표현하면, 구원은 먼저 하나님의 은혜로 주어지는 것이지, 행위에 의해 이루어지는 것이 아니라는 것이다. 우리가 그리스도를 영접하는 것은 우리가 어떤 선한 행위를 행했기 때문이 아니다. 그러나 우리가 일단 그리스도와 하나가 되면, 우리는 그 이전에는 할 수 없었던 것을 행할 수 있게 된다. 가톨릭 교리에 따르면, 그리스도와 연합한 자들의 행위는 공로적 가치가 있다.[45] 그들의 행위는 공로적 가치를 **가질 수밖에** 없다. 왜 그런가? 그 이유는 그 행위들이 그리스도의 사역의 결과이기 때문이다. 신자는 "그런즉 이제는 내가 사는 것이 아니요, 오직 내 안에 그리스도께서 사시는 것이라"(갈 2:20)고 말할 수 있다.

신자의 선한 행위는 신자 안에서 그리스도께서 행하신 선한 행위다. 신자의 행위가 공로적 가치가 없다고 주장하는 것은 **그리스도의** 행위가 공로적 가치가 없다고 주장하는 것과 같다. 그러므로 신자들이 공로적 행위를 행할 수 있다고 말하는 것은 그리스도의 구속 사역의 가치를 평가절하하는 것이 아니다. 오히려 신자들이 그리스도를 통해 공로적 행위를 행할 수 있음을 부인하는 것이 그리스도의 능력과 영광의 가치를 떨어뜨리는 것이다. 만약 가톨릭교회의 견해가 잘못되었다면, 그것은 궁극적으로 우리가 너무 많은 공로를 하나님께 돌리기 때문일 것이다. 만약 가톨릭교회의 이해가 잘못되었다면, 그것은 우리가 개신교 신자들이 믿고 있는 것보다 하나님이 은혜를 통해 신자들 안에서 더 많은 일을 행하실 수 있다고 믿기 때문일 것이다.

45_ 트리엔트 공의회, 6차회기, 16장. "그리스도 예수 자신이…의롭다 함을 받은 자에게 지속적으로 능력을 주입하시기 때문에, 그 능력은 항상 그들의 선행을 이끌고, 선행에 수반되고, 선행을 뒤따른다. 그 능력이 없으면 그들은 절대로 하나님을 기쁘시게 하거나 하나님 앞에서 공로를 내세울 수 없다. 그러므로 우리는 하나님의 법을 충분히 만족시키고, 하나님 안에서 행해진 바로 그 행위로 말미암아 의롭다 함을 받은 자들에게 의롭다 함을 받기에 부족하도록 방해하는 것은 아무것도 없다고 믿어야 한다."

물론 나는 가톨릭교회의 견해가 그리스도의 은혜에 지나치게 많은 것을 귀속시키는 오류를 범한다고 생각하지 않는다. 사실 바울은 구원이 "그[하나님의] 아들의 형상을 본받는" 것과 다름없다고 말한다(롬 8:29). 그리스도는 자신의 아들 신분을 우리와 온전히 공유하고, 우리는 이로써 진실로 "그 아들 안에서 [하나님의] 자녀"가 된다. 가톨릭 신자들은 "**무릇 아버지께 있는 것은 다 내 것이라**. 그러므로 내가 말하기를 '**그가 내 것을 가지고 너희에게 알리시리라**' 하였노라"(요 16:15)고 하신 예수의 말씀을 액면 그대로 믿는다. 따라서 그리스도께서 공로적 행위를 행하는 능력을 소유하고 계시므로, 그분은 자기와 함께 공로적 행위를 행할 수 있는 능력을 신자들에게도 부여하신다. 다시 말하면, 구원이 진정으로 그리스도 중심적이라면—즉 그리스도의 형상을 본받는 것을 의미한다면—구원은 반드시 우리가 그리스도 안에서 공로적 행위를 행하는 능력을 갖는 것을 의미한다. 선한 행위는 단순히 구원의 **열매**가 아니라 구원의 본질의 일환이다. 이것이 없으면 우리는 진정으로 "그리스도를 본받는" 자가 아니다.

몸을 위해 받는 고난

그러므로 바울은 "나는 이제 너희를 위하여 받는 괴로움을 기뻐하고, **그리스도의 남은 고난을 그의 몸 된 교회를 위하여 내 육체에 채우노라**"고 말한다(골 1:24). 이것은 정말 놀라운 고백이다. 토마스 아퀴나스가 설명하듯이, 이것은 "그리스도의 고난이 우리를 구속하기에 충분하지 않았고, 성도들의 고난이 그리스도의 고난을 채우기 위해 더해졌다"는 가르침으로 오해될 소지가 있다. 하지만 아퀴나스는 요한일서 2:2을 인용하면서 이러한 해석을 단호하게 거부한다. "그러나 이것은 이단적인 발상이다. 왜냐하면 그리스도의 보혈은 많은 사람을 구속하기에 충분하기 때문이다." 그렇다면 우리는 이 본문을 어떻게 해석해야 하는가? 아퀴나스는 다음과 같이 말한다.

> 오히려 우리는 그리스도와 교회는 하나의 신비스러운 인격체로서, 머리는 그리스도이고 몸은 모든 의인인 것으로 이해해야 한다. 왜냐하면 모든 의인은 각자 이 머리의 지체, 곧 "개별적으로 지체"(고전 12:27)이기 때문이다.…우리는 바울이 자신의 육체에 결여되어 있던 고난을 채우고 있는 것이라고 말할 수 있다. 결여되어 있던 것이 바로 고난이었기 때문에, 그리스도께서 자신의 육체 안에 고난을 채우신 것 같이, 그의 몸의 지체인 바울도 그리고 또 다른 이들도 이와 유사한 방법으로 각자 자기 안에 고난을 채워야 한다.[46]

바울의 고난은 오로지 그리스도의 구속 사역이 이제는 그의 신비스러운 몸 안에서 실현되어야 한다는 의미에서만 그리스도의 고난에서 결여되어 있는 부분을 채운다.

더 나아가 우리는 여기서 이 모든 것이 내포하고 있는 교회적 특성을 언급하지 않으면 안 된다. 구원은 단순히 그리스도와의 교제일 뿐 아니라 모든 신자와의 교제이기도 하다. 따라서 "만일 한 지체가 고통을 받으면 모든 지체가 함께 고통을 받고, 한 지체가 영광을 얻으면 모든 지체가 함께 즐거워[한다]"(고전 12:26). 바울의 고난은 결국 신비스러운 몸 전체의 유익을 향상시킨다. 즉 바울은 자신을 위해 결여된 부분을 채울 뿐만 아니라, 그리스도와의 연합을 통해 몸 자체 안에 결여된 부분도 함께 채워 나간다.[47]

46_ Thomas Aquinas, *Commentary on Colossians* (trans. F. R. Larcher; Naples: Sapientia, 2006)에서 인용함.

47_ 또한 Jean-Nöel Aletti, *Salnt Paul: Épitre Aux Colossiens* (Paris: Gabalda, 1993), 134-137도 보라.

성숙한 자녀로 자라가는 구원

그렇다면 우리는 어떻게 "구원은 행위에 의한 것이 아닌 하나님의 은혜로 얻는다"는 주장과 "구원은 그리스도가 신자들에게 구원에 이르게 하는 공로적 행위를 행할 수 있는 능력을 주신다"는 주장을 **함께** 받아들일 수 있을까? 이것은 모순이 아닌가? 만약 구원이 시간 속에서 한 순간에 일어나는 것 그 이상의 것이라면 그렇지 않다. 우리가 염두에 두어야 할 것은 구원이 과거, 현재, 미래의 측면을 모두 포함하는 하나의 과정이라는 사실이다.

물론 가톨릭신학에서는 구원의 은혜가 임하는 최초의 순간을 세례와 동일시한다. 베드로가 설명하듯이, "이제 너희를 구원하는 표"는 "세례"이기 때문이다(벧전 3:21).[48] 이것은 거듭남, 곧 "중생의 씻음"(딛 3:5)을 의미한다. 바울은 "[너희는] 씻음과 거룩함과 의롭다 하심을 받았느니라"(고전 6:11)고 말한다. 우리는 그리스도와 연합되었고, 이로써 우리는 구원을 받는다(참조. 롬 6:3-4; 갈 3:27; 골 2:12). 세례를 통해 우리는 그리스도의 몸의 지체가 된다(참조. 고전 12:13).

우리는 가톨릭신학에서 세례가 인간이 성취해낸 어떤 업적(행위)으로 간주되지 않고 하나님이 이룩하신 사역으로 간주된다는 사실을 강조할 필요가 있다. 가톨릭신학은 사람이 스스로에게 세례를 베풀기보다는 세례를 **받는다**는 사실이 하나님이나 또는 교회라는 신앙 공동체와는 독립적으로 자기 자신의 힘으로 행한 행동으로 자기 자신을 구원할 수 있는

48_ 최근 주목받고 있는 개신교 학자의 저서인 Michael Gorman, *Inhabiting the Cruciform God: Kenosis, Justification, and Theosis in Paul's Narrative Soteriology* (Grand Rapids: Eerdmans, 2009), 73-79는 바울이 세례를 칭의와 동일시한다는 사실을 설득력 있게 논증했다.

사람은 아무도 없다는 것을 가시적으로 보여준다고 본다.[49] 가톨릭신학은 유아세례가 값없이 주시는 구원을 가장 심오하게 드러낸다고 본다. "세례는 매우 이른 시기부터 어린아이에게 시행되었는데, 그 이유는 **세례가 어떤 인간적 공로를 전제로 하지 않는 하나님의 은혜이자 선물이기 때문이다**"(〈교리 문답〉 1282번; 강조는 덧붙여진 것임).[50]

가톨릭신학에서 세례는 진실로 구원에 이르게 하는 사건이다. 세례를 받은 자는 그리스도와 하나가 된다. 그는 "거듭나고" 하나님의 아들 안에 있는 "자녀"가 된다. 그는 행위가 아닌 하나님의 은혜로 구원을 받는다. 그럼에도 구원은 단순히 시간 속에서 일어나는 어떤 한 순간이 아니다. 구원은 그리스도의 형상을 본받는 과정을 수반한다. 이것을 단순하게 표현하자면, 하나님의 자녀는 "자라나야" 한다는 것이다. 하나님의 자녀는 오직 은혜로 의롭다 하심을 받지만, 이는 또한 선한 행위를 행하기 위한 것이다(참조. 엡 2:8-10). 처음에 은혜로 그리스도와의 연합을 통해 구원 받은 사람은 또한 믿음으로 구원을 받으며, 더 나아가 "행함으로 의롭다 하심을 받고 [단지] 믿음으로만은 아니[다]"(약 2:24).

49_Joseph Cardinal Ratzinger, *Church, Ecumenism and Politics: New Endeavors in Ecclesiology* (San Francisco, CA: Ignatius, 2008), 19는 이 요점을 정확하게 지적한다.

50_지면상 여기서 유아세례에 대한 변론은 불가능하다. 유아세례 관습에 대한 상세히 변론은 Bryan Holstrom, *Infant Baptism and the Silence of the New Testament* (Greenville, SC: Ambassador, 2008); Gregg Strawbridge, *The Case for Covenantal Infant Baptism* (Phillipsburg, NJ: P&R Publishing, 2003); Joachim Jeremias, *Infant Baptism in the First Four Centuries* (trans. D. Cairns; Eugene, OR: Wipf & Stock, 2004 [1960]); Meredith G. Kline, *By Oath Consigned: A Reinterpretation of the Covenant Signs of Circumcision and Baptism* (Grand Rapids: Eerdmans, 1968)을 보라.

결론

최후의 심판에서의 행위의 역할에 대한 가톨릭교회의 견해는 구원에 관한 성서의 증언 전반을 그대로 보존한다. 구원은 한 순간이기도 하지만 **또한 동시에** 자녀로서 성숙해가는 과정이다. 구원은 우리가 처음에 은혜로 받는 것이지, 우리가 행하는 그 어떤 행위로 받는 것이 아니다. 하지만 신자 안에 있는 하나님의 은혜는 신자가 할 수 없는 것을 할 수 있게, 즉 구원에 이르게 하는 공로적 행위를 행하게 한다. 그리고 이 행위로 신자는 진정으로 구원을 받는다. 즉 신자는 하나님의 아들의 형상을 온전히 본받는다. 아들은 아버지가 주신 모든 것을 은혜를 통해 자기와 연합된 자들과 공유하신다(요 16:15). 그리고 여기에는 공로적 행위를 행할 수 있는 능력도 함께 포함된다.

가히 놀라운 것은 장 칼뱅조차도 선한 행위가 구원의 수단으로 이해될 수 있다는 개념을 인정했다.

> …우리의 구원의 작용인(efficient cause)은 아버지 하나님의 사랑에 있고, 질료인(material cause)은 하나님의 아들의 순종에 있고, 도구인(instrumental cause)은 성령의 조명, 즉 믿음에 있고, 목적인(final cause)은 하나님의 선하심을 찬양하는 데 있다. 하지만 여기에는 주님이 행위를 종속인(inferior causes)으로 받아들이지 못할 이유가 전혀 없다. 그렇다면 어떻게 그럴까? 그 답은 바로 이것이다. 주님은 긍휼하심으로 영생의 기업을 차지하도록 예정하신 이들을 자신의 통상적인 섭리를 따라 선한 행위를 통해 그 기업을 차지하도록 이끄신다.…**바로 이런 이유로, 주님은 가끔 영생이 행위의 결과가 되게 하신다**. 이는 영생이 행위에 귀속되기 때문이 아니라, 주님이 자신이 택하신 자들을 의롭게 하시고, 또 그들을 영화롭게 하시기 때문이다(롬 8:30). 주님은

사전에 주어지는 은혜를 일종의 원인이 되게 하시는데, 이는 이것이 다음으로 넘어가는 일종의 단계이기 때문이다.[51]

구원과 관련하여 행위의 역할을 묘사하는 본문이 매우 많다는 것을 감안하면, 칼뱅이 이렇게 말한 것은 그리 놀라운 일이 아니다.[52]

그럼에도 불구하고, 칼뱅이 가톨릭교회의 견해에 동의했다고 결론짓는 것은 잘못된 판단이다. 사실 많은 이들은 비록 가톨릭교회의 가르침이 수용 가능하긴 하지만, 이 교리가 너무 쉽게 오해를 불러일으킬 수 있다는 점에서 실제로는 상당히 위험한 요소가 없지 않음을 지적할 것이다. 많은 가톨릭 신자들은, 어떤 이들이 지적한 바와 같이, 은혜에 대한 가르침을 소홀히 여기는 경향이 있다. 나는 이러한 주장에 대해 잘못 해석되고 잘못 오해될 여지가 전혀 없는 구원관은 그 어디에도 없다는 사실을 지적하고 싶다.

결론적으로, 가톨릭 교리는 은혜의 우선성과 은혜의 무한한 능력에 지나치게 의존하지 않으면서도 행위의 중요성을 강조한다. 은혜는 매우 실효적이어서 **심지어** 약하고 죄 많은 인간조차도 공로적 행위를 할 수 있도록 이끌 수 있다. 개신교 신자들은 가톨릭교회 입장에 동의하지 않을 수 있다. 그러나 그 이유가 가톨릭 신자들은 은혜를 너무 평가절하하기 때문이라고 말해서는 **안 된다**. 따라서 가톨릭교회의 견해가 부정확하다고 말하는 것은 마치 가톨릭교회가 은혜에 **너무 많은 의미**를 부여한다고 말하는 것과 같다!

51_John Calvin, *Institutes of the Christian Religion* (trans. H. Beveridge; Grand Rapids: Eerdman, 1975), 3.14.21.

52_ 이에 관한 상세한 논의는 Joseph Wawrykow, "John Calvin and Condign Merit," *Archiv für Reformationsgeschichte* 83 (1992), 73-90을 보라.

따라서 가톨릭의 가르침에 따르면, 구원은 궁극적으로 "순전한 은혜"다. 최후의 심판에서 선한 행위는 우리의 구원과 관련하여 중요한 역할을 담당하지만, 이는 단지 선한 행위가 우리 안에서 역사하시는 하나님의 사역의 결과이기 때문이다. 아우구스티누스도 가톨릭교회의 견해를 잘 대변해준다. 그는 최후의 심판에 관해 말하면서 "그때 하나님은 그대의 공로보다는 자기 자신의 선물을 더 치하할 것이다."[53] 또 앞에서 인용한 〈교리 문답〉의 표현을 빌리자면, "**그리스도의 사랑은 하나님 앞에서 우리가 내세울 수 있는, 우리 안에 있는 모든 공로의 원천이다**. 성도들은 **자신들의 공로가 순전한 은혜였다**는 사실을 항상 생생하게 인식하고 있었다."(〈교리 문답〉 2011번).

"우리 가운데서 역사하시는 능력대로 우리가 구하거나 생각하는 모든 것에 더 넘치도록 능히 하실 이에게, 교회 안에서와 그리스도 예수 안에서 영광이 대대로 영원무궁하기를 원하노라. 아멘"(엡 3:20-21).

53_ 또한 Jean-Nöel Aletti, *Salnt Paul: Épitre Aux Colossiens* (Paris: Gabalda, 1993), 134-137도 보라.

논평

로버트 N. 윌킨

마이클 바버는 가톨릭교회 구원론이 지니고 있는 몇 가지 미묘한 의미를 설명하는 과제를 훌륭하게 수행한다. 그의 논지는 논문 첫머리(와 말미)에서 발췌한 〈가톨릭교회 교리 문답〉(이후로는 〈교리 문답〉으로 표기) 인용문에 잘 요약되어 있다.

> **그리스도의 사랑은** 하나님 앞에서 **우리가 내세울 수 있는, 우리 안에 있는 모든 공로의 원천이다.** 은혜는 능동적인 사랑 안에서 우리를 그리스도와 하나가 되게 함으로써 우리의 행동과 그 결과로 말미암아 하나님과 사람들 앞에서 드러난 그 행위의 공로의 초자연성을 보장한다. **성도들은 자신들의 공로가 순전한 은혜였다는 사실을 항상 생생하게 인식하고 있었다**(247, 282쪽; 강조는 원저자의 것임).

확실히 바버는 진술 말미에 나오는 **순전한 은혜**에 대한 언급이 행위 구원론을 가르친다는 비난으로부터 가톨릭교회를 보호한다고 믿는다. 그는 이렇게 말한다.

> 나는 이러한 내용[**순전한 은혜**로 끝나는 진술]이 일부 비가톨릭 신자들을 다

> 소 놀라게 할 것이라고 생각한다. 왜냐하면 이는 행위에 의한 의, 율법주의적 인 관점 등 많은 이들에게 익숙한 가톨릭교회의 구원론과 분명히 잘 어울리지 않기 때문이다. 사실 이러한 비판은 가톨릭교회의 가르침을 심각하게 오해한 것에 불과하다(247-248쪽).

나는 이 진술이 왜 행위에 의한 의와 율법주의적인 관점에 대한 **분명한** 거부인지 잘 모르겠다. 아무튼 가톨릭 신자에게 은혜는 신자가 최종적으로 구원을 얻는 데 필요한 행위를 행할 수 있는 능력을 부여하는 그 어떤 것(어쩌면 어떤 주입된 능력)으로 오랫동안 이해되어왔다. 이러한 능력 부여가 없다면 그러한 행위는 불가능한 것이다. 하지만 심지어 그러한 능력 부여가 **있다 하더라도** 이 행위가 자동적으로 이루어지는 것은 아니다. 신자들은 계속 구원받은 상태에 머무르고, 또 나중에 최종적 구원에 이를 만한 공로를 쌓으려면 전 생애를 열심히 노력해야 한다.

가톨릭교회의 공식 입장은 사람의 선한 행위가 악한 행위보다 더 큰 비중을 차지하는지를 단순히 결정하는 것보다 더 미묘한 의미를 갖고 있다. (바버는 하나님이 우리의 운명을 결정짓기 위해 우리의 흠 있는 행위를 **어떻게** 평가하실 지에 관해서는 말하지 않는다.) 그러나 나는 바버가 이를 부인한다고 해도 그의 견해는 분명 행위에 의한 의를 견지한다고 생각한다.

그렇다면 바버는 어떤 사람들은 왜 멸망당할 것인가라는 질문에 어떤 대답을 내놓을까? 추측건대 그는 아마도 하나님의 은혜가 불충분해서라고 말하지는 **않을** 것이다. 잘못은 거기에 있지 않을 것이다. 왜냐하면 하나님의 은혜는 불가능한 것도 가능케 할 수 있기 때문이다. 오히려 바버는 행위가 불완전한 사람들 자신에게 절대적으로 문제가 있다고 말할 것이다. 어쩌면 그들은 하나님의 은혜에 충분히 적극적으로 협조하지 못했거나 또는 자기들에게 주어진 은혜의 수단을 활용하지 못했을 것이다.

어떤 경우이든지 간에, 만일 어떤 사람이 "하나님의 은혜와 호의"를 받지 못하고 죽는다면(〈교리 문답〉 1030번), 만일 어떤 사람이 하나님과 이웃과 자기 자신에게 중대한 죄를 범하고 "가난한 자와 소자"의 필요를 채워주지 못한 채 죽는다면(〈교리 문답〉 1033번), 만일 어떤 사람이 고의로 하나님에게서 등을 돌리고 "끝까지" 자신의 죄를 고집하며 살았다면(〈교리 문답〉 1037번), 그 사람은 자신이 행한 일과 자신이 행하지 못한 일로 인해 멸망당할 것이다. 다시 말하면 은혜에 관한 바버의 많은 말에도 불구하고 결국 그는 구원은 최종적으로 **우리 자신의 노력**에 달려 있다고 말할 것이다. 엄밀히 말해 이 노력은 하나님의 은혜가 없이는 공로가 되거나 그 어떤 효력을 일으킬 수는 없지만, 반드시 필요한 것이며, 또 이러한 노력 없이는 아무도 구원받을 수 없다는 것이다. 이것이 율법주의와 행위 구원의 본질이다.

하나님이 주시는 능력으로 행한 행위를 통해 얻는 영원한 구원은 신약성서가 말하는 구원과는 아주 거리가 멀다. 신약성서는 분명히 영생은 죄인들에게 선물로 주어지며, 그 선물을 받기 위해 예수를 믿을 때 주어진다고 가르친다. 이것이 바로 예수가 가르치신 것이고(예. 요 3:16; 5:24; 6:28-29, 35, 37; 11:25-27), 그의 사도들이 가르치신 것이다(예. 행 15:7-11; 16:30-31; 엡 2:8-9; 딛 3:5; 약 1:18; 요일 5:9-13). 우리가 현세에서 하나님과 누리는 교제와 우리가 내세에서 받게 될 영원한 상과 권세의 질(quality)은 그리스도에게 신실하게 순종하는 삶에 달려 있다. 하지만 영원한 구원과 영원한 상의 조건은 서로 아주 다르다.

바버는 가장 중요한 증거를 다루지 않는다

영원한 구원과 심판에 관한 연구에서 요한복음의 중요성은 아무리 강조해도 지나치지 않다. 바버는 문맥과 상관없이 요한복음 6:29를 인용하는 것(272쪽) 외에는 요한복음에 나타난 주님의 거듭남에 관한 가르침을 전혀 다루지 않는다.[54] 성서에서는 요한복음이 유일하게 복음전도를 위한 책이므로(요 20:30-31), 바버가 요한복음을 다루지 않았다는 사실은 상당히 놀랍다.

요한복음 5:24에서 주님은 신자들이 "심판에 이르지 아니[할 것]"이라고 말씀하셨다. 그런데 사실 이 말씀은 최후의 심판에 관해 다루는 책에서 반드시 다루어야 할 말씀이 아닌가? 이 구절은 영생이 행위가 아닌 그리스도를 믿는 믿음에 달려 있다고 말하는 다른 모든 구절과 같이 설명을 필요로 한다.

더 나아가 바버가 자신의 입장을 **뒷받침하기** 위해 인용한 요한복음 6:29은 문맥을 고려하면 사실 그의 입장과 **반대되는** 내용을 가르친다. 직전 구절에서 예수의 청중은 "우리가 어떻게 하여야 하나님의 일(works)을 하오리이까?"라고 묻는다. 여기서 "일"이 복수형임을 주목하라. 무리들도 바버처럼 영원한 운명이 사람의 행위에 달려 있다고 전제한다. 나는 예수가 질문에 답변하실 때 복수형 "일들"(works) 대신 단수형 "일"(work)로 말씀하신 것은 큰 의미가 있다고 생각한다. 그러면 우리가 해야만 하는 그 한 가지 일은 무엇일까? "하나님께서 보내신 이를 믿는 것이 하나님의 일이니라." 예수는 여기서 이분법을 사용하신다. 그분을 믿는 것이 사람

54_Barber는 253, 276, 280쪽에서 요 14:23, 16:15도 인용하지만 이 본문들은 거듭남에 대하여 아무것도 말하지 않는다.

이 영생을 얻기 위해 할 수 있는 유일한 "행동"이다. 물론 믿음은 수동적인 행동이다. 하지만 우리는 예수의 영생에 관한 메시지를 듣고 그를 믿든지 말든지 둘 중에 하나를 하게 된다. 따라서 영생은 행위에 속한 것이 아니라(요 6:28; 엡 2:9) 믿음에 속한 것이다.

바버는 그리스도를 본받음을 통해 행위에 의한 의를 가르친다

바버는 이렇게 말한다. 사실 바울은 "구원을 받는다는 것은 '[하나님의] 아들의 형상을 본받는' 것이다(롬 8:29)"(252쪽). 그리고 그는 몇 쪽 지나서 또 이렇게 말한다. "구원은 단순히 시간 속에서 일어나는 어떤 한 순간이 아니다. 구원은 그리스도의 형상을 본받는 것을 수반한다.…구원은 한 순간이기도 하지만 **또한 동시에** 자녀로서 성숙해가는 과정이다.…이 행위로 신자는 진정으로 구원을 받는다. 즉 신자는 하나님의 아들의 형상을 **온전히 본받는다**"(279-280쪽; 강조는 덧붙여진 것임).

바버의 주장에는 **어느 정도** 진실이 들어 있다. 하나님은 **그리스도께서 재림하실 때** 그를 믿는 믿음으로 거듭난 자가 모두 그의 형상을 본받게 될 것임을 보증하신다(참조. 롬 8:29; 빌 3:21; 요일 3:2). 우리는 부활하여 영화롭게 될 때, 즉 그때 비로소 우리는 그리스도의 형상을 본받게 될 것이다. 그때까지는 현재 경험하는 그리스도를 본받음이 어떠하든지 간에 우리는 그의 영광에 미치지 못할 것이다(롬 3:23; 빌 3:12; 요일 1:8, 10). 우리는 아직 여전히 죄를 범하고, 고난을 당하고, 죽으며, 또 영생의 충만함이 결여된 타락한 몸을 입고 산다. 언젠간 우리도 그리스도를 온전히 본받게 되리라는 기대를 가져보지만, 종말론적 구원에 이르게 하는 우리의 공로를 쌓은 과정이란 결단코 존재하지 않는다.

우리의 종말론적 구원이, 마치 우리 자신의 (하나님의 능력을 통한) 행위로 얻을 수 있는 것인 양, 바버가 그리스도의 형상을 본받는 것을 구원의 조건으로 만들려는 시도는 상당히 불편하다. 어떻게 인간이 그리스도의 형상을 **이 세상에서 온전히 본받을 수 있다**고 말할 수 있겠는가? 오직 주 예수만이 죄가 없으신 분이다. 만일 누구든지 영원한 정죄를 피하기 위해 죄 없으신 그리스도의 형상을 **이 세상에서** 꾸준히 본받아야 한다면, 그 정죄를 피할 사람은 아무도 없을 것이다.

이것이 종말론적 구원이라면 영생에 대한 확신을 가질 수 있는 사람은 아무도 없다. 자신이 주님과 함께 영원히 살게 될지의 여부는 죽기 전에는 결코 **알지** 못할 것이다. 사실 이러한 가르침을 전제한다면 **사람들은 자신들이 영원히 정죄 받을 것**임을 확신해야만 할 것이다. 이것은 정말 절망적이다. 하지만 각 신자가 하나님의 증언에 대한 신뢰를 계속 유지한다면 자신이 영생을 얻었다는 사실을 확신할 수 있을 것이다(요 5:24; 요일 5:13).

바버는 구원 개념을 부적절하게 설명한다

바버는 (던과 슈라이너와 같이) 마치 **구원하다**와 **구원**이라는 단어가 무조건 자동적으로 거듭남이나 그리스도의 나라에서 영원히 사는 것을 가리키는 양, 이 단어가 사용된 구절들을 무비판적으로 인용한다. 나는 그래도 "'구원'이란 무엇인가라는 보다 더 포괄적인 질문"(249쪽)을 던지는 바버를 높이 평가하고 싶다. 하지만 이에 대한 그의 답변은 신약성서에 나타난 '소조'[구원하다]와 '소테리아'[구원]의 용법을 포괄적으로 다루지 못하고 있음을 여실히 보여준다. 이 용어에 대한 모든 언급이 지옥의 형벌로부터의 구원에 관한 것은 아니다. 사실 이 중 대다수는 현세적 환난이나 고통으로부터의 구원을 가리킨다. 예를 들면 바버는 바울이 "여자들[은] 그의 해산함으로 구원을 얻으리라"고 말하는 디모데전서 2:15을 (아무런 설명 없이) 장차 미래에 있을 영원한 정죄로부터의 구원을 가리키는 용례로 인용한다(250쪽). 그러나 문맥은 이러한 해석을 지지해주지 않는다. 문맥은 여자들이 지역 교회 모임에서 가르칠 수 없다는 것과 관련이 있다(딤전 2:12-14). 도대체 여자가 어떻게 이러한 곤란한 상황으로부터 **구원을 얻게 된다는** 말인가? "그러나 그들[복수형, 즉 여자의 자녀들]이 만일 정숙함으로써 믿음과 사랑과 거룩함에 거하면 그녀는[단수형] 해산함으로 구원을 얻으리라"(딤전 2:15; 개역개정은 "그들"을 "여자들"로 번역한다 — 역자 주).

이와 마찬가지로 바버는 로마서 10:13을 (역시 아무런 설명 없이) 영원한 정죄로부터의 미래적 구원을 가리키는 본문으로 인용한다. 그러나 이 구절은, 14절이 "그런즉 그들이 믿지 아니하는 이를 어찌 부르리요?"라고 말하듯이, 분명히 이 세상에서 겪는 **현세적 진노**로부터의 구원을 가리킨다. 14절에서 듣는 것이 믿는 것보다 먼저 오듯이, 여기서도 믿는 것이 부르심보다 먼저 와야 한다. 따라서 로마서 10:13에서 **구원**을 받는 이들은 비신자들이 아니라 신자들이다. 그들은 이미 그리스도와 연합한 자들이며, 따라서 그들은 바울의 관심 대상이 아니다. 13절은 요엘 2:32을 인용하는데, 이는 환난 가운데 있던 유대인 신자들이 메시아에게 부르짖을 때 그들에게 임할 **현세적 구원**을 가리킨다. 로마서 10:13-14은 불 못으로부터의 구원에 관한 것이 아니다. 이 본문은 이 세상에서 겪는 하나님의 진노로부터의 구원에 관한 것이다(참조. 롬 1:18-32; 13:4-5).

또한 바버는 빌립보서 2:12과 더불어 "너희 구원을 이루라"는 표현에 관해 다루는데(273쪽), 그는 여기서도 문맥을 제대로 파악하지 못한다. 그는 세 쪽이나 할애하면서도 빌립보서에 나타난 '소테리아'의 용법은 물론,

심지어 전후 문맥에 나타난 용법조차 제대로 논의하지 못한다. "너희 구원을 이루라"는 구문은 빌립보서 앞부분에 나오는 진술과 대비된다. "이것이 너희의 간구와 예수 그리스도의 성령의 도우심으로 나를 구원에['에이스 소테리안'] 이르게 할 줄 아는 고로"(빌 1:19). 여기서 **바울의 구원**("나를 구원에 이르게 할 줄")은 과연 무엇을 가리킬까? 그것은 지옥의 형벌로부터의 구원이나 그리스도와의 연합이 아니었다. 바울은 행위와 상관없이 그리스도를 믿는 믿음으로 이미 구원을 얻었다. 오히려 바울은 자신이 로마의 투옥되어 있는 동안 그들의 간구와 성령의 능력이 **자신이 겪고 있던 박해를 성공적으로 감내하게 할 것**을 잘 알고 있었다.

다시 말하면 "너희 구원"은 바울의 구원과 비교되면서 빌립보 교회 신자들이 비신자들로부터 받는 **박해를 성공적으로 감내하는 것**을 가리킨다. 바울이 "두렵고 떨림으로"를 언급한 이유도 앞으로 있을 그리스도의 심판대를 떠올렸기 때문이다. 그 심판대 앞에서 신자들은, 비록 이미 영원한 구원을 보장 받긴 했지만, 자신들이 행한 행위에 대해 책임을 지게 될 뿐 아니라 그 행위에 따라 상을 받게 될 터인데, 그때 부끄러움을 당하기보다는 주님 앞에 당당히 설 수 있기를 기대한다(참조. 눅 19:16-26; 고전 9:24-27; 고후 5:9-11; 요일 2:28). 빌립보서 2:12도, 자신의 입장을 옹호하기 위해 바버가 인용한 다른 많은 본문과 마찬가지로, 영원한 정죄로부터의 구원받는 것과는 전혀 상관이 없다.

결론

요약하자면, **순전한 은혜**는 신실한 행위를 통해 끝까지 인내함으로써 우리 스스로를 구원하기 위해 하나님의 능력을 덧입는 것이 아니다. 오히려 순전한 은혜는 단순히 예수의 약속을 믿음으로써(요 3:16; 5:24) 다시는 하나님의 영원한 심판 아래 놓일 것을 두려워하지 않고, 영생과 영원한 안전이라는 선물을 값없이 받는 것이다.

논평

토머스 R. 슈라이너

동의하는 부분

마이클 바버는 가톨릭신학에 대한 몇 가지 일반적인 오해를 불식시키고, 개신교신학과 가톨릭신학 사이를 연결하는 접촉점을 찾는 데 도움을 준다. 예를 들어, 바버는 신자들의 선한 행위가 하나님의 은혜에 기인한다는 가톨릭신학의 가르침을 우리에게 상기시켜준다. 가톨릭신학은 펠라기우스주의와 혼동해서는 안 된다. 개신교 신자들도 대중적인 수준에서는 굉장히 자주 가톨릭신학은 전적으로 은혜를 배제한다고 오해하고 있다. 우리는 구원의 이미/아직 측면에서도 서로 공감대를 형성한다. 우리가 칭의, 구속, 천국, 또는 영생 등 무엇에 관해 말하든지 간에, 우리 삶 속에서 역사하시는 하나님의 구원 사역은 이미와 아직의 측면을 모두 포함한다. 더 나아가 바버의 논문은 그리스도 중심적이다. 그는 그리스도가 우리의 의가 되신다는 사실을 천명하고, 우리의 구원의 목표는 그리스도 안에서 하나님과 교제를 누리는 것이라는 사실을 강조한다.

동의하지 않는 부분

기준이 되는 행위

바버는 "선한 행위"가 "구원의 기준"이며(255쪽), 또 행위는 "마지막 날에 있을 심판의 **필수적인 기준**"이라고 주장하면서(256쪽), 내 견해와 자신의 견해가 서로 다르다고 생각한다.[55] 바버는 내가 행위는 믿음의 열매라고 주장하기 때문에 행위는 구원의 기준이 아니라고 믿는다고 말한다. 하지만 우리는 이 부분에서 우리의 견해가 서로 엇갈린다고 생각해서는 안 된다. 왜냐하면 우리가 의미하는 바를 신중하게 정의한다면 기꺼이 나는 행위가 최후의 심판에서 구원의 기준이 된다고 주장할 수 있기 때문이다. 나는 선한 행위가 증거나 열매로서 필수적 기준이 된다고 주장하다. 하지만 나는 또한 바버와는 달리 행위가 어떤 식으로든 공로가 된다거나 우리 구원의 기초가 된다고 말하는 것은 옳지 않다고 생각한다. 다시 말하면 내가 "증거"나 "열매"라는 단어를 행위와 관련하여 사용할 때 나는 행위가 불필요하다고 말하는 것이 아니다. 행위는 구원에 있어 필수적으로 나타나야만 하는 열매이거나 증거다. 만일 행위가 없다면 그 사람은 멸망당할 것이다! 이것이 기준이다!

주석적인 관점에서 본 공로의 문제점

그러나 내가 반대하는 것은 행위가 공로가 된다는 개념이다. 다시 말하면 최후의 심판에서 행위가 공로로 작용한다는 바버의 주장은 성서의 증거와 일치하지 않는다. 바버는 성서가 최후의 보상을 언급하는 본문들이 삯과 상환과 상에 관해 이야기하고 있기 때문에, 공로 사상은 성서의 가르침과

55_ 나는 행위가 "필수적 기준"이라고 말하는 것은 과장이라고 생각한다.

잘 조화를 이룬다는 사실을 적극적으로 입증하려고 애쓴다. 신자들에게 주어지는 최후의 상을 언급하는 일부 본문에서 빚 상환 이미지가 사용되고 있는 것은 분명한 사실이다(참조. 롬 2:6-10). 또한 바버는 품꾼들이 삯을 받는 내용과 그 삯이 구원과 연계되는 내용이 나오는 포도원 품꾼들의 비유(마 20:1-16)를 예로 제시한다. 그는 최후의 상이 보상의 개념으로 해석되는 달란트의 비유(마 25:14-30)에서도 이와 유사한 연관성을 발견한다.

다시 말하면 바버는 보상과 상이라는 용어가 성서에서 사용되고, 또 때로는 경제 이미지("삯")에 의존한다는 사실을 올바르게 보여준다. 그러나 문제는 이 용어와 이미지가 과연 **공로**를 나타내느냐는 것이다. 신자들이 상을 받거나 보상을 받는 것이 사실이지만, 성서 저자들은 과연 그 표현들을 통해 무엇을 말하고자 하는 것일까? 최후의 심판이 상이나 삯의 관점에서 묘사된다고 해서 반드시 그 상이 공로라는 결론으로 이어지는 것은 아니다. 그러한 개념은 포도원 품꾼들의 비유에서 결코 유추해낼 수 없다. 왜냐하면 몇몇 품꾼에게 한 시간 일한 대가로 영생이라는 삯을 주는 것은 공로가 아니라 은혜이기 때문이다! 아무튼 비유의 핵심 포인트 중 하나가 그런 개념을 가르친다면 모를까, 공로 신학을 뒷받침하기 위해 이 비유를 인용한다는 것은 그 자체로 상당히 빈약한 논증이 아닐 수 없다. 우리는 비유 이야기의 세부 내용을 과잉 해석하는 것을 조심해야 한다.

사실 바버의 논문이 지닌 가장 근본적인 문제점은 라틴어 '메리툼'이라는 단어에서 유래된 **공로**(merit)라는 단어와 그 의미를 다루는 과정에서 나타난다. 행위는 왜 마지막 때에 받을 상으로 인정받지 못하는가? 그것은 하나님은 온전함을 요구하시고(마 5:48), 또 온전한 행위만이 상을 받을 만한 자격이 있기 때문이다. 하지만 우리는 그리스도인으로서 다양한 방식으로 죄를 짓는다(약 3:2). 신자들 안에는 죄가 지속적으로 존재하며, 예수가 우리에게 죄 사함을 얻기 위해 정기적으로 기도하라고 가르치신 것도 바로 그 이유에서다(마 6:12). 예수는 분명히 이 기도를 제자들에게 가르치셨다. 이는 그들이 죄사함을 구하는 기도를 죽을 때까지 해야 했기 때문이다. 온전함이란 결코 이 세상에서 이루어질 수 없다(빌 3:12-16). 사실 우리 죄에 대한 용서를 구하라는 권면(참조. 요일 1:9)은 아우구스티누스가 펠라기우스와의 논쟁에서 신자들은 언제나 은혜를 필요로 한다는 사실을 입증하기 위해 사용한 가장 근본적인 논리 중 하나였다.

나는 온전함이 기준이 되고, 또 그리스도인들은 그 기준을 만족시키지 못하는 상황에서 어떻게 행위가 공로가 될 수 있는지 모르겠다. 바버는 신자들이 그리스도와 하나가 된 이후에는 불가능한 것도 할 수 있기 때문에, 행위는 "공로적 가치가 있다"고 말한다(275쪽). 하지만 신자들이 회심한 이후에도 계속해서 죄를 짓는다면 어떻게 그럴 수 있겠는가? 하지만 바버가 제시한 해결책은, 비록 행위가 엄격하게 말해서 공로가 아니라고 하더라도, 하나님의 기적과 같은 은혜로 인해 공로로 간주된다는 것이다. 그런데 나는 바로 이 시점에서 이 공로라는 단어가 그 일반적인 의미를 상실한다고 생각한다. 행위가 엄격히 말해 공로가 아니라 공로로 간주된다는 말은 도대체 무슨 의미인가? 보다 더 근본적으로, 도대체 성서의 어느 본문이 그런 개념을 설파한다는 것인가? 나는 하나님이 불가능한 것을 가능케 하신다는 말이 어떻게 실제로 이 문제를 해결한다는 것인지 도저히 모르겠다. 하나님이 어떻게 공로가 아닌 것을 공로가 되게 하신단 말인가?

바버는 하나님이 행위를 기적적으로 공로가 되게 하신다는 개념을 젊은 부자 이야기(마 19:16-30)에서 이끌어낸다. 나는 "영생"(19:16), "온전함"(19:21), "하늘의 보화"(19:21), 천국에 들어감(19:23), 구원을 얻음(19:25) 등이 이 비유 이야기 안에서 서로 동일한 실재를 가리킨다고 생각한다. 하나님이 행하실 수 있는 불가능한 일이란 바로 어떤 사람의 마음을 변화시켜 그로 하여금 부(富)에 집착하지 않고 예수의 제자가 되게 하는 것이다. 나는 하나님이 행하실 수 있는 불가능한 일이 우리의 행위를 공로가 되게 하신다는 증거를 그 어디에서도 발견하지 못하겠다. 젊은 부자는 십계명을 모두 다 지켰을는지 모르지만, 그가 예수의 제자가 되지 않았다면 그 모든 것은 아무런 소용이 없었을 것이다. 예수는 이 모든 문제의 관건이 바로 구원이라는 사실을 분명히 천명하신다(19:25). 이 비유 이야기는 우리의 부족한 행위가 어떤 방식으로든 공로로 간주될 수 있다는 것을 가르치지 않는다. 오히려 이 이야기는 구원이 하나님의 기적적인 사역임을 가르쳐준다.

신학적인 관점에서 본 공로의 문제점

어쩌면 바버와 나 사이의 의견 차이는 결국 의미론적인 문제일 수 있다. 왜냐하면 개신교 신자들과 가톨릭 신자들은 모두 행위가 영생에 필수적이라고 믿기 때문이다.[56] 가톨릭 신자들은 하나님은 우리의 공로를 높이 사시므로, 비록 우리의 행위가 하나님의 온전한 기준에 미치지 못한다 할지라도 우리의 행위를 공로로 간주하신다고 주장한다.[57] 과연 이것은 하나님께서는 우리에게 영생을 상으로 주신다고 말하는 것과 그렇게 다른 것일까? 아무리 회심 이후에 행하는 우리의 행위가 그렇게 온전하지 못하다고 하더라도 말이다.

어떤 면에서 우리는 개신교 신자들과 가톨릭 신자들이 그리 서로 다르지 않다고 말할 수 있다. 왜냐하면 양쪽 모두 상이 하나님의 은혜로부터 나온다고 믿기 때문이다. 우리는 가톨릭 신자들과 개신교 신자들이 모

56_ 나는 일부 개신교 신자들이 이 문제와 관련하여 내 견해에 동의하지 않는다는 것을 알고 있다. 나는 본 논평의 취지를 감안하여 매 진술마다 부연설명을 달지 않을 것이다.

57_ *Catechism of the Catholic Church* (New York: Doubleday, 2003), 2006-2011번(pp. 541-542). 여기서 나는 먼저 문단의 번호를 제시한 후 내가 사용한 책의 쪽 번호를 제시한다.

두 하나님의 은혜를 긍정하기 때문에 양측 사이에 확실히 공통분모가 존재한다는 사실을 이미 확인한 바 있다. 하지만 여전히 악마는 디테일 안에 있다. 아니 어쩌면 공로나 상과 같은 단어가 지니고 있는 의미는 보다 더 포괄적인 신학적 맥락에서 찾아야 한다고 말하는 것이 더 나을 것이다. 가톨릭신학에서 공로는 성례가 구원에 있어 결정적인 역할을 담당하는 체계의 일환이다. 그 결과 칭의는 우리가 전형적으로 개신교신학에서 발견하는 것과는 상당히 다르게 정의된다. 예를 들어 가톨릭신학은 칭의가 한 사람의 인생 전체에 걸쳐 지속되는 과정이라고 가르치는 반면,[58] 개신교신학은 일반적으로 칭의가 변혁적인 개념이 아닌 법정적 개념이라고 주장한다.

따라서 공로에 대한 각 진영의 이해는 칭의에 대한 각 진영의 이해와 밀접하게 연계되어 있다. 가톨릭신학 체계에서 칭의는 하나의 과정이며, 행위는 한 사람이 새로워지는 데 중요한 역할을 담당한다. 칭의가 법정적 개념이라는 견해를 변증할 시간이나 지면이 없지만, 최후의 상 혹은 바버가 공로라고 부르는 것에 대한 각 진영의 개념은 칭의의 본질에 대한 의견 일치가 이루어지지 않는 한 근본적으로 서로 다르게 해석될 수밖에 없다.

개신교 신자들은 구원은 하나님의 선물이며, 따라서 하나님은 경건하지 아니한 자를 의롭게 여기신다는 것을 강조한다(롬 4:2-5). 그 결과 신자들은 최종적 구원을 확신할 수 있다. 왜냐하면 칭의는 행위에 기초한 것이 아니라 믿음에 달려 있기 때문이다(요 20:30-31; 요일 5:12-13). 그러나 가톨릭신학은 특별 계시 없이도 최종적 구원을 확신할 수 있다는 입장을 거부하고, 의롭다 함을 받은 자들도 칭의를 잃어버릴 수 있고 마지막 날에 멸망당할 수 있다고 가르친다. 개혁교회 신자들은 (하나님의 최종 판결이

58_ *Catechism of the Catholic Church*, 1989번, 1995번(pp. 536-537).

사전에 그들에게 미리 선언되기 때문에) 현재 의롭다 함을 받은 자들은 마지막 날에 확실히 구원을 받을 것이라고 믿는다(롬 5:9). 이런 배경에 비추어 볼 때 공로와 상에 대한 가톨릭의 이해는 개혁교회의 이해와는 큰 차이를 나타낸다.

물론 가톨릭 신자들과 개신교 신자들 간의 이견은 종교개혁까지 거슬러 올라갈 정도로 오랜 역사를 갖고 있다. 종교개혁자들(루터, 츠빙글리, 칼뱅)은 택정에 있어서 하나님의 실효적 은혜(effective grace)를 믿었다. 물론 이러한 견해는 아우구스티누스까지 거슬러 올라갈 뿐만 아니라 아퀴나스에도 그 뿌리를 두고 있다. 우리는 여기서 인간의 의지의 속박이냐 자유냐를 놓고 루터와 에라스무스 사이에 벌어진 유명한 논쟁을 떠올리게 된다.

가톨릭신학과 개혁신학 간의 괴리감은 인간의 자유에 대한 각 진영의 이해에서도 여실히 드러난다. 오늘날 가톨릭신학은 분명히 인간의 자유에 대한 자유의지론적인 견해, 즉 루터에 대항하며 에라스무스가 옹호한 견해를 지지한다.[59] 사실 다수의 초기 교부들은 이와 동일한 견해를 견지했으며, 이러한 견해는 개신교신학 안에서도, 특히 아르미니우스주의자들 가운데에서도 그 옹호자들을 찾아볼 수 있다. 가톨릭신학은 하나님의 은혜가 실효적이라는 사실에 이의를 제기한다. 다시 말하면 은혜는 궁극적으로 자유 의지에 달려 있다는 것이다.[60] 공로는 은혜의 결과이긴 하지만, 그 주어진 은혜는 거부될 수 있고, 따라서 공로를 쌓은 이들은 궁극적

59_ 트리엔트 공의회(6차회기, 1장)는 자유 의지의 지속적인 힘을 단언하는데, 여기서 자유 의지는 철 학적으로 자유의지론적인 자유를 의미한다. 법규 17은 종교개혁자들의 예정 교리를 거부한다. 또 한 인간의 자유 의지에 궁극적인 지위를 부여하는 *Catechism of the Catholic Church*, 1993번(p. 537)도 참조하라.

60_ 오늘날 많은 개신교 신자들도 이러한 판단에 동의하겠지만, 아르미니우스신학에서는 선택할 수 있는 자유 의지는 전형적으로 선행적 은혜로 본다.

으로 자신들의 자유 의지 때문에 그렇게 된다는 것이다.[61] "우리는 성령의 감동과 사랑의 감동을 받아 우리 자신과 다른 이들이 성화되고, 은혜와 사랑으로 충만해지고, 영생을 얻는 데에 필요한 은혜를 받을 **공로를 얻을 수 있게 된다**."[62]

나는 종교개혁 당시 교회를 분열시킨 주요 이슈 가운데 하나가 바로 은혜 신학이었다고 제안하고 싶다. 다시 말하면 가톨릭신학은 반(半)펠라기우스주의였다면, 권위 있는 종교개혁자들의 신학은 아우구스티누스주의였다. 여기서 이 문제를 심도 있게 다루기에는 시간과 지면이 부족하지만, 단순히 개신교 신자들과 가톨릭 신자들이 모두 은혜를 믿는다고 말하는 것은 지나치게 단순한 사고임을 인정해야 한다. 루터가 『의지의 속박』(*The Bondage of the Will*)을 쓴 것도 칭의에 대한 그의 견해가 하나님의 선택 및 실효적 은혜에 대한 그의 견해와 연계되어 있었기 때문이다. 그런 의미에서 로마서 11:5-6은 매우 중요하다. 구원은 전부 은혜로 주어진다. 왜냐하면 하나님은 누가 구원을 받을 것인지를 실효적으로 결정하시기 때문이다. 물론 가톨릭 신자들도 하나님의 은혜를 믿지만, 궁극적으로 그들에게는 은혜가 인간의 의지로 거부될 수 있다. 가톨릭교회는 칭의의 은혜는 상실될 수 있다고 가르친다.[63] 종교개혁자들은 이러한 은혜 개념을 강하게 거부했다.

독자들은 내가 바버가 쓴 논문에서 너무 멀리 벗어났다고 생각할 수

61_ "하나님의 아버지 같은 행동은 먼저 그분의 주도 하에 이루어지며, 그분의 협력을 통해 인간의 자유로운 행동으로 이어지므로 선한 행위의 공로는 우선 하나님의 은혜에 귀속되고, 이차적으로 신실한 이들에게 귀속된다(*Catechism of the Catholic Church*, 2008번 [p. 541]).

62_ *Catechism of Catholic Church*, 2010번(p. 542). 강조는 원저자의 것임.

63_ 트리엔트 공의회, 6차회기, 15장, *Catechism of the Catholic Church*(162번, p. 50)는 믿음에 관해 다음과 같이 말한다. "믿음은 하나님이 인간에게 전적으로 값없이 주시는 선물이다. 우리는 이 정말로 소중한 선물을 잃어버릴 수 있다."

있다! 하지만 내가 말하고자 요점은 바로 이것이다. 즉 가톨릭교회가 말하는 공로 개념은 인간의 선택이 구원에서 가장 중요하며, 칭의는 하나의 과정이며, 회심 때 주어지는 구원은 상실될 수 있다고 말할 때 서로 상당히 다른 색채를 띤다는 것이다. 가톨릭 체계에서 **공로**라는 용어는 구원에 무언가를 기여하는 지위를 얻는데, 이것은 나의 성서 이해에 따르면 성서의 전체적인 증언과 결코 조화될 수 없다. 다시 말하면 우리는 개신교 교리와 대립 관계에 있는 가톨릭교회 교리의 전반적인 맥락 안에서만 이 공로 개념의 의미를 이해할 수 있다.

결론

바버와 나는 선한 행위가 구원에 필수적이라는 사실에는 동의하지만, 결국 이 말이 의미하는 바에 있어서는 완전히 다른 이해를 갖고 있다. 바버는 가톨릭 신자로서 선한 행위를 구원을 위한 어떠한 인간적 공헌으로 보며, 따라서 선한 행위가 칭의에 결정적인 역할을 한다고 생각한다. 나는 개신교 신자로서 칭의는 오직 은혜로, 오직 믿음을 통해, 그리고 오직 그리스도 안에서만 이루어진다고 주장한다. 참된 믿음은 언제나 사랑을 유발한다(갈 5:6). 선한 행위는 믿음의 열매이며, 믿음의 진정성에 대한 필수적 증거이지만, 구원 혹은 칭의의 기초는 아니다. 이는 죄 사함과 칭의는 오직 십자가상에서 죽으시고 부활하신 구주 예수 그리스도를 통해서만 우리에게 주어지기 때문이다.

논평

제임스 D. G. 던

동의하는 부분

은혜는 근본적이다

나는 마이클 바버가 제시한 "가톨릭 관점"에서 온기를 느꼈다. 그의 관점은 교회 연합적(ecumenical)이며 로마 가톨릭교회와 개신교가 각각 선포하는 복음과 성서적 가르침에 의혹을 제기하고 상호 존중을 가로막아온 두 진영 간의 "막힌 담"을 실질적으로 허문다. 은혜는 두 체계 모두에게 있어 근본적인 요소이며, 심지어 (바버가 도발적으로 제안하듯이) 가톨릭교회의 가르침 안에서 더 근본적인 역할을 한다.[64]

예수는 유대교 구원론에 가깝다

그의 견해는 또한 성서적이다. 그동안 구약성서와 초기 유대교의 구원론을 너무 자주 "행위에 의한 의" 또는 "신인 협력설"로 간주하며 일축해왔

64_"가톨릭교회의 가르침은 언제나 은혜로 구원받는다고 주장했다. 이 점에 있어서는 가톨릭교회와 개신교가 서로 의견을 같이한다"(254쪽). "만약 가톨릭교회의 이해가 잘못되었다면, 그것은 우리가 개신교 신자들이 믿고 있는 것보다 하나님이 은혜를 통해 신자들 안에서 더 많은 일을 행하실 수 있다고 믿기 때문일 것이다"(275쪽).

던 개신교의 입장은 분명히 적어도 오해의 소지가 있음이 판명 났다. 왜냐하면 이제는 구약성서와 유대교의 구원론이 상에 대한 예수의 가르침과 상당히 일치한다는 사실이 드러났기 때문이다. 신약성서 저자들도 구약성서와 초기 유대교의 가르침과 크게 다르지 않은, 일종의 "언약적 율법주의"를 견지한다는 나의 주장은 바버의 견해에 힘을 실어준다.

그러나 어쩌면 바버의 글에서 가장 중요한 점은 바버가 칭의 및 심판에 대한 법적 유비와 그리스도와의 연합 사상이 서로 어떻게 효율적으로 융합될 수 있는지를 과감하게 보여주려고 한다는 점일 것이다.[65] 비록 우리가 "공로"와 같은 용어를 사용한다는 점에 대해 어느 정도 불만을 느낄 수는 있지만,[66] 예수 자신도 "상"이라는 개념을 기꺼이 사용하셨다는 점을 고려하다면 개신교의 과민반응을 잠재우는 데 많은 도움이 될 것이다.

예수의 가르침에 대한 구체적인 논평

이 책의 핵심 이슈는 이신칭의에 관한 바울의 가르침이다. 그런데 마이클 바버는 주로 사복음서에 중점을 둔다. 물론 나는 이 부분에 대해 큰 불만은 없지만, 논쟁의 핵심을 놓칠 우려가 있다. 물론 예수의 가르침을 충분히 고려하는 것은 대단히 중요하다. 그런데 어떤 학자의 주장을 들어보면

65_"우리는 그리스도께서 '우리의 의[의로움]'(고전 1:30)이시기 때문에 우리는 '칭의', 즉 의롭다고 선언되거나 의롭게 된다"(252쪽). 구원은 단순히 죄로부터 해방되는 것 그 이상의 의미를 담고 있다는 사실을 기억하는 것은 매우 중요하다. 구원은 그리스도에게 온전히 속하는 것을 의미한다(273쪽).

66_"따라서 그리스도께서 공로적 행위를 행하는 능력을 소유하고 계시므로, 그분은 자기와 함께 공로적 행위를 행할 수 있는 능력을 신자들에게도 부여하신다. 다시 말하면, 구원이 진정으로 그리스도 중심적이라면—즉 그리스도의 형상을 본받는 것을 의미한다면—구원은 반드시 우리가 그리스도 안에서 공로적 행위를 행하는 능력을 갖는 것을 의미한다. 선한 행위는 단순히 구원의 열매가 아니라 구원의 본질의 일환이다. 이것이 없으면 우리는 진정으로 '그리스도를 본받는' 자가 아니다"(276쪽).

마치 (진정한) 복음은 오직 예수의 죽음과 부활을 기점으로 시작된 것처럼 생각하는 경향이 있다. 다시 말하면 예수의 가르침 자체는 (아직 기독교) 복음이 아니며, 그의 가르침의 "유대적인 성향"은 아무런 거리낌 없이 그냥 지나쳐도 된다는 인식이 깔려 있다는 것이다. 하지만 이 부분에서, 예수의 가르침이 아직 십자가의 수난을 당하지 않았다는 이유로 마치 불완전한 것인 양, "역사적 예수" 대(對) "신앙의 그리스도"라는 이분법을 다시 들고 나오는 것은 매우 어리석은 일이 아닐 수 없다.

그리고 우리가 어찌했든지 간에 "사복음서"의 형태로 보존된 예수의 가르침을 진지하게 고려한다면 바버가 중점적으로 다룬 여러 가지 부분을 외면하기란 정말로 쉽지 않다. 나 역시 유뱅크의 논문, 특히 포도원 품꾼들의 비유(마 20:1-16)에 관한 그의 논의에 깊은 인상을 받았다. 이 비유에 담긴 여러 주요 요소는 지금까지 너무 자주 간과되어 왔으며, 때로는 이 비유를 순전한 은혜에 대한 가르침으로 해석하려는 경향 때문에 그냥 묵살되기도 한다. 어쨌든 마지막 한 시간만 일한 품꾼들(그들에게 왜 이른 시간에 일이 주어지지 않았는지는 밝혀지지 않는다)은 관대한—물론 우리는 "은혜로운"이라고 말하겠지만—대접을 받는다. 그러나 하루 종일 일한 품꾼들도 고용될 때 합의된 삯, 즉 그들이 번 임금을 지불받는다. 이 비유 안에는 그 삯에 대한 품꾼들의 권리를 거부하는 내용이 전혀 없다. 또한 만약 이 비유가 확실히 천국 비유, 즉 천국의 가치 및 왕과 그의 신하들 간의 관계를 나타내는 비유라면, 여기서 "극도로 과분한 은혜"(모든 품꾼이 일한 것과 전적으로 무관한 임금 지불)라는 점이 더 크게 부각되지 않았다는 사실은 매우 의미심장하다.

나는 유뱅크의 논문을 읽으면서 "나는 의인을 부르러 온 것이 아니요 죄인을 부르러 왔노라"(막 2:17)라는 예수의 말씀에서 "의롭다는 것"이 마치 비난의 용어인 양, 이 말씀을 "의인"을 거부하는 의미로 받아들여져서는 안 된다는 사실을 깨닫게 되었다. 이 예수의 말씀에서 우리가 더 쉽게 유추할 수 있는 것은 은혜의 촉구의 목소리를 들어야 했던 이가 바로 죄인들이었으며 의인들은 그 목소리를 들을 필요가 없었다는 사실이다. 그들은 "의로운 자들"이었다! 이와 마찬가지로 예수가 불평하는 자들에게 "세리들과 창녀들이 너희보다 먼저 하나님의 나라에 들어가리라"(마 21:31)라고 단언하시면서 또 다른 비유 하나로 말씀을 마무리하셨을 때, 분명히 그는 불평하는 자들에게 천국을 거부하신 것이 아니다. 오히려 그는 죄인들은 은혜에서 제외되었다는 종교적 사상이 만들어놓은 경계를 허무신 것일 뿐, 종교인들을 제외시키는 담을 세우신 것이 아니었다.

이와 동일한 교훈이 탕자의 비유(눅 15:11-32)에서도 드러난다. 나는 큰 아들의 불평에 대한 아버지의 반응에 대해 항상 어느 정도 당혹스러움을 감출 수 없었다. "얘, 너는 항상 나와 함께 있으니, 내 것이 다 네 것이로되"(눅 15:31). 과연 예수는 단순히 극적인 효과를 내기 위해 이 장면을 포함시키신 것일까? 과연 우리는 이미 잘 알려진 이 이야기의 또 다른 제목인 "탕자들의 비유"가 예수의 의도를 더 잘 드러낸다고 보아야 할까? 아니면 아버지의 반응을 오히려 큰 아들을 인정하고 아버지와 그의 지속적인 친밀한 관계를 암시하는 것으로 보아야 할까? 물론 아버지가 작은 아들에 대한 큰 아들의 정당한 비난 때문에 괴로워하는 것은 사실이지만, 이 사실이 큰 아들과 아버지의 관계에 과연 얼마나 큰 영향을 미쳤을까? 그리고 만약 이 비유가 "죄인들"에 대한 의로운 바리새인들의 비난을 반영한다면 이 비유도 방금 내가 마가복음 2:17로부터 유추해낸 것과 동일한 요점을 제시하고 있지 않는가? 만일 의인들이 죄인들을 거부하는 것이 하나님께 대한 모욕으로서 정죄를 받아야 한다면, 스스로 구원에 이르는 길을 막는 다른 이들의 신앙이나 실천을 강하게 비난하는 수많은 그리스도인들은, 비록 은혜가 죄인들에게까지도 주어지지만, 의인들을 배제하지 않는다는 사실에 안도의 한숨을 쉬어야 할 것이다.

우려가 되는 부분

나는 바버의 논문을 읽으면서 마음속에 몇 가지 우려할 만한 생각이 떠올랐다. 물론 그가 "의인의 행위는 단지 믿음의 열매일 뿐, 그들의 구원을 결정지을 근거가 아니라고 주장"하는 이들보다 단지 "한 걸음" 더 나아간 위치에 나를 세운 것(257쪽)에 대해 내가 다소 놀란 것을 제외하고는 말이다.

각기 다른 저자가 쓴 본문을 혼합하는 것은 피해야 한다

바버는 공관복음, 요한복음, 바울 서신, 야고보서, 요한계시록 등의 본문을 서로 혼합하는 경향이 있다. 물론 그의 경우는 대부분 정당화될 수 있는 것들이었다. 하지만 신약성서의 개별 저자나 또는 때때로 각 개별 문서가 지닌 독특한 강조점을 거의 고려하지 않은 채 어떤 주제에 대한 "신약성서의 가르침"을 마구 유추해내는 것은 삼갈 필요가 있다. 그동안 학계에서는 바울 서신이나 신약성서에서 독특한 부분이나 은유 또는 논지를 하나 이끌어낸 후, 그것을 가장 대표적인 모델로 삼고 나머지는 모두 그 속에 어떻게든 집어넣은 다음, 쉽게 맞춰지지 않는 부분이나 모서리는 마구 잘라 내거나 무시해버리는 경향이 난무해왔다. 그런데 이것이 바로 그토록 바울신학을 어떻게 해서든지 재구성해보려는 수많은 시도가 남긴 폐해임을 알아야 한다.

믿음은 신실함과 동일한 것이 아니다

바버의 논문이 받아야 할 또 다른 비판은 야고보서에 나타난 칭의에 관한 그의 논의다(271쪽). 그는 야고보서 저자가 2:14-26에서 이 주제에 대한 바울의 가르침에 대응하고 있다는 점을 인정할 필요가 있다. 즉 야고보서 2:14-26과 로마서 3:27-4:22 사이에서 발견되는 유사성이 단지 우연으로 보기에는 너무나 강하다는 것이다. 여기에는 야고보가 당시 유대교 안에서 유행했던 창세기 15:6에 대한 해석을 반향하고 있었음을 인정하는 것도 포함된다. 이러한 해석은, 마카베오1서 2:52을 통해서도 증명되었듯이, 바울이 로마서 4:1-12에서 이의를 제기한 것이기도 하다. 바울은 믿음(faith)을 신실함(faithfulness)으로 이해하는 것에 실제적으로 반기를 든 것이다. 물론 바울도 참된 믿음은 신실함으로 나타난다—"사랑으로써 역사하는 믿음"(갈 5:6)—고 본다는 바버의 주장은 옳다. 그러나 믿음이 단순히 신실함으로 귀착된다면 바울이 말하고자 하는 바는 상실되고 만다. 바울에게 믿음이란—그가 창세기 15:6을 해설하면서 주장했듯이—신뢰 그 이상도 이하도 아니다. 즉 "아브라함이 하나님을 믿었다"는 것은 다른 모든 상황이 그에게 불가능하다고 말할 때 그가 하나님의 약속의 말씀을 신뢰했다는 것 그 이상도 이하도 아니라는 것을 의미한다(롬 4:18-21).

믿음은 인간의 행위가 아니다

나는 바버가 믿음은 "여전히 신자에 의해 행해진 행위"(273쪽)라고 주장할 때 다소 마음이 불편해진다. 믿는다는 것(부정 과거)은, 믿음의 결단과 더불어, 분명히 하나의 행위임엔 틀림없다. 하지만 바울은 아브라함의 믿음을 그가 할례를 받은 것이나 (암시된 것처럼) 그가 이삭을 바치고자 한 것과 같은 그의 후속 행동과 대조시키면서 믿음이 인간의 행함과 구별되지 않는 한, 믿음은 하나님과 신자의 관계의 기초로 오해될 수밖에 없다는 사실을 지적한다. "믿음을 통한 은혜"로 요약되는 바울의 구원론은 구원에 이르게 하는 믿음을 근본적으로 구원에 이르게 하는 은혜를 받아들이는 것으로 이해한다. 아무튼 믿음은 순종으로 나타난다는 사실("믿음의 순종")은 바울이 로마서 4:1-12에서 전개하는 논증이 아브라함의 믿음이 할례를 받을 때 나타났고, 또 믿음의 반응이 없이는 그 믿음은 참된 믿음이 아닌 죽은 믿음이었다는 반론(약 2:17-18, 24, 26)에 부딪칠 여지가 있었음을 의미한다. 그럼에도 바울은 믿음 그 자체가 하나님을 신뢰하는 것과 전혀 다르지 않다는 사실을 강조하는 것이 중요하다고 생각했다.

세례는 믿음 없이 일어나지 않는다

세례에 관한 바버의 주해 역시 나의 마음을 다소 불편하게 만든다. 그는 세례를 믿음과 연관시켜 설명하지 않음으로써 세례가 '엑스 오페레 오페라토'(사효적으로) 작용한다는 암시를 준다는 점에서(278-279쪽) 개신교 신자들의 의혹을 부추긴다. 그러나 믿음은 신약성서 본문에 나타난 회심-입회 사건과 직결되어 있기 때문에 믿음을 생략한다는 것은 또 다시 믿음의 근본적인 성격을 하나님과 인간 사이에서 인간 편으로 기울게 할 우려가 있다. 그리고 그리스도인의 삶의 시작을 알리는 것도 역시 믿음이다. 물론 유아세례가 "값없이 주시는 구원을 가장 심오하게 드러[내는]" 것도 사실이지만(279쪽), 믿음을 유아세례 의식을 통해 표현하는 것도 여전히 중요하다. 바버가 "이제 너희를 구원하는…세례라"고 말하는 베드로전서 3:12을 인용하면서 인용문을 거기서 끝마치고 "이제 너희를 구원하는…세례라. 이는…하나님을 향한 선한 양심의[또는 '선한 양심에서 나오는'] 간구니라"를 생략한 것은 상당히 중요한 의미가 있다. 그렇지 않은가?

여기에는 교회 연합을 위한 대화에서 매우 중요하게 생각하는 내용이 들어 있다. 즉 모든 그리스도인들을 서로 하나로 묶을 수 있는 공통점이 있다면 그것은 바로 그리스도에 대한 믿음 또는 그리스도를 통한 하나님에 대한 믿음이다. 그리고 그 믿음에 "율법의 행위"뿐만 아니라 전통 의식, 신조 등과 같이 그 어떤 것이라도 더하는 것은 결국 복음을 실질적으로 훼손시킨다. 이것이 바로 바울이 우리에게 가르쳐준 가장 중요한 교훈 중 하나였으며(갈 2:16), 이것을 망각한다면 그 손해는 다 우리에게로 돌아올 것이다.

요약

요약하자면, 마이클 바버는 오래전부터 서로 견고하게 방어태세만을 취해온 두 입장(솔직히 말하면 개신교 진영이 더 견고한 방어태세를 취함) 간에 성과 있는 대화가 이제는 실제로 가능하며, 성서의 가르침에 대한 공통된 이해를 통해 더욱더 큰 성과를 이루어낼 수 있다는 것을 보여준다. 그러므로 잘못된 오해와 잘못된 해석을 삭제해내고, 지나치게 과장된 상반된 개념을 바로 잡는 과정에서 우리는 특히 예수와 바울이 강조할 수밖에 없었던 여러 가지 독특성과 강조점을 절대로 잊어버려서는 안 된다.

은혜로 얻는 구원과 행위에 따른 심판의 문제

앨런 P. 스탠리

이 책을 처음 읽기 시작하면서 당신은 어떤 기대를 했는가? 어쩌면 당신은 최후의 심판에서의 행위의 역할에 대해 이미 어떤 견해를 갖고 있었고, 어떤 학자가 당신의 견해를 지지하는지 알고 싶었을지도 모른다. 또 어쩌면 당신은 아직 어떠한 견해도 갖고 있지 않았기에 단지 이 이슈에 대해 더 깊이 알고 싶었을 수도 있다. 또 어쩌면 당신은 이 이슈에 관해 이렇게 다양한 견해가 있다는 사실조차 미처 몰랐을 수 있다. 어느 경우에 해당되든지 간에 우리는 으레 이러한 책을 모든 질문에 대한 답을 다 제시해줄 것을 기대하면서 읽는다. 그런데 그렇게만 된다면 얼마나 좋을까? 하지만 이 책의 취지가 네 가지 견해를 제시하는 데 있다는 것을 감안하면, 이 책을 읽고 오히려 우리에게 훨씬 더 많은 질문이 생겼다고 해도 전혀 놀랄 만한 일은 아니다. 하지만 이 책이 목적한 바가 제대로 달성된다면 나는 우리의 질문들이 이제는 훨씬 더 분명한 초점과 방향을 잡게 될 것이라고 생각한다. 이제 우리는 적어도 치열한 전투가 벌어져야 할 곳이 어디인지를 볼 수 있게 되었다고 생각한다.

지금까지 집필된 내용을 되돌아보면 우리는 최후의 심판에서 행위가 담당할 역할을 마치 수많은 조각으로 가득 차 있는 직소퍼즐 상자처럼 생각할 수 있다. 단 한 가지 차이점은 모든 조각이 완성된 그림이 퍼즐 상자 앞면에 없다는 것이다. 하지만 네 명의 기고자에게는 대충 조각을 맞출 수 있는 동일한 숫자의 조각이 담긴 동일한 상자—성서, 특히 신약성서—가 이미 주어졌다. 그리고 물론 각 기고자는 그 조각들을 이미 아주 다양하게 조합했다.

그런데 흥미롭게도 조각들을 서로 짜 맞추는 방식은 상당히 비슷했다. 즉 각 기고자가 최후의 심판 이전의 행위의 역할을 먼저 검토하지 않고 최후의 심판에서의 행위의 역할을 검토하는 것은 불가능했다는 것이다. 다시 말하면 이 퍼즐의 조각들은 현세의 삶 이후에 일어날 심판에 관해 언급하는 본문들에 국한되지 않는다는 것이다. 그리스도인에게, 아니 더 정확히 말하자면 모든 인간에게, 그때에 일어날 일은 우리가 지금 살고 있는 이 세상의 삶과 불가분의 관계에 있다. 따라서 이 사실은 모든 기고자가 행위와 은혜와 믿음과 구원 간의 관계에 대해 상당히 긴 글을 집필하게끔 만들었다.

그렇다면 최후의 심판에서 이루어질 행위의 정확한 역할은 무엇일까? 로버트 윌킨, 토머스 슈라이너, 제임스 던, 마이클 바버는 이 퍼즐의 조각들을 각각 어떻게 조합했을까? 그들이 내놓은 네 가지 그림은 어떤 모양일까?

로버트 윌킨: 흑과 백—신자들은 최후의 심판대 앞에 서지 않을 것이다

우리는 윌킨이 최종적으로 제시한 그림을 흑과 백으로 묘사할 수 있다. 즉 분명하게 드러난 회색 지대가 없다. **흑**: 신약성서는 사람이 예수 그리스도를 한 번 믿으면 그 사람은 단번에 구원 받는다(또는 영생을 얻는다)고 거듭거듭 가르친다. **백**: 최후의 심판이 사람들이 어디서 영원을 보낼지를 결정짓기 때문에, 그리고 그리스도인에게는 이 질문에 대한 답이 그가 믿을 때에 이미 주어졌기 때문에, 신자들은 심지어 최후의 심판대 앞에 설 필요조차 없다.

하지만 그 상자 안에는 신자들 역시 행위에 따라 심판을 받는다고 말하는 "조각들"도 들어 있다. 그렇다면 이 조각들은 어디에 들어가야 할까? 신자들도 자신들이 행한 행위에 따라 심판을 받지만, 최후의 심판(크고 흰 보좌 심판)에서는 결코 아니라는 것이다. 신자들은 오히려 그리스도의 심판대 앞에서 심판을 받게 될 것이다. 오직 그리스도인들만 이 심판대 앞에 서게 될 것이며, 따라서 이 심판에서 결판나는 것은 영원한 구원이 아니라 영원한 상이다. 따라서 선을 행하며 신실하게 인내한 그리스도인들은 상을 받을 것이지만, 신실하지 못한 그리스도인들은 구원은 받긴 받지만, 상은 받지 못할 것이다. 예를 들어 자신에게 주어진 돈을 장사하지 않고 그대로 갖고 있었던 종은 자신의 불성실함에도 불구하고 여전히 "종"으로 남아 있다(눅 19:11-27). 그가 잃어버리는 것은 그에게 할당된 천국의 자리가 아니라 천국에서 맡게 될 그의 **역할**이다. 그는 어느 고을도 다스릴 권세를 얻지 못한다.

여기서 핵심 포인트는 윌킨의 퍼즐 맞추기에서는 천국에 들어가거나 영생을 얻는 것이 천국 또는 영생을 **상속받는** 것과 같지 않다는 것이다. 예수 그리스도를 믿는 자라면 누구나 천국에 들어가고 또 영생을 얻지만, 오직 끝까지 인내하는 자만이 실제로 천국과 영생을 상속받는다. 따라서 바울이 육체를 위하여 심는 자는 육체로부터 썩어질 것을 거두고, 성령을 위하여 심는 자는 성령으로부터 영생을 거둘 것(갈 6:8)이라는 약속을 할 때, 그는 구원받지 못할 자와 구원받을 자를 서로 대비시키고 있는 것이 아니다. 오히려 그는 장차 그리스도와 함께 다스리는 축복을 누리지 못할 자들과 대비시키고 있는 것이다. 이 두 그룹은 모두 영생을 **소유하고** 있지만,

오직 선을 행하되 낙심하지 않는 자들만이 영생을 "거둘" 것이다(갈 6:9).

따라서 윌킨이 제시한 최종 그림에서는 다양한 조각에 담긴 여러 색상이 서로 섞이지 않는다. 기본적으로 단 두 색상만 존재한다. 영생/구원은 값없이 주어지는 선물인 반면, 상은 인내/행위에 기초하여 주어지기도 하고 주어지지 않기도 한다. 만일 우리가 이 퍼즐의 조각들을 염두에 둔다면 우리는 어떤 왜곡된 그림이 만들어지는 것은 피하게 될 것이다. 따라서 아주 단순하게 말해서, 믿음을 통해 은혜로 얻는 구원과 잘 조화를 이루지 못하는 성서 본문(예. 갈 6:7-9; 골 1:21-23)은 신자가 받을 영원한 구원과 전혀 무관하다고 보면 틀림없다. "우리는 최후의 심판대 앞에 섰을 때 비로소 내가 구원을 받은 적이 없다는 사실을 깨닫게 될까봐 내심 두려워할 필요가 없다. 오히려 우리는 예수가 자신을 믿는 자는 '영생을 얻었고…심판에 이르지 않고…'(요 5:24)라고 하신 약속을 믿는다. 우리는 이 보장된 구원으로 인해 기뻐한다. 최후의 심판을 두려워하며 살지 말자. 신자들은 결코 거기서 심판을 받지 않을 것이다"(77쪽).

토머스 슈라이너: 일관된 조합—최후의 심판에서 행위는 누가 구원을 받는지를 보여준다

슈라이너는 이 퍼즐 조각들의 절반에 관해서만 윌킨과 동의한다. "구원은 행위가 아니라 믿음으로 얻는다"(118쪽). "인간은 자신들이 행한 행위에 기초하여 의롭다 함을 얻거나 구원을 받을 수 없다.…칭의는 행위와 아무런 상관이 없어야 한다"(119쪽). 하지만 슈라이너가 일부 다른 조각을 살펴보기 위해 다른 곳으로 넘어가면 그는 다른 그림이 떠오르는 것을 본다. "바울은 어떤 본문에서는 행위에 의한 칭의를 부인하지만, 또 다른 본문에서는 우리가 행위로 의롭게 된다고 가르친다"(120쪽). 따라서 바울은 "하나님은 '참고 선을 행하여 영광과 존귀와 썩지 아니함을 구하는 자에게는 영생'을 주실 것이다([롬] 2:7)"라고도 말할 수 있다(120쪽). 윌킨의 그림에서는 이 두 조각이 서로 하나로 조합될 수 없지만, 슈라이너는 여기서 하나의 일관된 조합을 본다. 이 두 조각이 서로 자연스럽게 들어맞는 **이유는** 새 언약이 하나님의 영이 그의 백성에게 하나님께 순종할 수 있는 능력을 부어주실 때가 올 것임을 약속했기 **때문이다**. 따라서 예수 그리스도를 믿는 자들에게 "순종은 성령이 행하시는 새 언약의 역사로부터 비롯[되고]", 이렇게 성령의 역사로 비롯된 순종은 영생을 가져다준다(124쪽). 따라서 적어도 바울에게는 "최후의 심판에서 행위가 담당할 역할이 있다.…행위는 최종적 구원에 필수적이다"(124쪽).

그렇다면 슈라이너의 견해에 따르면 최후의 심판에서 행위가 맡은 역할은 무엇일까? 우선 행위는 공로가 아니다. 행위는 최후의 심판에서 구원에 이르게 하는 공로가 아니다. 그럼에도 불구하고 "행위가 영생에 필수적"인 것은 사실이다(127쪽). 하지만 행위는 "하나님과의 올바른 관계를 증명하는 필수적인 증거이자 열매[일 경우에만 그렇다]. 행위는, 비록 불완전하긴 하지만, 어떤 사람이 예수 그리스도를 진정으로 신뢰하고 있는지를 증명해준다"(148쪽). 따라서 행위가 영생을 얻는 데 필수적인 이유는 **오직** 예수 그리스도를 믿는 믿음만이 영생을 얻는 데 필수적이기 때문이다.

따라서 슈라이너가 이 퍼즐을 맞출 때 어느 정도 긴장이 나타나는 것은 사실이지만, 왜곡된 그림을 야기시킬 만한 이유는 전혀 없다. 이에 관해서는 다음과 같은 주장을 염두에 둘 필요가 있다. "마지막 날의 최종 판결은 사실 예수를 신뢰하는 이들에게 미리 앞서 내려진 판결이다"(139쪽). 따라서 "우리가 믿을 때 우리의 것이 된 칭의는 우리의 최종적 영화를 보증하며, 이를 통해 신자들은 자신들이 믿을 때 하나님과 올바른 관계를 맺게 되었다는 사실을 확신하게 된다"(139쪽). 그러나 "구원과 칭의는 오직 믿음으로 얻지만, 이 믿음은 언제나 행위를 유발하는 살아있고 활력이 넘치는 믿음"이다(150쪽). 따라서 이 행위는 최후의 심판 때 증거로 제시될 것이다.

제임스 던: 우리는 모든 조각을 다 갖고 있지 않다—최후의 심판에서의 구원은 어느 정도 행위에 의해 좌우될 것이다

제임스 던의 퍼즐 맞추기는 그리 깔끔하지 않다. 사실 그 안에는 빠진 조각이 여럿 있을 수도 있다. 하지만 그것은 모든 조각이 우리에게 주어지지 않았기 때문이다. 던 자신도 잘 맞아 들어가는 조각을 억지로 만들어 내거나 끼어 맞추려는 시도를 주저한다. 최종 결과가 아주 깔끔해 보이지 않을 수는 있지만, 던의 견해에 따르면, 이것이 성서에 더 충실한 처사다.

던의 특이한 주장은 신약성서 저자들이 조직신학 책을 집필하지 않았다는 것이다. 예를 들면 믿음과 행위에 관한 바울의 가르침은 그가 접했던 다양한 정황과 문제와 상황에서 나왔다는 것이다. 바울은 모든 주제를 총망라하려는 초연한 신학자로서 자신의 편지를 쓰지 않았다. 그는 실제의 삶 속에서 일어나는 이슈들에 대한 답을 찾으려는 선교사/목사로서 자신의 편지를 썼고, 사실은 바로 그 이유 때문에 그의 편지는 이 주제에 관해 우리가 얻고자 하는 답변을 모두 제시해주지 않는다.

따라서 던은 완전하고 일관된 그림을 얻고자 하는 우리의 욕구를 단순히 충족시켜주기 위해 퍼즐 조각들을 어떻게든 끼어 맞추려고 하기보다는 단순히 조각들이 들어갈 만한 곳에 두고 빠진 조각이 있더라도 그대로 남겨 두는 편을 더 선호한다. 그가 제시한 최종 그림을 보면 구원은 "지금 그러나 아직"이라는 실재, 곧 "그리스도인들은 가장 전형적인 의미에서 '구원 받는 (과정에 있는) 자'"라는 사실을 말해주는 하나의 과정이다(129쪽). 하지만 이것은 다음과 같은 질문을 던진다. 이 과정을 시작한 이들은 과연 이 과정을 끝까지 완수할까? 빌립보서 1:6은 이 질문에 긍정적으로 답하는 듯 보인다. "너희 안에서 착한 일을 시작하신 이가 그리스도 예수의 날까지 이루실 줄을 우리는 확신하노라." 그러나 갈라디아서 3:3은 의심의 여지를 남긴다. "너희가 이같이 어리석으냐? 성령으로 시작하였다가 이제는 육체로 마치겠느냐?" 따라서 "구원의 과정과 관련하여 바울의 신학이 우리를 다소 난감하게 만드는 요소는 바로 바울 자신이 그 구원의 과정이 완성되지 못할 수도 있다는 얼마간의 망설임과 우려를 나타낸다는 것이다.…우리를 난감하게 만드는 요소는 바울이 신자들이 배교할 가능성, 즉 끝까지 인내하지 못할 가능성을 **실제적으로** 일어날 수 있는 위험으로 간주했다는 것이다"(130쪽). 곧 이 가능성은 바울이 자기 자신조차도 그렇게 될 수 있다고 믿었다는 것을 의미한다(예컨대 고전 9:27을 보라).

이에 던은 다음과 같이 결론짓는다. "믿음도 또다시 타협하고 순수한 믿음으로부터 멀어질 수 있다는 것과 주님을 향한 헌신과 집념조차도 느슨해지고 크게 약화될 수 있다는 것에 대한 우려가 바울의 목회신학 안에서 큰 부분을 차지하고 있었다.…그 결과로 그들은 그리스도에게서 멀어지고…부활한 생명에 대한 기대를 상실한 삶을 살게 된다"(194쪽). 따라서 바울의 복음은 사실 믿는 이들에게 구원을 약속해줄 수는 있지만, 그 구원은 또한 "적어도 어느 정도는, 회심한 자들의 '믿음의 순종'에 달려 있다(196쪽). 그리고 만약 순종(또는, 우리가 이 용어를 더 선호한다면, 성화)이 구원의 조건이라면 그 조건의 충족 여부는 최후의 심판에 달려 있다는 결론

이 나온다. 만일 우리가 던에게 최후의 심판에서의 구원이 궁극적으로 무엇에 따라, 즉 우리의 행위인지 아니면 그리스도의 행위에 따라 좌우되는지—톰 라이트와 존 파이퍼의 논쟁을 회상하면서—묻는다면, 아마도 그는 "왜 우리가 하나를 선택해야 하나요?"라고 반문할 것이다.

이것은 우리가 좋아하는 깔끔하고 정돈된 그림이 아닐 수 있다. 하지만 던 스스로가 평가하듯이 이 그림은 우리에게 주어진 조각들에 충실한 것이다. 던이 가장 확실하게 관철시키고 싶어 하는 것은 바로 바울이 어떤 특정 문맥에서는 이 퍼즐 조각 하나를 강조하고, 또 다른 문맥에서는 저 퍼즐 조각 하나를 강조한다는 것이다. 즉 독자들에게 확신이 필요할 때에는 그리스도의 사역과 은혜가 강조되고, 또 그들에게 경각심이 필요할 때에는 행위와 심판이 강조된다는 것이다.

마이클 바버: 더 정교한 접근법—최후의 심판에서 행위는 구원을 가져다주는 공로가 될 것이다

바버는 "최후의 심판에서의 선한 행위의 역할에 대한 가톨릭교회의 견해가 하나님의 은혜를 우선시하거나 선한 행위의 역할을 부각시키는 본문들 가운데 그 어느 쪽도 약화시하지 않고 성서의 증언을 총체적으로 설명해준다는 점을 보여주기를 원한다"(248쪽). 이 퍼즐 두 조각이 어떻게 서로 공존할 수 있을까? 이에 대한 답은 구원은 하나님의 은혜로 주어지지만, **또한** 동시에 행위에 따라 주어진다는 것이다. 두 종류의 본문이 이 두 진리를 모두 제시한다. 행위는 신자들이 최후의 심판에서 받게 될 심판의 기준이 될 것이다(예컨대 마 25:31-46을 보라). 아주 단도직입적으로 말하자면, "행위의 존재 여부가 한 사람의 미래의 운명을 결정한다"(257쪽).

그런데 이 퍼즐 조각들이 서로 어떻게 조합될 것인지에 대한 답은 약간 더 복잡하다. 그의 말에 의하면 바버는 "더 정교한 해석"을 채택한다(258쪽). 유대 전승과 성서 자체는 죄를 빚으로 보고, 선한 행위는 (빚) 상환으로 본다. 그렇다면 선한 행위는 구원 또는 영생을 가져다줄 공로가 된다. 따라서 우리는 복음서에서 하늘에 보화를 쌓기 위하여 가난한 자들에게 주라는 예수의 말씀을 발견한다(예. 마 19:21; 눅 12:33). 어쩌면 많은 이들은 여기서 드러나는 그림은 그리스도인들이 영생을 얻기 위해 악한 행위보다 선한 행위의 비중이 더 커야 한다는 것이라고 생각할 것이다. 그러나 바버는 그러한 이해를 경계한다. 왜냐하면 이러한 해석은 이 퍼즐의 다른 조각인 "은혜"를 고려하지 못한 처사이기 때문이다.

하나님의 은혜가 없으면 인간적으로 선한 행위는 물론, 심지어 믿음조차도 불가능하다. 사람들은 자기 소유를 모두 팔아 가난한 자들에게 줄 수 없다. 사람들은 선한 행위를 행할 수 없다. 하지만 하나님의 "은혜는 매우 실효적이어서 심지어 약하고 죄 많은 인간조차도 공로적 행위를 할 수 있도록 이끌 수 있다"(281쪽). 따라서 그리스도와 하나가 되기만 하면 신자는 이전에는 할 수 없었던 것을 할 수 있는 능력을 소유하게 된다. 이전에 불가능했던 것이 이제는 가능해진다. 신자들은 이제 하나님의 은혜로 구원을 가져다줄 행위를 행할 수 있는 능력을 얻는다.

그러나 우리는 바버의 퍼즐 조각 맞추기에서는 구원이 과거, 현재, 미래가 있는 하나의 과정이라는 것을 기억해야 한다. 따라서 행위가 구원에 이르게 하는 공로라고 말하는 것은 행위가 사람을 **회심한 자**로 만든다는 말과는 다른 것이다. 오히려 이 말은 사람은 오직 **이 행위**—사람이 일단 회심하고 나서 은혜의 능력으로 행한 행위—를 통해서만 진실로 그리고 최종적으로 구원을 받는다는 의미다. 따라서 행위가 우리의 구원에 결코 없어서는 안 될 필수적인 역할을 하듯이 최후의 심판에서도 행위는 필수적인 역할을 담당한다. 하지만 이것은 오로지 행위가 신자 안에서 역사하는 하나님의 강력한 은혜의 결과일 뿐이기 때문이다.

우리가 바버의 최종 그림을 들여다볼 때, 특히 개신교 구원론에 더 익숙한 이들에게는 상당히 주의 깊고 사려 깊은 해석이 요구된다. 신자의 행위는 공로로 인정받을 만한 가치가 있지만, 그 이유는 단지 그 행위가 바로 그리스도의 사역의 결과이기 때문이다. "신자의 행위가 공로적 가치가 없다고 주장하는 것은 그리스도의 행위가 공로적 가치가 없다고 주장하는 것과 같다"(275쪽). 따라서 바버가 조합해놓은 퍼즐 그림에서는 모든 영광이 하나님께 돌아간다. 바버에 따르면, 만일 여기에 어떤 취약점이나 오류가 있다면 그것은 가톨릭교회의 관점이 하나님께 너무 많은 공을 돌리고, 그리스도에게는 너무 많은 은혜를 귀속시키기 때문이다.

논의의 초점

은혜의 우선성

이 책이 최후의 심판에서의 행위의 역할에 대한 서로 다른 네 가지 견해를 제시한다는 점에서 볼 때 네 기고자 모두가 은혜 혹은 믿음의 우선성에 동의한다는 사실은 괄목할 만하다. 예를 들어 네 기고자는 모두 에베소서 2:8-9를 강조한다. "너희는 그 은혜에 의하여 믿음으로 말미암아 구원을 받았으니, 이것은 너희에게서 난 것이 아니요 하나님의 선물이라. 행위에서 난 것이 아니니, 이는 누구든지 자랑하지 못하게 함이라."

윌킨: "분명히 예수를 믿는 자는 영생을 얻는다…. 신약성서는 이 점에 대해 한결같이 같은 목소리를 낸다"(44쪽). "신자에게 영생은 선물로 주어[진다]"(50쪽). "구원은 예수 그리스도를 믿는 믿음을 통해 값없이 주어

지는 선물[이다]"(51쪽). "영생을 얻[는] 유일한 조건[은]…그리스도를 믿는 믿음[이다]"(72쪽). "영생을 얻는 데 필요한 유일한 조건은 오직 믿음이다"(73쪽).

슈라이너: "따라서 칭의는 서로 주고받는 선물[이다]"(115쪽). "구원은 행위가 아니라 믿음으로 얻는다"(118쪽). "구원은 하나님의 놀라우신 사랑의 증거로, 그분이 우리에게 주시는 선물이다"(118쪽). "구원과 칭의는 오직 믿음으로 얻[는다]"(150쪽).

던: "우리는 신자가 현재 또는 미래에 전적으로 하나님의 은혜에 의존하는 죄인이 아니고서는 결코 은혜의 보좌로 나아갈 수 없다고 주장할 수 있다. 나아가 우리는 바울과 함께 하나님의 영광과 은혜 없이 오직 우리 자신의 행위만으로는 그분 앞에서 자랑할 만한 것이 아무것도 없다고도 말할 수 있다"(213쪽).

바버: "구원은 우리에게 값없이 주어지는 선물이다. 이것이 성서의 분명한 증언이다"(253쪽). "가톨릭교회의 가르침은 항상 우리는 은혜로 구원받는다고 주장했다"(254쪽). "구원은 먼저 하나님의 은혜로 주어지는 것이지, 행위에 의해 이루어지는 것이 아니[다]"(275쪽). "따라서 가톨릭의 가르침에 따르면, 구원은 궁극적으로 '순전한 은혜'"다(282쪽).

동의하지 않는 부분

물론 여기서 말하는 동의는 여러 측면에서 매우 광범위하다. 예를 들면 구원이 궁극적으로 순전한 은혜라는 바버의 주장에도 불구하고 윌킨은 바버의 "견해는 분명 행위에 의한 의"라고 생각한다(285쪽). 그렇다면 구원은 순전한 은혜인가, 아니면 행위 의인가? 분명히 윌킨과 바버는 순전한 은혜가 정확히 어떤 의미인지를 놓고 견해 차이를 보인다. 따라서 우리는 저자들이 용어를 어떻게 사용하는지 유의할 필요가 있다. 분별력 있는 독자는 문맥에 특별한 관심을 기울일 것이다. 이는 우리가 학자의 글을 읽을 때든 성서를 읽을 때든 마찬가지다.

그러나 이러한 사실은 각자 독자로서 우리에게 주어진 과제가 있다는 것을 의미한다. 여기서 내가 이 책에 기대하는 것이 한 가지가 있다면 그것은 바로 우리가 어떤 견해를 주의 깊게 살펴보지 않은 채 이를 쉽게 배제해서는 안 된다는 사실을 보여주는 것이다. 독자들은 본서와 같은 책을 집어 들면 자신들이 신자로서 이미 기존에 가지고 있던 지식을 가지고 단순히 어떤 한 견해를 자기 것으로 채택하고 나머지 견해는 모두 무시해버리기 쉽다. 하지만 이 네 학자는 각자 우리에게 존중을 받을 만한 자격이 충분히 있다. 당신이 설득 당할지 누가 알겠는가? 나는 개인적으로 어떤 사람의 관점을 비판하기 이전에 먼저 그 사람의 입장에 서서 그 사람의 눈으로 본문을 읽고, 또 왜 그가 그렇게 주장하는지를 파악하려고 노력하는 것이 얼마나 유익한지를 깨달았다. 그렇지 않았다면 나는 지금도 그 사람의 말에 귀 기울이기 이전에 미리 배제해버리려는 유혹을 받을지 모른다. 나는 여기에 기고한 네 학자가 사려 깊은 마음으로 타인의 의견에 어떻게 반응해야 하는지에 대한 아주 좋은 본보기를 우리 모두에게 제시해주었다고 생각한다.

이 네 기고자가 서로 견해 차이를 보이는 주요 부분을 고찰하면서 이제 우리에게 과제로 남겨진 것이 무엇인지를 생각해보는 것도 매우 유익하리라 여겨진다. 아직 여전히 끼어 맞추어야 할 퍼즐 조각들이 남아 있는가? 만약 당신이 이 조각들이 서로 어떻게 맞춰져야 할지 궁금해한다면 나는 이 책에서 꾸준히 제기되고 회피할 수 없었던 중대한 질문 세 가지를 다음과 같이 정리하고자 한다.

세 가지 중대한 질문

구원에 이르게 하는 은혜와 믿음의 본질은 무엇인가? 이 질문은 첫 번째 견해(윌킨)와 그 나머지 세 견해를 서로 갈라놓는 역할을 한다. 윌킨은 믿음을 복음의 진리에 대한 단순한 동의로 정의한다. 윌킨 자신도 다음과 같이 말하는 것으로 보아 이것이 분명히 핵심 논점임을 인정한다. "많은 이들이 예수를 믿는 것과 그의 계명에 순종하는 것 사이에는 필연적인 연관성이 있다는 데 동의할 것이다. 하지만 나는 이에 동의하지 않는다"(61쪽). 슈라이너 역시 이것을 핵심 논점으로 간주한다. "윌킨과 나는 오직 믿음으로 구원을 얻는다는 사실에는 동의하지만, 믿음의 본질 및 믿음과 행위의 관계에 있어서는 서로 의견을 달리한다"(79쪽).

문제는 예수 그리스도를 믿는 믿음과 우리가 받은 은혜가 불가피하게 순종을 유발시키느냐는 것이다. 다시 말하면 믿음과 행위 사이에 실제적이며 직접적인 연관성이 있기 때문에 행위가 믿음이 없이는 제대로 발생할 수 없는 것인가, 아니면 믿음은 순종과 분리되어 있는가? 예를 들면 사람은 예수를 믿지 않고서도 성적 부도덕성을 거부할 수 있는가? 슈라이너와 바버는 모두 "오직 믿음"은 믿음 하나만을 가리키는 것이 아니라고 주장한다. 슈라이너는 예수를 믿는 사람은 또한 예수를 신뢰하고, 따라서 비록 불완전하기는 해도 예수의 명령에 신뢰하는 마음으로 반응할 것이라고 본다. 바버 역시 슈라이너와 마찬가지로 은혜는 실효적이며 예수 그리스도를 믿는 이들을 실제로 변화시키는 능력임을 인정한다. 하지만 윌킨은 구원은 믿음을 통해 은혜로 얻는다고 말하는 것은 구원이 시간의 한 순간, 즉 회심의 순간으로 국한되고 또 국한될 수 있다고 말하는 것과 같으며, 따라서 순종은 별개의 문제라고 생각한다. 이 사실은 우리를 두 번째 질문으로 이끈다.

구원의 본질은 무엇인가? 이 질문 역시 윌킨의 견해와 다른 세 명의 견해를 갈라놓는다. 물론 슈라이너는 윌킨과 던/바버 사이 그 중간 어디엔가 위치하지만 말이다. 여기서 쟁점은 구원이 시간의 어느 한 순간으로 국한되는지(윌킨), 또는 최종 결과가 때로는 위태롭게 될 수도 있는 과정인지(던, 바버), 아니면 시작은 되었고 어쨌든 완성이 보장된 과정인지(슈라이너)의 여부다. 우리가 고민해야 할 점은 현재 구원받은 것과 아직 구원받지 못한 것 사이에 어떤 정당한 긴장이 존재하는지의 여부다. 과연 구원은 회심하는 순간 단번에 우리에게 주어지는 것인가?

윌킨과 슈라이너는 그렇다고 답할 것이며 구원은 취소불가능하다고 주장할 것이다. 그러나 두 학자 간의 일치는 거기까지다. 윌킨은 만일 구원이 취소불가능하다면 이것은 논리적으로 끝까지 인내하지 못해도 영생의 자리가 위협을 받지 않는다는 것을 의미한다고 말할 것이다. 이와는 대조적으로 슈라이너는 인내/행위가 구원과 영생에 필수적이므로 끝까지 인내하는 데 실패하거나 행위가 부재하다면 실제로 참된 회심이 일어났었는지를 의심해야 한다고 말할 것이다. 던도 이와 마찬가지로 "칭의 판결이 이제는 그의 복음을 받아들이고 예수 그리스도를 믿은 이들에게 지금 선언될 수 있다"(187-188쪽)고 말한다. 하지만 그는 칭의가 취소불가능하다고 말할 의양은 전혀 없다(예. "과연 윌킨은 진정으로 사람들이 한 번 믿으면 영원히 믿어서, 최종적으로 그리고 모든 경우에 '영생은 회심 때 결정된다[즉 최종적으로 그리고 취소 불가능하게 결정된다]'고 생각하는 것일까?", 윌킨에 대한 던의 논평, 74쪽).

실천적인 차원에서 말하자면 아마도 이것이 최후의 심판에서의 행위와 구원과의 관계를 설명하는 것보다 훨씬 더 중요한 문제일 것이다. 만일 구원이 어떤 의미에서 회심 때 완성되지 않는 것이라면, 모든 신자는 최후의 심판대 앞에 서야 할 것이다(슈라이너, 던, 바버). 그러나 만일 구원이 회심 때 완성되고 인내나 행위가 전혀 필요하지 않다면, 어느 신자도 최후의 심판대 앞에 설 필요가 없다(윌킨). 이 사실은 자연스럽게 우리를 마지막이자 세 번째 질문으로 이끈다.

구원에 대한 성서의 가르침의 핵심은 무엇인가? 나는 이 질문을 통해 이 책에서 자주 제기됐고, 또 여러 가지 면에서 본 논쟁의 핵심이기도 했던 것을 언급하고 싶다. 즉 과연 우리는 한 부류의 본문(행위)보다 다른 부류의 본문(행위)에 더 큰 비중을 두어야 할까? 아니면 한 부류의 본문이 다른 부류의 본문에 종속되어야 할까? 한 부류의 본문이 다른 부류의 본문을 압제함으로써 더 중시되어야 할까? 네 명의 기고자가 모두 은혜의 우선성을 받아들인다는 것을 기억하라. 하지만 윌킨에게 이 말은 은혜로 얻는 구원은 결코 행위에 의해 주어질 수 없음을 의미한다. 하지만 다른 세 명의 기고자에게는 이것이 사실이 아니다. 슈라이너와 던과 바버는 모두 성령/은혜가 낳은 행위가 (최종적) 구원에 필수적이라고 말한다. 이들은 각기 행위의 역할을 독특한 방식으로 설명하지만(슈라이너는 증거의 역할, 던은 필수적인 역할, 바버는 도구적/공로적 역할), 그들은 한결같이 행위가 최후의 심판에서 그리스도인에게 중요한 역할을 한다는 데 동의한다.

성서는 무엇을 말하는가?

내가 재직하고 있는 신학교 학장은 학생들이 어떤 주장을 뒷받침하기 위해 이런저런 학자나 이런저런 신조 또는 전통을 들이대면 단순히 "성서는 무엇을 말하는가?"라고 반문할 것이다. 바로 이것이 우리 모두가 궁극적으로 붙들고 씨름해야 할 질문이다. 물론 여기 네 명의 기고자 모두는 자신들이 바로 이러한 질문을 던지고 있다고 주장한다. 그럼에도 우리는 여전히 서로 다른 답변을 얻는 데도 말이다. 하지만 그것은 괜찮다. 왜냐하면 그들은 모두 이러한 질문을 던졌고, 또 계속해서 던지고 있기 때문이다. 이제 우리에게 주어진 도전은 "성서는 무엇을 말하는가?"라는 동일한 질문을 우리 스스로에게 던지는 것이다.

우리의 답변은 우리의 전통이나 교파, 또는 심지어 우리가 선호하는 것에 따라 다를 수 있다. 그러나 여기서 중요한 문제는 우리가 본문을 부지런히 그리고 성실하게 살펴보았느냐는 것이다. 루터나 칼뱅, 웨슬리 또는 교황이 이에 동의하지 않는지는 그리 중요하지 않다. 궁극적으로 중요한 것은 우리가 성서 본문을 성실하게 다루었느냐는 것이다. 이 사실은 성서 본문을 가르치고 설교하는 특별한 소명을 받은 우리들에게는 더욱더 중요하다. 따라서 우리 모두는 사도 바울의 말에 주의를 기울일 필요가 있다. 우리의 주제가 심판에 관한 것이었으므로 고린도전서 4:2-5에 기록된 바울의 말로 마치는 것이 적절해 보인다.

> 그리고 맡은 자들에게 구할 것은 충성이니라. 너희에게나 다른 사람에게나 판단 받는 것이 내게는 매우 작은 일이라. 나도 나를 판단하지 아니하노니, 내가 자책할 아무것도 깨닫지 못하나 이로 말미암아 의롭다 함을 얻지 못하노라. 다만 나를 심판하실 이는 주시니라. 그러므로 때가 이르기 전 곧 주께서 오시기까지 아무것도 판단하지 말라. 그가 어둠에 감추인 것들을 드러내고 마음의 뜻을 나타내시리니, 그때에 각 사람에게 하나님으로부터 칭찬이 있으리라.

최후 심판에서 행위의 역할 논쟁

구원과 심판에 관한 네 가지 관점

1쇄 발행 2019년 2월 12일

지은이 로버트 N. 윌킨, 토머스 R. 슈라이너, 제임스 D. G. 던, 마이클 B. 바버
옮긴이 김귀탁
펴낸이 김요한
펴낸곳 새물결플러스

편 집 왕희광 정인철 박규준 노재현 한바울 정혜인 이형일 서종원
디자인 이성아 이재희 박슬기 이새봄
마케팅 박성민 이윤범
총 무 김명화 이성순
영 상 최정호 조용석 곽상원
아카데미 차상희

홈페이지 www.holywaveplus.com
이메일 hwpbooks@hwpbooks.com
출판등록 2008년 8월 21일 제2008-24호
주 소 (우) 07214 서울특별시 영등포구 양평로 11, 4층(당산동5가)
전 화 02) 2652-3161
팩 스 02) 2652-3191

ISBN 979-11-6129-098-0 93230

책값은 뒤표지에 있습니다.

이 도서의 국립중앙도서관 출판예정도서목록(CIP)은 서지정보유통지원시스템 홈페이지(seoji.nl.go.kr)와 국가자료공동목록시스템(nl.go.kr/kolisnet)에서 이용하실 수 있습니다. CIP2019003371